Johann Schultz

Prüfung der Kantischen Critik der reinen Vernunft

Johann Schultz

Prüfung der Kantischen Critik der reinen Vernunft

ISBN/EAN: 9783744627566

Hergestellt in Europa, USA, Kanada, Australien, Japan

Cover: Foto ©Thomas Meinert / pixelio.de

Weitere Bücher finden Sie auf **www.hansebooks.com**

Prüfung der Kantischen Critik der reinen Vernunft.

Von
Johann Schultz,
Königl. Hofprediger und ordentl. Professor der Mathematik.

Zweyter Theil.

Königsberg, 1792.
Bey Friedrich Nicolovius.

Vorrede.

Die günstige Aufnahme, welche der erste Theil meiner Prüfung so wohl bey den Gegnern als Freunden der Kantischen Critik gefunden, ist mir ein angenehmer Beweis, daß mein Unternehmen nicht überflüssig ist, und daher eine nicht geringe Aufmunterung, die wenige Muße, die mir die Erfüllung meiner

Amts-

Amtspflichten übrig läßt, der weitern Untersuchung dieses Systems zu widmen.

Unvorhergesehene Hindernisse von mancherley Art haben die frühere Erscheinung dieses zweyten Theils unmöglich gemacht, und die nöthige Beantwortung so vieler mittlerweile, besonders im Eberhardschen Magazin, sowohl wider die Critik, als wider meine Prüfung selbst, gemachter Einwürfe hat mir nicht verstattet, so weit fortzurücken, als ich es mir vorgenommen hatte. Mein Plan war anfänglich, hierin so kurz als möglich zu seyn; allein da mir, so zu sagen, fast jeder Fußtritt streitig gemacht war, so sahe ich bald die Nothwendigkeit ein, die Sache von Grund aus ins Licht zu setzen, wofern nicht die Beantwortung bloße mir widrige Polemik werden, sondern Einsicht und Ueberzeugung befördern sollte. Besonders aber sahe ich deutlich, wie der größeste Theil der Zweifel und Mißverständnisse bloß von Verkennung der wahren Natur der Mathematik herrührt, und daß ich also, wofern jene völlig gehoben werden sollen, die im ersten Theile angefangenen Untersuchungen über die Natur der Mathematik erst nothwendig außer allen Zweifel stellen mußte, um so mehr, da dieses Feld gerade dasjenige ist, das von den Vertheidigern der Critik bisher noch ganz unbearbeitet gelassen ist.

Vielleicht darf ich mir also schmeicheln, daß auch diese neuen Bruchstücke zur Philosophie der Mathematik meinen Lesern nicht unwillkommen seyn werden, da die im ersten Theile gelieferten mit so vielem Beyfall aufgenommen worden.

Da gerade die Untersuchungen über die Natur der Mathematik dasjenige sind, was die Prüfung der transcendentalen Aesthetik, wenn sie nicht unvollständig seyn soll, so sehr

er-

erschwert und weitläuftig macht; so hoffe ich die Prüfung der noch übrigen Materien, die so frühe, als es meine Lage nur irgend verstatten wird, nachfolgen soll, ohne Nachtheil der Gründlichkeit und Ausführlichkeit, so einrichten zu können, daß sie für den großen Umfang des Inhalts sicherlich nicht zu voluminös werden soll.

Prüfung
der transcendentalen Aesthetik.

Erster Abschnitt.
Bestätigung, daß die Vorstellungen von Raum und Zeit nicht allgemeine Begriffe, sondern Anschauungen sind.

§. 1.

Die transcendentale Aesthetik oder Sinnenlehre, von welcher die Critik der reinen Vernunft ausgeht, hängt vorzüglich von der metaphysischen Erörterung ab: was Raum und Zeit sey? Diese Erörterung ist nun bereits im ersten Theil meiner Prüfung, in Ansehung der Zeit zwar noch unvollständig, in Ansehung des Raums aber von allen Seiten so ausführlich geschehen, daß schwerlich weitere Einwürfe wider dieselbe vorkommen dürften, die nicht in ihr zugleich ihre hinreichende Widerlegung fänden. Ich würde also jetzt unmittelbar zur nähern Untersuchung über die Zeit fortgehen können. Allein da mittlerweile ein angesehener Gelehrter, Herr Professor Eberhard in Halle, die Herausgabe einer periodischen Schrift *) angefangen, die es sich zum Hauptzweck macht, das Leibnitzische System wider die Kantische Critik in Schutz zu nehmen, und hiedurch theils die Unrichtigkeit, theils die Entbehrlichkeit der letztern darzuthun; so müßte ich sowol von den Verfassern der philosophischen Aufsätze in derselben, als auch von meinen Lesern die gerechtesten Vorwürfe besorgen, wenn ich auf dieses Werk nicht vorzüglich Rücksicht nehmen wollte, um so mehr, da dasselbe meine Schrift, der Hauptsache nach, ausdrücklich zu widerlegen sucht.

§. 2.

Zuerst meynt Hr. Eberhard **), daß von dem Raum und der Zeit allgemeine Verstandesbegriffe möglich seyn, und sucht daher die leibnitzischen Definitionen, daß der Raum die Ordnung der zugleich- und außereinanderseyenden, und die Zeit die Ordnung der aufeinanderfolgenden Dinge sey, zu rechtfertigen. Allein daß diese Definitionen einen fehlerhaften Cirkel enthalten, und sich daher auf keine Weise rechtfertigen lassen, ist nicht nur von mir (Prüf. S. 204. 205.) sondern schon längst von andern gezeigt worden. Denn da Zugleich- und Außereinanderseyn nichts anders heißt, als, zu derselben Zeit in verschiedenen Stel-

*) Philosophisches Magazin, herausgegeben von Johann August Eberhard. Halle, bey Joh. Jac. Gebauer. Drey Bände, und vierten Bandes erstes Stück. 1788 — 1791.

**) Phil. Magaz. B. 3. St. 1. S. 99. 100.

Stellen des Raums, und Aufeinanderfolgen nichts anders, als, in verschiedenen Stellen der Zeit seyn; so ist der wahre Sinn dieser Definitionen kein anderer, als dieser: der Raum ist die Ordnung der zu eben derselben Zeit in verschiedenen Stellen oder Oertern des Raums, und die Zeit ist die Ordnung der in verschiedenen Stellen der Zeit befindlichen Dinge. Ja außerdem, daß in diesen Definitionen der Begriff des specifischen Unterschieds, außereinander seyn und aufeinanderfolgen, den Raum und die Zeit bereits in sich faßt, so sind die letztern sogar schon in dem Gattungsbegriffe Ordnung enthalten. Denn die Ordnung zugleich- und außereinanderseyender Dinge kann, wenn sie einen Sinn haben soll, nichts anders bedeuten, als: die Bestimmung der Stellen, die sie im Raum einnehmen oder einnehmen können; und die Ordnung aufeinanderfolgender Dinge nichts anders, als: die Bestimmung der Stellen, die sie in der Zeit haben oder haben können. Also sagen jene Definitionen, wenn man die in ihnen enthaltenen Begriffe deutlich entwickelt, eigentlich soviel: der Raum ist die Bestimmung der Oerter, welche die im Raum befindlichen oder wenigstens in ihm als möglich gedachten Dinge, im Raum entweder wirklich einnehmen, oder einnehmen können, und die Zeit ist die Bestimmung der Stellen, welche die in der Zeit vorhandenen, oder wenigstens in ihr als möglich gedachten Dinge entweder wirklich in der Zeit behaupten, oder behaupten können. Dieser doppelte Cirkel hätte also vor allen Dingen weggeräumt werden müssen, wofern die leibnitzischen Definitionen von Raum und Zeit als richtige Definitionen gelten sollen. Denn bis jetzt ist dieses noch von keinem Gelehrten geschehen.

§. 3.

Doch vielleicht glaubt Hr. Eberhard denselben bereits durch die Erklärungen weggeräumt zu haben, die er vom Zugleich- und Außereinanderseyn, und von dem Aufeinanderfolgen *) gegeben hatte, indem er unter jenem bloß die unmittelbare Verknüpfung der Substanzen durch gegenseitiges Einwirken, und unter diesem bloß die unmittelbare Verursachung eines Zustands durch den andern, des anfangenden durch den aufhörenden, verstanden wissen will. Aber auch hiedurch läßt sich derselbe auf keine Weise heben. Denn alle gegenseitige Einwirkungen, die wir von den äußern Dingen kennen, bestehn lediglich darin, daß sie einander zu nähern, oder von sich zu entfernen suchen, also im Bestreben, einander zu bewegen. Ja gesetzt auch, Hr. Eberhard wollte mit Baumgarten diese Wechselwirkungen auf bloße Wirkungen der Vorstellungskräfte der Monaden zurückführen; so kommt selbst diese schlechterdings unerweisliche Hypothese hier in keine Betrachtung. Denn Vorstellungen und ihr Zustand gehören nur für den innern Sinn eines jeden Subjects, und können nur nach Zeitverhältnissen wahrgenommen werden, folglich keine Bestimmungen eines Dinges als Gegen-

*) Phil. Magaz. B. 2. St. 1, S. 60. 61. 67.

genstandes äußerer Sinne seyn, sondern diese betreffen lediglich Raumverhältnisse, mithin nur Veränderung der letztern, d. i. Bewegung. Also setzt auch der Begriff von dem gegenseitigen Einwirken der Substanzen schon den Begriff der Bewegung, mithin auch die Vorstellung vom Raum bereits voraus, und die leibnitzische Definition vom Raum würde daher jetzt diesen Sinn haben: der Raum ist die Ordnung der durch gegenseitiges Bestreben, ihre Oerter im Raum zu verändern, verknüpften Substanzen. Ein gleiches gilt auch von der Erklärung des Aufeinanderfolgens. Denn wenn wir sagen: ein Zustand A wird durch einen andern B verursacht; so heißt dieses nichts anders, als soviel: der Grund, warum der Zustand A, der in der verflossenen Zeit nicht da war, in der jetzigen nothwendig da ist, liegt im Zustande B. Also schließt der Begriff der Verursachung eines Zustandes durch den andern schon die Zeit in sich, wie auch Hr. Eberhard selbst gesteht, da er, um beide Zustände von einander unterscheiden zu können, genöthiget ist, den verursachten durch den anfangenden, d. i. durch den, der nicht in der verflossenen Zeit, sondern erst in der jetzigen da ist, und den verursachenden durch den aufhörenden, d. i. durch den, der in der verflossenen Zeit da war, und in der jetzigen nicht mehr ist, zu bezeichnen. Soll daher diese Verursachung die Definition des Aufeinanderfolgens, und die Ordnung der aufeinanderfolgenden Dinge die Definition der Zeit seyn; so sagt die letztere soviel: die Zeit ist die Ordnung der in verschiedenen Augenblicken der Zeit vorhandenen Zustände, von denen jeder, der im vorhergehenden Augenblicke der Zeit noch da war, und im jetzigen nicht mehr da ist, den Grund enthält, warum ein anderer von ihnen, der im vorhergehenden Augenblicke noch nicht da war, im jetzigen nothwendig da ist. Da überdem die Ordnung der zugleich in einander wirkenden Substanzen nichts anders, als die Verschiedenheit ihrer Oerter im Raum, und die Ordnung der Zustände, die eine Reihe von Ursachen und Wirkungen ausmachen, nichts anders, als die Verschiedenheit ihrer Stellen in der Zeit bedeuten können; so haben diese Definitionen wiederum nicht nur beide schon vorhin benannte Fehler, sondern es kommt hier sogar noch der dritte hinzu, daß sie in die Vorstellungen vom Raum und der Zeit die Begriffe der Wechselwirkung und der Verursachung hineinbringen, die doch gar nicht zu ihnen gehören, indem wir uns unter beiden weder irgend etwas thätiges, noch irgend etwas leidendes vorstellen. Denn ob die Dinge, die wir uns im Raum vorstellen, in einander wirken oder nicht, geht den Raum selbst, und die Oerter desselben, in welchen wir sie uns vorstellen, gar nichts an, sondern diese bleiben mit ihm unveränderlich immerfort dieselben, die Dinge im Raum mögen sich verändern, wie sie wollen, oder auch gar nicht verändern. Eben so geht es auch die Zeit selbst nicht im mindesten an, ob die Dinge in ihr eine Reihe von Ursachen und Wirkungen seyn, oder nicht. Wollte man daher auch, um den Vorwurf des fehlerhaften Cirkels zu vermeiden, leugnen, daß der Begriff der gegenseitigen Einwirkung der Substanzen die Vorstellung vom Raum, und der Begriff der Verursachung der Zustände die Vorstellung von der Zeit bereits in sich schließe; so würde man doch auch hiedurch nichts gewinnen. Denn da das Wirken, es sey gegenseitig oder einseitig, an und für sich, den Raum und die Zeit selbst gar nichts angeht; wie Hr. Eberhard, ungeachtet es in seinen Definitionen gerade den wesentlichen Unterschied zwischen Raum und Zeit bestimmt, selbst gesteht *); so würde in diesem Falle die leibnitzische Definition vom Raum nichts weiter sagen, als: der Raum ist die Ordnung der zugleich seyenden Substanzen; aber alsdenn würde sie, wofern man nicht schon unter der Ordnung die Bestimmung der verschiedenen Oerter im Raum verstünde, den Begriff des Raums, wie ich bereits (Prüf. Th. 1. S. 204. 205. imgleichen S. 116 — 118.) gezeigt habe, ganz unbestimmt und völlig unerklärt lassen. Die Definition der Zeit hingegen würde in diesem Falle soviel heißen: die Zeit ist die Ordnung der Zustände, aber alsdenn ließe sie, wenn man hier unter der Ordnung der Zustände nicht schon die Bestimmung ihrer Stellen in der Zeit verstünde, den Begriff der Zeit gleichfalls unbestimmt und unerklärt. Alle Mühe, das Fehlerhafte dieser Definitionen hinwegzuschaffen, ist also durchaus vergebens, indem sie offenbar sich entweder im

*) Phil. Magaz. B. 1. S. 402.

Kreise drehen, oder, was Raum und Zeit sey, ganz unerklärt lassen.

§. 4.

Indessen meynt Hr. Eberhard *), daß ihre Richtigkeit sich selbst a priori beweisen lasse. „Ein „Ding, sagt er, kann einfach, oder aus mehrern „zusammengesetzt seyn. Wenn es zusammenge„setzt ist: so können die Dinge, die in ihm verei„nigt sind, entweder nicht zugleich wirklich seyn, „oder sie sind zugleich wirklich. In dem erstern „Falle folgen sie in einer gewissen Ordnung auf ein„ander, und diese Ordnung in ihrer Folge ist die „Zeit; in dem andern müssen sie, da sie zugleich, „und doch von einander gesondert sind, außer ein„ander seyn; denn was nicht außer dem andern „ist, das ist eine Modification von demselben, und „die Modificationen sind von dem Dinge unzer„trennlich.„

Wie wenig aber auch dieser Beweis die Probe hält, läßt sich leicht zeigen. Denn da zugleichseyn so viel heißt, als in einerley Augenblicken der Zeit, und aufeinanderfolgen so viel, als in verschiedenen Augenblicken der Zeit seyn; so hat der Satz: „wenn die Dinge, die im Zusammengesetzten vereinigt sind, nicht zugleich wirklich seyn können; so folgen sie in einer gewissen Ordnung aufeinander,„ keinen andern möglichen Sinn, als diesen: wenn mehrere Dinge nicht in einerley Augenblicken der Zeit daseyn können; so sind sie in einer

*) B. 3. St. 1. S. 99. 100.

einer gewissen Ordnung in verschiedenen da, und diese Ordnung, nach welcher sie in verschiedenen Augenblicken der Zeit dasind, heißt die Zeit. Hier ist nun einestheils der vorige Cirkel aufs neue sichtbar, anderntheils aber ist der Schluß selbst schon fehlerhaft. Denn daraus, daß Dinge nicht in einerley Zeit existiren können, folgt noch keinesweges, daß sie in verschiedenen Zeiten existiren, sondern es läßt sich hier noch ein Drittes denken, nemlich: ihr Daseyn ist überhaupt gar nicht ein Seyn in der Zeit. Daß aber dieses Dritte allerdings denkbar sey, ist für sich klar, da das Prädicat, nicht in der Zeit seyn, weder dem Begriffe eines Dinges, noch dem Begriffe mehrerer Dinge, noch dem Begriffe des Existirens im mindesten widerspricht.

Eben so unbefriedigend ist auch der Beweis für die Definition des Raums. Dinge, die zugleich existiren, sollen deshalb außer einander seyn, weil sie zugleich, und doch von einander gesondert sind. Aber was bedeutet hier der Satz: sie sind von einander gesondert? Soll er heißen: sie sind in verschiedenen Oertern des Raums; so würde der Beweis soviel sagen: Dinge, die zugleich existiren, sind außereinander, weil sie außereinander sind. Soll er aber bloß heißen: sie sind mehrere von einander verschiedene Dinge; so habe ich bereits (Prüf. Th. 1. S. 117. 118. 119. 163.) klar bewiesen, daß aus dem Zugleichseyn mehrerer verschiedener Dinge, sich schlechterdings kein Auseinanderseyn, kein Seyn in verschie-

 denen

denen Oertern des Raums herleiten läßt, und wenn Hr. Eberhard dasselbe daraus herleiten will, weil das, was nicht außer dem andern ist, eine Modification von demselben sey; so ist dieses eine petitio principii, denn es setzt bereits voraus, daß verschiedene zugleich existirende Substanzen in der Art von einander gesondert seyn müssen, daß sie sich in verschiedenen Oertern des Raums befinden; aber dies war es eben, was erst bewiesen werden sollte.

§. 5.

Hr. Eberhard sucht zwar auch diesen Beweis, den ich (Prüf. S. 146.) für unmöglich erklärt hatte, bald nachher *) auf eine leichte Art zu geben. Er schließt so: „Die Erscheinungen „im Raum verbürgen uns Dinge an sich. Nun „sagt uns die Vernunft ferner, daß, sobald diese „gesonderten einfachen Gründe von der endlichen „Vorstellungskraft vereinigt und zugleich vorge„stellt werden, das sinnliche Bild des Raums in „dem vorstellenden Subjecte wirklich seyn müsse; „denn sie sagt uns, daß, sobald die zureichenden „Gründe wirklich sind, auch das wirklich seyn „müsse, was in ihnen gegründet ist.„ Allein wider diesen Beweis habe ich folgendes zu erinnern:

1. setzt derselbe schon voraus, daß die Dinge an sich, die uns von den Erscheinungen verbürgt werden, gesondert d. i. außereinander existiren, da doch gerade dieses der Punct ist, der bewiesen werden sollte.

2. sollte

*) Phil. Mag. B. 3. S. 108. 109.

2. sollte er darthun, daß verschiedene Substanzen an sich, d. i. ohne Rücksicht auf unsere sinnliche Vorstellungsart, außereinander, oder in verschiedenen Oertern des Raums gedacht werden müssen, denn hievon allein habe ich (Prüf. S. 146.) geredet, und das eben wird erfordert, wenn der Begriff des Raums ein reiner Verstandesbegriff seyn soll; dagegen sagt er uns bloß, daß, wenn wir uns verschiedene Substanzen als vereinigt und zugleich vorstellen, hieraus die sinnliche Vorstellung, die wir vom Raum haben, in uns entstehen müsse. Ein Punct, von dem hier doch gar nicht die Rede war, und den ich nachher besonders untersuchen werde.

3. stimme ich sehr gerne bey, daß die Erscheinungen im Raum uns Etwas an sich verbürgen, das den objectiven Grund von ihnen enthält, und daher nicht selbst Erscheinung, sondern etwas Uebersinnliches ist. Aber wie will nun Hr. Eberhard beweisen, daß dieses Etwas ein Aggregat mehrerer Substanzen und nicht etwa nur eine einzige Substanz, eine einzige Monas sey? Ich für mein Theil muß nicht nur meine Unwissenheit, ob das eine oder das andere wahr seyn mag, freymüthig bekennen; sondern, nach meiner Einsicht, liegt diese Entscheidung gänzlich außer dem Gebiete des menschlichen Erkenntnißvermögens. Denn derjenige Theil des Körpers, dem nur eine einzige

ein-

einfache Substanz als Ding an sich zum Grunde liegt, kann entweder noch zusammengesetzt seyn, oder er muß einfach seyn. Ist das erstere möglich; so kann, wie von selbst klar ist, kein Mensch beweisen, wie groß die körperliche Masse seyn müsse, der eine einzelne Monade zum Grunde liegt, folglich kann in diesem Falle auch niemand wissen, ob nicht die ganze Körperwelt uns nur eine einzige einfache Substanz, als den objectiven Grund aller ihrer Erscheinungen, verbürge. Will daher jemand beweisen, daß jeder Körper als eine Erscheinung im Raum, uns ein Aggregat mehrerer Dinge an sich verbürge; so muß er beweisen, daß jeder Theil eines Körpers, dem nur ein einziges Ding an sich zum Grunde liegen soll, einfach seyn müsse. Dieses aber ist schlechterdings unmöglich, weil es, wie Kant in seinen metaphysischen Anfangsgründen der Naturwissenschaft S. 43. rc. apodictisch bewiesen hat, in den Körpern oder in der Materie gar keine einfache Theile giebt. Denn da die Materie undurchdringlich ist; so widersteht in einem mit Materie erfüllten Raume jeder Theil desselben dem Eindringen der übrigen, folglich hat er repulsive Kraft, allen übrigen nach allen Seiten entgegenzuwirken, mithin sie zurückzutreiben, und von ihnen zurückgetrieben zu werden; folglich ist jeder Theil eines mit Materie erfüllten Raumes

mes für sich selbst beweglich, mithin materielle Substanz, und von den übrigen durch physische Theilung trennbar, also erstreckt sich die mögliche physische Theilung der Materie eben so weit, als die mathematische Theilbarkeit des Raums, den sie erfüllt. Nun ist der Raum mathematisch ins Unendliche theilbar. Also ist auch jede Materie physisch ins Unendliche theilbar, mithin giebt es in einem Körper eben so wenig einfache Theile als im Raum. Und so ist klar, daß die Entscheidung, ob die Körperwelt uns mehr als Ein Ding an sich verbürge, für uns ganz unmöglich ist. Läßt sich aber nicht einmal beweisen, daß es mehrere Dinge an sich gebe, die den äußeren Erscheinungen als übersinnliches Substrat zum Grunde liegen; so ist es, wie von selbst einleuchtend ist, noch weniger erweislich daß es ein Gesondert- oder Außereinanderseyn d. i. ein Seyn im Raum von Dingen an sich gebe.

§. 6.

So ist denn von allen Seiten klar, daß die leibnitzischen Definitionen von Raum und Zeit sich selbst durch den Scharfsinn eines Eberhards so wenig retten lassen, daß sein Versuch, ihre Richtigkeit zu beweisen, vielmehr eine deutliche Bestätigung ist, daß sie, was Raum und Zeit sey, durch einen fehlerhaften Cirkel nothwendig schon voraussetzen müssen, wofern nicht beides ganz unerklärt bleiben soll.

Aus

Aus dem Begriffe eines Aggregats einfacher Dinge ihr Seyn in der Zeit, mithin daß sie entweder zugleich, oder nacheinander seyn müssen, und aus der numerischen Verschiedenheit zugleichseyender einfacher Dinge ihr Seyn in verschiedenen Oertern, mithin im Raum, zu deduciren, das übersteigt, wie schon von selbst klar ist, allen Scharfsinn. Vielmehr ist diese Deduction, da sie die Zeit und den Raum aus den Oertern der einfachen Substanzen und Vorstellungen zusammenzusetzen sucht, ein wirklicher Widerspruch. Denn

a. von den einfachen Vorstellungen, welche die Gründe der Zeit seyn sollen, existirt eine jede nur augenblicklich. Aus Augenblicken aber läßt sich keine Zeit zusammensetzen, denn sie sind nicht Theile, sondern bloße Grenzen der Zeit, so wie die Puncte nicht Theile, sondern bloße Grenzen der Linie sind; aber ein Ding aus seinen Grenzen zusammensetzen, ist ein Widerspruch. Was ferner den Raum betrifft; so sind die Oerter der einfachen Substanzen entweder Puncte, oder Linien, oder Flächen, oder vollständige körperliche Räume. Nun kann aber der Ort einer einfachen Substanz nicht ein vollständiger Raum seyn. Denn da dieser, so klein man ihn auch annehmen mag, theilbar ist; so müßte die einfache Substanz in verschiedenen außer einander befindlichen Theilen des Raums, d. i. außerhalb ihr selbst existiren, wel-

welches offenbar widersprechend ist. Eben so wenig kann derselbe eine Fläche oder Linie seyn, denn diese sind gleichfalls theilbar, und aus ihnen läßt sich auch kein körperlicher Raum zusammensetzen. Also müßte der Ort einer einfachen Substanz ein Punct seyn. Allein den Raum aus Puncten zusammensetzen, ist ein vollkommener Widerspruch. Nun sucht man diesem zwar gewöhnlich dadurch auszuweichen, daß man mit Baumgarten die einfachen Substanzen für physische Puncte erklärt, die, da sie theils für sich bestehende Dinge, theils mit Kraft versehen wären, nicht mit den mathematischen zu verwechseln seyn. Allein dieses mag immerhin seyn; so müßten doch, wofern sie im Raum wären, ihre Oerter mathematische Puncte seyn, und bloß von diesen ist hier die Rede.

b. Selbst die Möglichkeit, sich Oerter zu denken, setzt schon die Vorstellung vom ganzen Raum und der ganzen Zeit voraus. Oerter sind, wie bereits oben bemerkt worden, nichts anders, als Theile oder Grenzen des Raums und der Zeit. Ich kann mir keinen Ort denken, ohne mir ihn im Raum oder in der Zeit zu denken, also bloß dadurch, daß ich den schon vorher gedachten Raum oder Zeit begrenze, mithin kann ich mir auch keine Dinge in Oertern denken, wofern ich nicht die Vorstellung vom Raum und der Zeit, und von ihren möglichen Grenzen schon vorher in mir habe. Also ist es offenbar ein ganz verkehrter und widersprechender Weg, von dem Begriffe eines aus einfachen Dingen Zusammengesetzten, zum Begriffe ihrer verschiedenen Oerter, und nun von diesen erst zum Begriffe des Raums und der Zeit hinaufsteigen zu wollen, da uns, ohne schon den Raum und die Zeit zu kennen, Oerter der Dinge schlechterdings undenkbar sind. Und so ist zugleich klar, daß jede Definition, die man irgend vom Raum und von der Zeit versuchen mag, durchaus einen Cirkel enthalten, und schon unsere ganze sinnliche Vorstellung, die wir von ihnen haben, voraussetzen muß, wofern sie auch nur das geringste Merkmal von ihnen enthalten, und nicht ganz und gar unverständlich seyn soll.

c. Dieses zeigt sich daher auch klar aus der Art, wie Hr. Eberhard die leibnitzische Definition vom Raum deutlich zu machen sucht. Denn wenn er aus seiner versuchten Deduction *) die Folge zieht: „der abstracte Raum, so „wie er vom Verstande deutlich gedacht wird, „(d. i. als allgemeiner oder Gattungsbegriff) „sey die Ordnung, oder der Inbegriff der „außereinanderseyenden möglichen Dinge, „und ihrer möglichen Oerter;„ was heißt dieses nach deutlichen Begriffen anders, als: der Raum sey die Ordnung, oder der In-

*) Phil. Mag. B. 3. S. 100. 110.

Inbegriff der in verschiedenen Oertern des Raums seyenden möglichen Dinge, und der verschiedenen Oerter, die sie im Raum haben können. Nun sind ferner nach dieser Definition alle verschiedene Inbegriffe von Oertern eben so viel verschiedene Räume, z. B. ein Dreyeck, eine Kugel, u. s. w. und diese sind also, nach Hr. Eberhard *), nicht Theile eines einzigen Raumes, sondern nur besondere Arten des allgemeinen Raums, d. i. niedere Begriffe, die unter dem obigen Gattungsbegriffe stehen, wie z. B. der Asiate nicht ein Theil des Menschen, sondern nur eine Art Menschen ist. Wenn daher der Raum durch den Inbegriff der möglichen Oerter definirt wird; so wird hier die Gattung durch den Inbegriff ihrer möglichen Arten definirt, und die Definition des Raums ist also von eben dem Werthe, und eben der Deutlichkeit, als wenn man den Menschen durch den Inbegriff der möglichen Arten von Menschen definiren wollte. Versteht man aber auch unter den Oertern das, was sie in der That einzig und allein bedeuten, nemlich entweder Theile oder Grenzen des Raums; so gewinnt die Definition des Raums selbst hiedurch nichts, denn nun würde sie den Sinn haben: der Raum ist die Ordnung oder der In-

*) Phil. Mag. B. 2. Th.

Inbegriff der möglichen Theile und Grenzen des Raums, also von gleichem Werthe seyn, als wenn man den Menschen durch die Ordnung oder den Inbegriff der möglichen Theile und Schranken des Menschen definiren wollte.

§. 7.

Es ist also dem Verstande schlechterdings unmöglich, sich Dinge als nebeneinander und nacheinander zu denken, ohne in diese Begriffe vorher unsere sinnliche Vorstellungen von Raum und Zeit, nebst den in ihnen möglichen Oertern hineinzutragen; mithin sind der intelligible Raum und die intelligible Zeit bloße Täuschungen, die dadurch entstehen, daß man erst die Vorstellungen vom sinnlichen Raum, und der sinnlichen Zeit, in welchen uns die Dinge erscheinen, unvermerkt in die Ideen von der Verknüpfung der Dinge an sich, die den Erscheinungen zum Grunde liegen, hinüberträgt, diese alsdann nach jenen Vorstellungen in der Imagination ordnet, und wenn man sich auf diese Weise ein Neben- und Nacheinanderseyn der Dinge an sich fingirt hat, sich nachher überredet, als ob dieses Product der Einbildungskraft ein reiner Verstandesbegriff sey, der, weil er lauter Dinge an sich zu Gegenständen hat, gar nichts Sinnliches enthalten könne.

§. 8.

Um dieses desto deutlicher zu erkennen, wird es nicht undienlich seyn, hiebey noch folgendes zu bemer-

bemerken. Der Raum hat drey Abmessungen, mithin drey verschiedene Arten von Ausdehnungen: Körperliche Räume, Flächen, und Linien; und drey verschiedene Arten von Grenzen: Flächen, Linien, und Puncte. Die Zeit hingegen hat nur Eine Abmessung, wie die Linie, mithin nur Eine Art der Ausdehnung, und nur Eine Grenze: Zeitpuncte oder Augenblicke, und überdem sind Raum und Zeit beide stätig, und ins Unendliche theilbar. Dieses sind wesentliche Stücke des Raums und der Zeit, ohne welche sowol sie selbst, als auch ein Neben- und Nacheinanderseyn gar nicht denkbar sind, folglich müssen sie, wofern Raum und Zeit reine Verstandesbegriffe seyn sollen, nicht nur in diesen durchaus enthalten, sondern auch selbst reine Verstandesbegriffe seyn. Allein welcher metaphysische Tiefsinn ist nun erstlich im Stande, aus dem bloßen reinen Begriffe eines Zusammengesetzten aus einfachen Dingen an sich zu zeigen, daß ein Zusammengesetztes aus einfachen Substanzen an sich, eine Größe von drey Abmessungen seyn, und Flächen, Linien, und Puncte zu Grenzen haben, ein Zusammengesetztes aus einfachen Zuständen hingegen eine Größe von einer einzigen Abmessung seyn, und bloß Augenblicke zur Grenze haben müsse, wofern er nicht ausdrücklich vorher seine sinnliche Vorstellungen von diesen Abmessungen und Grenzen in jenes Zusammengesetzte an sich, hineingetragen, und es dadurch zuvor auf eine widersprechende Art in ein sinnliches Zusammengesetztes ver-

 wandelt

wandelt hat? Und welcher Metaphysiker will es wol zweytens übernehmen, einen körperlichen Raum, eine Fläche, eine Linie, einen Punct, oder einen Augenblick durch einen unsinnlichen reinen Verstandesbegriff zu erklären, oder auch nur zu zeigen, daß ein solcher reiner Begriff möglich sey? Also ist es offenbar, daß das Neben- und Nacheinander der Dinge an sich, wodurch Leibnitz Raum und Zeit definirt, Worte sind, mit denen sich nicht der mindeste Begriff verknüpfen läßt, wofern er sich nicht selbst widersprechen, und darunter ein Seyn im sinnlichen Raum und in der sinnlichen Zeit verstehen will.

§. 9.

Noch weniger läßt sich aus dem reinen Begriffe eines Zusammengesetzten aus einfachen Dingen, Stätigkeit und Theilbarkeit ins Unendliche herleiten. Denn wenn ein Ding aus lauter einfachen Dingen zusammengesetzt ist; so sind diese einfachen Dinge die Theile desselben. Allein da in einem Dinge, das ins Unendliche theilbar ist, vermöge der Definition desselben, jeder Theil wieder theilbar, mithin zusammengesetzt seyn muß; so kann dasselbe keine einfache Theile enthalten. Also ist ein Zusammengesetztes aus einfachen Dingen, das ins Unendliche theilbar wäre, ein gerader Widerspruch; mithin ist ersteres bloß als ein Aggregat, oder als eine Zahl von Dingen denkbar. Da nun eine Zahl von Dingen eine unstätige Größe ist; so ist auch ein Zusammengesetztes aus ein-

einfachen Dingen, das stätig wäre, ein Widerspruch, wie auch Hr. Eberhard selbst gesteht, da er *) wider die Behauptung, ein Continuum könne aus einfachen Theilen bestehen, feyerlich protestirt. Also sind der intelligible Raum, der in der Verknüpfung der einfachen Substanzen, und die intelligible Zeit, die in der Verknüpfung ihrer Zustände bestehen soll **), weder stätig, noch ins Unendliche theilbar. Da nun aber ein Raum und eine Zeit, ohne diese beiden Prädicate gedacht, widersprechende Gedanken sind; so gilt dieses auch vom intelligiblen Raum, und der intelligiblen Zeit.

§. 10.

Wenn daher Hr. Eberhard die unmittelbare Verknüpfung der einfachen Substanzen und ihrer Zustände, durch wechselsweise oder einseitige Wirkung für stätig erklärt ***); so muß ich bekennen, daß ich dieses mit seinem Geständnisse, ein Continuum könne nicht aus einfachen Theilen bestehen, nicht zu vereinigen weiß. Die Berufung, daß hier nicht Theile, sondern nur objective Gründe gemeynt werden, kann hier nicht stattfinden; denn sobald diese Gründe als ein Aggregat verknüpfter Dinge an sich gedacht werden, so werden sie eben dadurch als die wirklichen Theile dieses Aggregats gedacht, und ihre Verknüpfung ist

*) Phil. Mag. B. 2. S. 52. nr. 4.

**) Phil. Mag. B. 2. S. 67. nr. 8.

***) Phil. Mag. B. 2. S. 60. b. und S. 80. nr. 1. imgleichen B. 1. S. 402. 403. nr. 9.

ist also unstätig. Soll aber, wie es scheint, die Unmittelbarkeit dieser Verknüpfung, durch gegenseitige, oder einseitige Wirkung, ihre Stätigkeit bedeuten; so wäre dieses eine offenbare Verwirrung der Begriffe. Denn unmittelbar in etwas wirken, heißt: ohne Vermittelung oder Beyhülfe anderer Dinge in dasselbe wirken; eine stätige Verknüpfung aber ist in einem Dinge nur dann, wenn zwischen jeden zwey willkührlich in ihm gedachten Grenzen immer ein Theil von ihm gedacht werden muß. Daraus also, daß ein Ding in das andre unmittelbar wirkt, folgt noch gar nicht, daß sie stätig verknüpft sind. Sonst müßte z. B. nach der Newtonschen Theorie der Attraction, auch der Mond mit der Erde stätig verknüpft seyn, weil nach derselben ihre gegenseitige Anziehung unmittelbar d. i. ohne Vermittelung irgend eines anderen Körpers geschieht. Eben so wenig weiß ich es mit vorerwähntem Geständnisse zu vereinigen, wenn Hr. Eberhard *) sagt, daß in den wirklichen Körpern die Stätigkeit der eigenthümlichen Materie, nur da, wo ihre Ausdehnung durch eine fremde Materie unterbrochen wird, nicht aber überhaupt fehle, und gleichwol ihre Theilbarkeit ins Unendliche leugnet, mithin sie in der That für Continua erklärt, die aus einfachen Theilen bestehen, auch daher **) ausdrücklich behauptet, daß jedes Zusammengesetzte überhaupt, folglich auch die stätige concrete Zeit, und der stätige concrete Raum,

*) Phil. Mag. B. 3. S. 103. 104.

**) B. 1. S. 169 – 172, und B. 3. S. 105.

Raum, wofern er nicht eine qualitas occulta seyn solle, ein Aggregat einfacher Elemente seyn müsse. Denn ob er gleich unter den Elementen nicht Theile, sondern bloß objective Gründe will verstanden wissen; so ist doch dieses Ansinnen schlechterdings widersprechend, indem schon aus dem Begriffe des Ganzen und der Theile von selbst folgt, daß, wenn ein zusammengesetztes Ding ein Aggregat gewisser Dinge seyn soll, diese Dinge die Theile sind, aus denen es zusammengesetzt ist.

§. 11.

Gerne hätte ich diese Widersprüche unberührt gelassen, wenn nicht Hr. Eberhard einestheils von diesen sich widersprechenden Behauptungen einen sehr weitaussehenden Gebrauch zu machen, und anderntheils wirklich zu demonstriren suchte, daß auch die Stätigkeit des Raums ein reiner Verstandesbegriff sey. Ich habe (Prüf. Th. 1. S. 109. ff.) einleuchtend bewiesen, daß die Stätigkeit des Raums, und die aus ihr fließende Theilbarkeit ins Unendliche, schlechterdings kein Verstandesbegriff seyn könne, weder ein empirischer, d. i. aus Empfindung geschöpfter, weil sie gar nicht Gegenstände der Empfindung und Wahrnehmung seyn können; noch ein reiner, ja nicht einmal ein erdichteter, weil keine Vorstellung für unsern Verstand, ja selbst für unsere Einbildungskraft schwieriger ist, als gerade diese; wo dann aus dem erstern folgt, daß sie eine Vorstellung a priori, und aus dem letztern, daß sie eine sinnliche Vorstellung, d. i. Anschauung, mithin eine Anschauung a priori ist. Nun giebt Hr. Eberhard zwar zu *), daß die Stätigkeit des Raums nicht eine empirische, sondern eine Vorstellung a priori ist, dagegen aber behauptet er, daß sie nicht Anschauung, sondern ein Verstandesbegriff a priori sey, und sucht dies also zu beweisen: „Der abstracte Raum muß nothwendig „stätig seyn, und zwar um deswillen, weil er „ein Inbegriff von möglichen Oertern ist, zwi„schen denen es also keinen andern Ort geben „kann, denn das würde ein unmöglicher und also „Nichts seyn; die Oerter und die Dinge, die dar„in sind, würden dann um nichts von einander „entfernt, d. i. der Raum würde stätig seyn. Also „folgt diese Stätigkeit aus dem deutlichen Begriffe „des abstracten Raumes.„ Hr. Eberhard folgert also die Stätigkeit des Raums unmittelbar daraus, weil der Raum ein Inbegriff von möglichen Oertern ist. Dieses letztere aber wissen wir, wie vorhin erwiesen worden, aus keinem Verstandesbegriff, sondern unmittelbar durch Anschauung, indem die Möglichkeit, sich Oerter zu denken, schon die sinnliche Vorstellung vom Raum voraussetzt. Also kennen wir auch die Stätigkeit des Raums lediglich aus derselben Quelle, nemlich nicht aus einem Begriffe des Raums, sondern durch Anschauung a priori. Wollte er hingegen nach reinen Verstandesbegriffen unter dem Inbegriff von möglichen Oertern ein Aggregat oder eine Zahl mögli-

*) Phil. Mag. B. 3. S. 102 — 104.

möglicher einfacher Substanzen verstehen, so wäre der Raum gar nicht stätig, weil ein Continuum aus einfachen Dingen ein Widerspruch ist. Uebrigens gründet Hr. Eberhard seinen Beweis auf einen Begriff der Stätigkeit, der wol schwerlich jemanden befriedigen kann, wenn er sagt: der Raum sey stätig, wenn es zwischen seinen möglichen Oertern keinen andern Ort, d. i. keinen unmöglichen geben kann. Der wahre Begriff der Stätigkeit des Raums ist vielmehr, wie schon oben bemerkt worden, dieser, daß die Grenze eines jeden Theils zugleich die Grenze eines andern ist, so daß es zwischen jeden zwey Grenzen, die man annehmen mag, noch immer einen Theil des Raums giebt, und daher nie zwey Grenzen gedacht werden können, die einander die nächsten wären. So heißt eine Linie stätig, wenn es zwischen jeden zwey Puncten noch immer eine Linie giebt, und mithin keine zwey nächste Puncte in ihr möglich sind; eine Fläche, wenn es zwischen jeden zwey Linien in ihr noch immer eine Fläche giebt; und ein körperlicher Raum, wenn es zwischen jeden zwey ebenen Flächen in ihm noch immer einen körperlichen Raum giebt. Diese Qualität des Raums ist es also, die bewiesen werden muß, wenn von seiner Stätigkeit ein Beweis möglich seyn soll. Aber diesen Beweis hat noch niemand gegeben, und hoffentlich wird es auch nie jemanden im Ernst einfallen, ihn einmal geben zu wollen, sondern diese Qualität des Raums ist eine Sache, von der wir schlechterdings gar nichts wissen könnten; wenn sie uns nicht unmittelbar in der anschaulichen Vorstellung, die wir vom Raum haben, a priori als ein Axiom gegeben wäre.

§. 12.

Doch alles dieses bey Seite gesetzt, sehe ich gar nicht ein, wie durch den Beweis, den Hr. Eberhard von der Stätigkeit des Raums zu geben sucht, die Schwierigkeiten gehoben werden, die sie dem Verstande macht. Denn daß der Raum in der That stätig ist, daran kann keiner als ein ungeometrischer Schwärmer zweifeln. Eben so wenig ist das befremdend, daß wir diese Stätigkeit in dem wirklichen oder concreten Raum, wie ihn Hr. Eberhard nennt, d. i. in den physischen Körpern nicht wahrnehmen, denn daraus folgt eben, daß unsere Vorstellung vom Raum keine empirische, sondern eine Vorstellung a priori ist. Die Schwierigkeiten, welche die Stätigkeit des Raums nicht nur dem Verstande, sondern selbst der Einbildungskraft macht, liegen vielmehr im Begriffe der Stätigkeit selbst, und sind die, die ich im ersten Theil meiner Prüfung S. 111. 112. angemerkt habe, z. B. daß, wegen der aus der Stätigkeit folgenden Theilbarkeit ins Unendliche, der Raum ein Zusammengesetztes ist, das keine einfache Theile hat, und daher in einer endlichen Linie eine unendliche Menge von Theilen möglich ist, ohne daß sie gleichwol ein Aggregat von unendlich vielen Theilen seyn kann, weil dieses ein Widerspruch wäre, u. s. w. Hieraus schloß ich eben, daß unsere Vorstellung vom Raum, da er ohne die Qualität der Stätigkeit schlechterdings nicht denkbar ist, weder ein Geschöpf der Phantasie, noch ein Product des Verstandes seyn könne, folglich eine unmittelbare Vorstellung, d. i. eine Anschauung a priori seyn müsse. Soll also dieser Schluß nicht gültig, sondern, wie Hr. Eberhard behauptet, die Vorstellung des Raums in der That ein Verstandesbegriff seyn; so hätte er gerade diese Schwierigkeit heben müssen. Allein in diesem Falle würde der Widerspruch nicht bloß ein scheinbarer, sondern schlechterdings ein wahrer seyn. Denn wenn sich der Verstand ein zusammengesetztes Ding bilden will; so muß er es aus bestimmten Theilen zusammensetzen, d. i. die Vorstellung des Ganzen wird hier erst durch die Vorstellung und Verbindung bestimmter Theile möglich, und die letztere muß also der erstern schon vorhergehen, folglich muß hier das Ganze alle die Theile, in die es getheilt werden kann, schon zum voraus in sich enthalten. Wäre also z. B. die Vorstellung einer Linie ein Verstandesbegriff; so müßte jede endliche Linie, da sie ins Unendliche getheilt werden kann, auch in der That aus unendlich vielen Theilen bestehen. Dieses aber ist ein offenbarer Widerspruch, denn eine Menge heißt eben unendlich, wenn sie niemals als vollendet gedacht werden kann, folglich kann ein Ganzes, das aus einer unendlichen Menge von Theilen besteht, niemals vollendet, d. i. nicht ein endliches Ding seyn. Eben daher kann auch der Raum nicht ein

Verhältniß oder ein Aggregat von Dingen an sich seyn, denn in diesem Falle bestünde jeder endliche Raum, z. B. der Raum einer Kugel aus der Menge der wirklichen, oder möglichen Dinge, in die er theilbar wäre, folglich müßte, da jeder endliche Raum ins Unendliche theilbar ist, sich durch eine unendliche Menge von Theilen ein endliches Ganzes erzeugen lassen, welches wieder der vorige Widerspruch ist. Wenn daher der philosophische Geometer nicht einen offenbaren Widerspruch behaupten will; so muß er entweder die Stätigkeit und unendliche Theilbarkeit des Raums geradezu leugnen, oder gestehen, daß der Raum kein Verstandesbegriff, noch etwas, das den Dingen auch außerhalb unserer sinnlichen Vorstellung an sich zukäme, sondern eine bloße unmittelbare Vorstellung in uns, d. i. eine Anschauung ist. Nun ist das erstere ungereimt, denn das hieße leugnen, daß zwischen zwey Puncten allemal eine gerade Linie möglich ist, mithin die ganze Geometrie wegphilosophiren. Also ist er schlechterdings genöthigt, das letztere zu gestehen. Alsdann fällt jener Widerspruch völlig hinweg. Denn da die Vorstellung vom Raum kein allgemeiner Begriff von Dingen, sondern eine Anschauung ist; so wird er uns nicht als ein aus Theilen zusammengesetztes, (denn sonst wäre er ein allgemeiner Begriff,) sondern als ein einzelnes, individuelles Ding vorgestellt. An sich besteht er also gar nicht aus Theilen, sondern Theile entstehen in ihm nur, sofern wir ihn in Gedanken begrenzen, d. i. sofern wir

Theile

Theile in ihm machen, mithin besteht er nur aus so viel Theilen, als wir durch wirkliche Begrenzung, oder Theilung in ihm erzeugen. Nun ist der Raum ins Unendliche theilbar, das heißt, wir können die Theilung in ihm so weit fortsetzen, und daher so viel Theile in ihm machen, als wir wollen. Da aber die Menge der Theile, die wir wirklich in ihm machen, jederzeit endlich ist; so betrachten wir ihn beständig nur als ein aus einer endlichen Menge von Theilen zusammengesetztes Ding. Also folgt aus der unendlichen Theilbarkeit des Raums gar nicht, daß er aus unendlich vielen Theilen bestehe, sondern, da seine Theile erst von uns gemacht werden müssen, so bedeutet dieselbe nichts weiter, als daß er aus so viel Theilen bestehen könne, als wir in ihm machen wollen. Daß diese Darstellung richtig sey, ist bey allen geometrischen Begriffen einleuchtend. Wenn wir uns z. B. einen Würfel denken; so setzen wir den körperlichen Raum desselben nicht aus kleinen körperlichen Räumen zusammen, sondern wir begrenzen ihn bloß als einen individuellen Theil des ganzen unendlichen Raums durch sechs gleiche Quadrate, und stellen uns ihn daher als ein ungetheiltes Ding vor, das wir nicht darum ein Ganzes oder Zusammengesetztes nennen, als ob es für sich aus Theilen bestünde, sondern weil wir in ihm Theile machen können, und zwar so viel wir wollen. Sehr richtig beantwortet daher der große Kästner in der Vorrede zu seiner Analysis des Unendlichen die Frage: ob eine Linie nur eine endliche Menge Theile, oder unendlich viel enthalte, mit dem unsterblichen Galiläus so: sie enthält jede gegebene Zahl von Theilen. Allein daß diese Antwort, ungeachtet der unendlichen Theilbarkeit des Raums, dennoch richtig ist, dieses setzt eben voraus, daß der Raum kein allgemeiner Begriff einer Verknüpfung von Dingen an sich seyn könne, denn sonst müßte er, wie gezeigt worden, wirklich aus unendlich viel Theilen bestehen; sondern daß seine Vorstellung von den Dingen selbst ganz unabhängig, d. i. eine Anschauung a priori seyn muß, die wir zwar in soviel Theile theilen können, als wir wollen, die aber an sich selbst etwas Ungetheiltes ist, und daher nur soviel Theile hat, als wir ihr jedesmal selber geben.

§. 13.

So unmöglich es also ist, aus dem Begriffe verknüpfter Substanzen den Raum selbst zu deduciren, so unmöglich ist es auch, aus demselben irgend eine wesentliche Eigenschaft des Raums z. B. seine drey Abmessungen herzuleiten, ja seine Stätigkeit, und Theilbarkeit ins Unendliche, ohne die er doch schlechterdings nicht denkbar ist, wäre in diesem Falle ein offenbarer Widerspruch. Ein gleiches gilt auch von der Zeit. Denn, wie gezeigt worden, ist es nicht nur unmöglich, aus dem Begriffe verknüpfter einfacher Vorstellungen die Zeit selbst herauszubringen, imgleichen aus ihm verständlich zu machen, daß die Zeit nur eine einzige Abmessung haben könne, sondern ihre Stätigkeit

keit und Theilbarkeit ins Unendliche würde eben so, wie die des Raums, alsdann unleugbar widersprechend seyn. Also sind sowol der abstracte Raum und die abstracte Zeit, sofern man darunter allgemeine d. i. Gattungsbegriffe versteht, als auch ein intelligibler Raum, und eine intelligible Zeit, in denen sich der reine Verstand die Dinge an sich denkt, Widersprüche.

§. 14.

Hierin liegt eben der Grund, warum der Geometer mit keiner Definition des Raums das mindeste anfangen kann. Hr. Eberhard muß es auch *) selbst gestehen, daß sein Begriff des Raums in der Geometrie unbrauchbar ist. Indessen meynt er, dieses schade nicht, „sondern der „Geometer thue sehr wohl, bey dem bloß klaren „Begriffe der sinnlich einfachen Merkmale der Fi„guren stehen zu bleiben. Die Metaphysik hin„gegen habe das Bedürfniß, den Begriff des „Raums deutlich zu machen. Sie wolle z. B. „untersuchen, ob ein denkendes Wesen könne aus„gedehnt seyn; sie müsse also den deutlichen Begriff „der Ausdehnung und des Raums mit dem deut„lichen Begriffe des Denkens vergleichen.„ Allein

a. Wie kann man sagen, daß man von einer Sache einen deutlichen Begriff habe, wenn man aus diesem auch nicht die geringste wesentliche Eigenschaft derselben verständlich und deutlich machen kann? Die Vorstellung

*) Phil. Mag. B. 3. S. 99.

lung des Raums als einer Ausdehnung von dreh Abmessungen macht gerade das Wesen und die allererste Grundvorstellung des Raumes aus, die nicht, wie z. B. die Größe der drey Winkel zum allgemeinen Begriffe vom Dreyeck, erst durch Schlüsse zur Vorstellung des Raums hinzugedacht werden darf, sondern durch die vielmehr die leztere selbst erst möglich wird, denn dadurch muß ja, ohne an andere Dinge zu denken, der Raum sogleich von der Zeit, als einer Ausdehnung von einer einzigen Abmessung, unterschieden werden. Kann nun die leibnitzische Definition weder verständlich machen, daß der Raum drey Abmessungen habe, noch was diese verschiedene Abmessungen, nemlich eine Linie, eine Fläche, ein körperlicher Raum seyn; wie kann man denn sagen, daß sie uns vom Raum einen deutlichen Begriff gebe? Ja wie viel weniger kann sie dieses, da sie eine seiner absolut nothwendigen Eigenschaften, die Stätigkeit und Theilbarkeit ins Unendliche, sogar völlig aufhebt.

b. Wenn der vermeynte deutliche Begriff des Raums nicht einmal das Wesen des Raums selbst deutlich macht, und daher sogar in derjenigen Wissenschaft, die sich unmittelbar und lediglich mit ihm beschäfftigt, gänzlich unbrauchbar ist; wie soll er denn in andere Wissenschaften Deutlichkeit bringen, und zur

Ent-

Entscheidung ihrer Untersuchungen brauchbar seyn? Macht eine Metaphysik, die ihre Lehren auf einen solchen Begriff baut, sich nicht schon dadurch aufs äußerste verdächtig? Was würde man wol von einer Definition des Rechts halten, die zwar in der Rechtswissenschaft selbst völlig unbrauchbar wäre, die man aber für die Logik nöthig fände, um durch sie die Richtigkeit der syllogistischen Figuren deutlich zu machen? Und was würde man von einer solchen Logik selbst urtheilen? Ueberdem sehe ich nicht, was z. B. die Untersuchung der Natur eines denkenden Wesens durch eine Definition des Raums gewinnen könnte. Die Hauptsache, die hier zu beweisen ist, ist diese, daß ein denkendes Wesen nicht ein Aggregat mehrerer Substanzen, sondern eine einzige einfache Substanz sey. Kann die Metaphysik erst das beweisen; so folgt es unmittelbar aus dem Begriffe eines ausgedehnten Dinges, daß ein denkendes Wesen nicht ausgedehnt seyn könne, der Raum selbst mag seyn, was man wolle. Denn ein Ding heißt ausgedehnt, wenn es Theile hat, die außereinander d. i. in verschiedenen Oertern des Raums sind. Ist nun ein denkendes Wesen einfach; so hat es gar keine Theile, mithin auch keine, die in verschiedenen Oertern des Raums sind, also ist es nicht ausgedehnt.

§. 15.

Ueberhaupt ist es schon ein Widerspruch an sich selbst, sich den Raum als einen allgemeinen oder Gattungsbegriff zu denken; denn ein Gattungsbegriff, wie z. B. der Begriff Mensch, enthält die allgemeinen Merkmale, die mehreren Objecten gemein sind, und setzt also mehrere Objecte voraus, von denen er prädicirt werden kann, z. B. Cajus ist ein Mensch, Sempronius ist ein Mensch, u. s. w. Der Raum hingegen ist eine Vorstellung von nicht mehr als einem einzigen Objecte, und kann also auch von keinem andern Dinge, als von ihm selbst ein Prädicat seyn. Ich kann im eigentlichen Sinne bloß sagen: der Raum ist ein Raum; aber nicht: der Würfel, der Cylinder, die Kugel ist ein Raum. Denn es giebt nur einen einzigen unendlichen Raum. Mehrere Räume, als dieser einige, sind selbst für die Phantasie Undinge. Wenn man daher von Räumen spricht, z. B. vom Raum eines Würfels, eines Cylinders rc.; so sind dieses lauter uneigentliche Benennungen, deren man sich bloß der Kürze wegen bedient, und man versteht darunter weder verschiedene Arten von Raum, noch verschiedene einzelne Räume, sondern lediglich entweder verschiedene einzelne Theile des einigen Raums, oder verschiedene Arten von Theilen desselben; so wie man z. B. unter der Hand weder einen einzelnen menschlichen Körper, noch eine besondere Art von letzterem, sondern lediglich entweder einen einzelnen Theil desselben, oder eine besondre Art seiner

Theile

Theile versteht. Hiebey haben die Theile des Raums das Besondere, daß sie sich nicht, wie die Theile des menschlichen Körpers, für sich und ohne die Vorstellung des ganzen Raums, sondern bloß in diesem denken lassen, so daß die Möglichkeit, sich Theile des Raums, z. B. einen Würfel, einen Cylinder zu denken, schon die Vorstellung des ganzen unendlichen Raums voraussetzt, mithin die Vorstellung des Ganzen hier nicht, wie z. B. beym menschlichen Körper, erst durch die Vorstellung der Theile, sondern umgekehrt die Vorstellung der Theile erst durch die Vorstellung des Ganzen möglich wird. Alles dieses ist so unwidersprechlich gewiß, daß, wenn Hr. Eberhard im eigentlichen Sinne mehrere Räume behauptet, und diese nicht für bloße Theile des einigen unendlichen Raums, die lediglich durch Begrenzung des letztern möglich werden, erkennen will, sondern für besondere einzelne Räume, oder Arten von Raum ausgiebt, dadurch unsere ganze Vorstellung vom Raum unmittelbar aufgehoben wird. Denn auf diese Art müßte man sich z. B. einen Raum im Monde denken können (wie Hr. Eberhard sich auch wirklich sehr oft ausdrückt), ohne daß man sich den Mond selbst im Raume vorstellen dürfte, dieses aber, muß ich bekennen, ist wenigstens für mich unmöglich, und so würde der Raum, wenn er das wäre, wofür ihn Hr. Eberhard annimmt, für mich nicht nur eine ganz unbekannte, sondern sich unmittelbar widersprechende Vorstellung seyn. Eben daher widerspricht es auch der Vorstellung vom Raum geradezu, wenn Hr. Eberhard die Unendlichkeit desselben *) darin setzt, daß er ohne eine bestimmte Größe gedacht werden kann. Denn auf diese Art würde die Vorstellung des ganzen einigen Raums erst durch Zusammensetzung aus mehreren Räumen möglich.

§. 16.

Ist es nun aber unleugbar, daß es nicht mehrere Räume, oder Arten von Raum, sondern nur einen einzigen unendlichen giebt; so ist es auch unleugbar, daß es ein Widerspruch in sich selbst ist, die Vorstellung vom Raum für einen allgemeinen oder Gattungsbegriff zu halten, der sich von mehreren Dingen prädiciren ließe. Ohne daher einmal an den Cirkel zu denken, den die Leibnitzische Definition vom Raum enthält, so ist dieselbe schon an sich unrichtig. Denn, ist der Raum die Ordnung nebeneinander seyender Dinge, oder wie Hr. Eberhard es ausdrückt, ein Inbegriff möglicher Oerter; so giebt es, weil in der Erde ein Inbegriff möglicher Oerter, in der Luft ein anderer, im Monde wieder ein anderer, u. s. w. ist, mehrere verschiedene Räume, und der ganze unendliche Raum müßte erst aus diesen zusammengesetzt werden. Beides aber widerspricht der Vorstellung vom Raum, wie gezeigt worden, unmittelbar. Sollte also ein allgemeiner Begriff vom Raum möglich seyn; so müßte derselbe, wie der allgemeine Begriff einer vollkommensten Substanz,

*) Phil. Mag. B. 1. S. 395.

stanz, von der Art seyn, daß er zugleich die Einheit und Unendlichkeit des Raums in sich enthielte. Also würde die leibnitzische Definition so heißen müssen: der Raum ist die Ordnung aller möglichen coexistirenden Dinge, oder der Inbegriff aller möglichen Oerter. Allein, wenn gleich auf diese Art die Mehrheit der Räume vermieden, und diese dann nur Theile von ihm seyn würden; so würde doch auch eine solche Definition, ohne auf den mehrerwähnten Cirkel zu sehen, den sie nie vermeiden kann, der Vorstellung vom Raum unmittelbar widersprechen, weil sie den ganzen unendlichen Raum, dessen Vorstellung der Vorstellung seiner Theile schon vorhergehen muß, doch immer nur erst aus seinen Theilen zusammensetzen müßte. Daß der allgemeine Begriff eines vollkommensten Wesens möglich ist, obgleich dasselbe nur ein einiges ist, kommt daher, weil es außer ihm mehrere für sich bestehende Wesen von eingeschränkter Vollkommenheit giebt, folglich wir nur die Schranken wegdenken dürfen, um den Begriff eines Wesens von unendlicher Vollkommenheit zu erzeugen, aus welchem dann zugleich die Einigkeit dieses Wesens folgt. Was hingegen den Raum betrifft, so giebt es gar keine Dinge von der Art, daß wir durch bloßes Wegdenken ihrer Schranken den Begriff eines unendlichen und einigen Raums erzeugen könnten, denn hier setzt die Möglichkeit, sich ein eingeschränktes Räumliches zu denken, schon die Vorstellung des ganzen unendlichen Raumes voraus. Also ist ein allgemeiner Begriff, der uns den Raum als einen einigen unendlichen kenntlich machen könnte, ein Widerspruch in sich selbst, mithin muß uns der Raum schlechterdings als eine bloß sinnliche Vorstellung unmittelbar gegeben, d. i. er muß lediglich eine Anschauung seyn.

§. 17.

Hiedurch fallen die Zweifel, die ein philosophischer Mitarbeiter am Magazin wider diesen Punct zu erregen gesucht, von selbst weg. Hr. M. Maaß meynt *),

1. „Der Raum werde sowol dem Quadrat als „dem Triangel als Prädicat beygelegt.„ Dieses ist wol nur uneigentliche Sprache. Denn Quadrat und Triangel sind für sich allein so wenig Räume, daß sie nicht einmal, wie etwa Würfel und Cylinder, Theile, sondern bloße Grenzen des Raums, und daher nur als Bestimmungen der Theile desselben möglich sind.

2. „Daß der Raum deshalb, weil er einig ist, „kein allgemeiner Begriff seyn könne, erfordere einen näheren Beweis.„ Dieser ist hier mit der größten Deutlichkeit gegeben worden.

3. „Der Satz: es giebt nur Einen Raum, „könnte auch so ausgedrückt werden: man „kann sich nur eine einzige Vorstellung ma„chen, die das ausdrückt, was wir Raum „nennen; dieses gelte aber von jedem allge„mei

*) Phil. Mag. B. 1. S. 134. ff.

„meinen Begriffe, denn man könne von ihm „weder ein Merkmal wegnehmen, noch zu „ihm hinzusetzen, wenn er die nämliche „Vorstellung bleiben soll, z. B. man kön„ne sich nur eine einzige Gerechtigkeit, nicht „mehrere Gerechtigkeiten vorstellen.„ Eine solche Mißdeutung der Einigkeit des Raums kann unmöglich Ernst seyn. Denn der Satz: die Vorstellung, die ich vom Raum habe, ist Vorstellung eines einzigen Individui, wird doch keine Logik für einerley mit dem halten: die Vorstellung vom Raum ist eine solche, von der ich kein Merkmal wegdenken, und zu der ich keins hinzudenken kann, wenn sie die nämliche Vorstellung bleiben soll. Denn eine Vorstellung von der Art würde meine Vorstellung vom Raum ja immer seyn, wenn sie auch eine Vorstellung von Centillionen Räumen wäre. Eben das, daß man in diesem Sinne auch von jedem Gattungsbegriffe, der mehreren Individuen gemein ist, z. B. von der Gerechtigkeit, sagen kann: es giebt nur einen einzigen solchen Begriff, nur eine einzige Gerechtigkeit, eben das ist ja ein klarer Beweis, daß dieses ganz etwas anderes ist, als wenn man sagt: es giebt nur ein einziges Individuum von der Art, z. B. nur einen einzigen Gerechten.

4. „Wenn wir uns gleich jetzt die Theile des „Raums nicht isolirt gedenken, und daraus

„die Vorstellung des Ganzen zusammense„tzen können; so folge hieraus doch nicht, „daß dies in den ersten Augenblicken, wo „wir uns der Vorstellung des Raums be„wußt wurden, auch so war, und daß wir „auch da nicht aus der Vorstellung der Theile „die des Ganzen zusammensetzten.„ Daß aber dieses letztere schlechterdings nicht möglich ist, ist bereits (Prüf. Th. 1. S. 101-104.) evident erwiesen worden.

5. „Kant behaupte ja (Crit. S. 162.) selbst, „daß bey der Vorstellung einer extensiven „Größe, sofern wir uns derselben bewußt „werden, die Vorstellung der Theile noth„wendig voraufgehen müsse.„ Allein dieser Scheinwiderspruch verschwindet von selbst, sobald man nur unseren Weltweisen richtig versteht. Denn am angeführten Orte redet er bloß davon, wie wir zur bestimmten Vorstellung von der stätigen Ausdehnung des Raums und seiner Theile und Grenzen kommen. Dieses ist allerdings nicht anders möglich, als daß wir ihn erst in Gedanken beschreiben, d. i. vermittelst der productiven Einbildungskraft einen Theil nach dem andern erzeugen, und durch Verknüpfung mehrerer solcher gleichartigen Theile bestimmte Ganze machen. So können wir uns keine Linie, keine Fläche, keinen Körper als etwas Ausgedehntes vorstellen, ohne die erste von einem gewissen Puncte an zu ziehen,

hen, und eben so die zweyte von einer gewissen Linie, und den dritten von einer gewissen Fläche an successiv zu erzeugen. Daß wir dieses auch wirklich zu thun im Stande sind, dessen sind wir uns, ohne das Wie durch irgend einen Begriff angeben zu können, unmittelbar bewußt, und darin bestehen eben alle Postulate der Geometrie, z. B. durch zwey Puncte geht allemal eine gerade Linie, durch eine gerade Linie und einen Punct außer ihr eine ebene Fläche, zwischen zwey sich schneidenden oder parallelen Ebenen liegt beständig ein Theil des körperlichen Raums ꝛc., worauf dann endlich die Möglichkeit völlig begrenzter Theile der Flächen, und des körperlichen Raums, d. i. der Figuren beruhet. Allein sollen wir auf diese Weise zur Vorstellung ausgedehnter Linien, Flächen, und Körper gelangen; so muß uns eben der ganze unendliche Raum schon vorher gegeben seyn. Denn, soll ich von einem Puncte zum andern eine Linie ziehen, so muß ich schon einen Raum haben, in welchem ich sie ziehen kann, und soll ich die gerade Linie ohne Ende fort so weit ziehen können, als ich will; so muß mir dieser Raum schon als ein uneingeschränkter, d. i. als ein unendlicher gegeben seyn, und eben so kann ich auch keine Fläche, und keinen Körper successiv und theilweise anders als im Raum erzeugen, d. i. nicht anders, als daß mir bereits der ganze unendliche Raum mit der Qualität gegeben ist, daß ich überall Puncte in ihm annehmen, und drey verschiedene Gattungen von Ausdehnung ohne Ende fort in ihm erzeugen kann.

§. 18.

Was hier vom Raum erwiesen worden, gilt auch genau von der Zeit. Denn es giebt ebenfalls nur eine einzige unendliche Zeit, und wenn man von Zeiten redet, so versteht man hierunter im eigentlichen Sinne, gleichfalls nicht verschiedene Arten, sondern bloß verschiedene Theile der einigen Zeit. Hiebey hat auch die Zeit eben das Besondere, als der Raum, an sich, daß kein Zeittheil oder Augenblick für sich, sondern bloß in der Zeit vorstellbar ist, und daher die Möglichkeit, sich Zeittheile oder Augenblicke zu denken, schon die Vorstellung der ganzen unendlichen Zeit voraussetzt. Also folgt auf eben die Art, wie vom Raum gezeigt worden, daß auch von der Zeit kein allgemeiner Begriff möglich ist, und daß sie also gleichfalls eine uns unmittelbar gegebene bloß sinnliche Vorstellung, d. i. lediglich eine Anschauung seyn muß.

§. 19.

Alle Bemühungen, die leibnitzischen Definitionen von Raum und Zeit zu retten, dienen also nur dazu, es ins vollkommenste Licht zu setzen, daß diese beiden Vorstellungen schlechterdings keine allgemeine Begriffe, weder reine, noch empirische

oder

oder abstracte, mithin keine Producte des Verstandes, sondern bloß concrete uns unmittelbar gegebene sinnliche Vorstellungen, d. i. Anschauungen sind. Es bleibt also noch bloß die Frage übrig, ob diese beiden Anschauungen, so, wie z. B. die Vorstellungen von Himmelblau, oder Goldgelb, uns erst durch die Wahrnehmung der Dinge, oder schon durch die Natur unserer Sinnlichkeit selbst, und lediglich durch diese gegeben sind, so daß durch sie die Wahrnehmung selbst erst möglich wird, d. i. ob Raum und Zeit bloß empirische, oder reine Anschauungen, d. i. gänzlich a priori sind. Daß nun das letztere ungezweifelt gewiß sey, ist im ersten Theil meiner Prüfung in Ansehung des Raums bereits aus fünf Hauptgründen so evident und ausführlich erwiesen, daß ich mich der Mühe völlig überhoben glaubte, mich über diesen Satz noch weiter einlassen zu dürfen. Da indessen das philosophische Magazin bisher alles mögliche versucht hat, die Beweise für diesen Satz zu entkräften, und ihn selbst als falsch und ungereimt darzustellen, hiedurch aber, wofern es in der That gegründet wäre, das ganze Kantische System auf einmal umgeworfen, mithin alle weitere Prüfung desselben unnütz würde; so sehe ich mich genöthigt, die fast in allen philosophischen Aufsätzen des Magazins zerstreut vorkommenden Einwürfe dawider, mit ihrer ganzen Stärke, meinen Lesern in der gehörigen Verbindung vorzulegen, um ihr Gewicht desto gründlicher beurtheilen zu können. Denn ohne

mir

mir auf diese Art erst einen reinen und unerschütterlich festen Boden gesichert zu haben, würde jetzt meine ganze weitere Prüfung doch natürlich dem Vorwurfe ausgesetzt bleiben, daß ihr Fundament bereits zernichtet, oder wenigstens wankend gemacht wäre.

Zweyter Abschnitt.

Bestätigung, daß die Vorstellungen von Raum und Zeit Anschauungen a priori sind.

§. 20.

Von den Beweisen, daß die Vorstellung vom Raum eine Anschauung a priori sey, war der erste dieser: weil in allen geometrischen Sätzen vom Raum, die Verknüpfung des Prädicats mit dem Subjecte gänzlich auf Anschauung beruht, und gleichwol absolut nothwendig ist. Daß sie lediglich auf Anschauung beruhe, zeigte ich aus folgenden drey Gründen:

1. Weil wir nicht einmal die Objecte der Geometrie, nemlich Körper, Flächen, Linien, und Puncte durch irgend einen Begriff verständlich machen können, und daher schon in den ersten Sätzen: Körper, Flächen, Linien, und Puncte sind möglich, die nöthige Verknüpfung des Prädicats mit dem

Subjecte aus keinem Begriffe des letztern erkannt werden kann, sondern uns unmittelbar d. i. durch Anschauung gegeben wird. (Prüf. Th. 1. S. 55 — 65.)

2. Weil auch die Gewißheit der geometrischen Postulate und Axiome, bloß auf Anschauung beruhet. (Prüf. Th. 1. S. 65 — 72.)

3. Weil alle übrigen Sätze der Geometrie sich lediglich aus den Postulaten und Axiomen herleiten lassen, mithin auf eben der Anschauung als diese beruhen. (Prüf. Th. 1. S. 72 — 78.)

§. 21.

Wider den ersten Grund finde ich nichts erinnert, und ich sehe auch nicht, wie jemand ihn im Ernste bezweifeln könnte. Denn daß der Geometer den Raum mit seinen Abmessungen und Grenzen aus keinem allgemeinen Begriffe, sondern bloß durch eine unmittelbare anschauliche Vorstellung kennt, ist offenbare Thatsache. Wollte also jemand daran zweifeln; so würde ihm obliegen, die allgemeinen Begriffe anzuzeigen, durch die er uns verständlich machen könnte, was Körper, Flächen, Linien und Puncte seyn. Daß aber ein solches Unternehmen sich selbst widerspreche, ist im ersten Abschnitte ins völlige Licht gesetzt worden.

§. 22.

Der zweyte Grund ist von Hrn. Eberhard an sehr vielen Orten angefochten worden. Zuerst gesteht

gesteht er *): „es sey zwar richtig, daß in den „von mir angeführten Axiomen und Postulaten „das Prädicat nicht durch Entwickelung des Be„griffs vom Subjecte gefunden werde, sondern „daß sie durch sinnliche Anschauungen gewiß „seyn. Dieses aber heiße weiter nichts, als daß „eine allgemeine Wahrheit in einem einzelnen „Bilde sinnlich angeschauet wird, aber keineswe„ges, daß der Grund der Wahrheit eines sol„chen Urtheils in dem Sinnlichen liege, denn das „sey unmöglich.„ Allein hier wird mir Hr. Eberhard verzeihen, wenn ich bekennen muß, daß er mir in der zweyten Periode geradezu zu leugnen scheint, was er in der ersten zugestand. Denn ich habe es (Prüf. Th. 1. S. 6.) genau bestimmt, daß es bey der Frage, woher man wisse, daß ein Urtheil richtig, d. i. wahr und gewiß ist, bloß auf die Verknüpfung des Prädicats mit dem Subjecte ankommt, woher man nemlich wisse, daß das Prädicat dem Subjecte zugehört, oder widerstreitet. Wenn ich also sage: in den Axiomen und Postulaten weiß man bloß durch sinnliche Anschauung, daß das Prädicat dem Subjecte zugehört; so ist der Sinn dieses Satzes bestimmt und deutlich kein anderer, als dieser: der Grund, woher wir wissen, daß jene Postulate und Axiome richtig sind, liegt bloß in der sinnlichen Anschauung. Wie daher Hr. Eberhard das erste für richtig, und das letzte für unrichtig erklären kann, weiß ich nicht zu vereinigen. Gerade dieses, daß der

*) Phil. Mag. B. 3. S. 97. nr. 1.

der Grund der Gewißheit, die der Geometer von seinen Axiomen und Postulaten hat, bloß in der Anschauung, mithin im Sinnlichen liegt, habe ich (Prüf. Th. 1. S. 65. ff.) von jedem einzeln bewiesen, also hätte er, wenn er dieses leugnet, zeigen müssen, daß meine Beweise falsch seyn. Wenn ferner Hr. Eberhard meinen Satz so ausdrückt: die allgemeine Wahrheit eines Axioms oder Postulats, z. B. daß zwey gerade Linien sich nur in einem Puncte schneiden, werde in einem einzelnen Bilde sinnlich angeschaut, und dieses für richtig erklärt; so hätte ich wider diese Auslegung nichts, wofern er nur unter dem einzelnen Bilde nicht etwa eine empirische Zeichnung, oder ein physisches Object, sondern einen einzelnen Theil, oder eine einzelne Grenze des Raums selbst, z. B. nicht etwa ein paar gezeichnete Linien, oder kreuzweise gelegte Stangen, sondern ein paar einzelne geometrische Linien versteht. Denn die Gewißheit des Geometers beruht, wie Hr. Hofr. Kästner *) sehr wohl erinnert, gar nicht auf Empfindungen des Gesichts oder Gefühls, nicht auf Ansehen, Abmessen, und Abwägen. Vielmehr abstrahirt er von allen Gegenständen, die wir durch die Sinne im Raum wahrnehmen, gänzlich. Sein Gegenstand ist bloß der Raum, ohne alle Rücksicht auf Dinge, die in ihm sind. Die Zeichnungen und physischen Körper gebraucht er lediglich, um sich die reine Vorstellung von geometrischen Linien, Flächen rc. in der Imagination zu erleichtern,

*) Phil. Mag. B. 2. S. 406.

tern; und sie in derselben desto fester zu halten. Daher leisten ihm, wie Hr. Hofr. Kästner *) gleichfalls bemerkt, die gröbsten Zeichnungen und dicksten Balken zu seiner Einsicht eben die Dienste, als die feinsten Züge der Reißfeder. An solchen zwey einzelnen sich schneidenden geometrischen geraden Linien schaut der Geometer allerdings die allgemeine Wahrheit des Axioms, daß jedes Paar gerade Linien sich schlechterdings nur in einem Puncte schneiden können, sinnlich an, und bloß von dieser Anschauung hängt auch seine unmittelbare Gewißheit ab, daß das Prädicat dem Subjecte nothwendig zugehöre, sofern er sich nemlich bewußt ist, daß das besondere Verhältniß seiner beiden einzelnen Linien, durch die er mittelst der productiven Einbildungskraft den gegebenen allgemeinen Begriff von zwey sich schneidenden geraden Linien construirt hat, z. B. ihr Ort, ihre Größe, ihre Neigung gegeneinander u. s. w., auf die Bestimmungsgründe dieser Construction gar nicht einfließe, und daher die Einbildungskraft in ihrer Hervorbringung auf keine Weise einschränke, mithin das, was er an jenen beiden einzelnen Linien mit dem unmittelbaren Bewußtseyn der Nothwendigkeit anschaut, mit eben dieser Nothwendigkeit allgemein von allen möglichen wahr seyn müsse. Da nun aber eine empirische Anschauung, d. i. eine solche, die in bloßer Wahrnehmung durch die Sinne besteht, schlechterdings keine absolute Nothwendigkeit und Allgemeinheit lehren kann;

*) Phil. Mag. B. 2. S. 428. §. 20.

kann; so folgt eben hieraus unwidersprechlich, daß diejenige Anschauung, auf welcher sich die unmittelbare apodictische Gewißheit des Geometers von der Nothwendigkeit und strengen Allgemeinheit seiner Axiome und Postulate gründet, nicht eine empirische seyn kann, mithin eine von aller Wahrnehmung äußerer Dinge ganz unabhängige, d. i. eine Anschauung a priori seyn muß. Diese Anschauung aber war keine andere, als die Vorstellung vom Raum selbst, als dem einzigen Objecte des Geometers. Also ist die Vorstellung vom Raum eine Anschauung a priori.

§. 23.

So klar dieses nun ist, so besteht doch Hr. Eberhard darauf, daß der Grund der Wahrheit und Gewißheit der geometrischen Axiome und Postulate nicht in der Anschauung oder im Sinnlichen liegen könne, sondern in dem Intellgiblen liegen müsse, und sucht dieses durch folgende Beweise darzuthun:

a. *) „Alle apodictisch gewisse Vernunftwahr„heiten müssen nothwendige und ewige „Wahrheiten seyn, folglich können ihre Be„griffe nicht Begriffe von wirklichen, und „einzelnen Dingen, sondern nur Begriffe „von allgemeinen und an sich möglichen „Dingen seyn; und da alles an sich mögli„che nothwendig und ewig ist, so müssen da-

her

*) Phil. Mag. B. 2. S. 75.

„her auch die Gegenstände dieser Begriffe an „sich, ihre Begriffe aber in dem göttlichen „Verstande (wenigstens als Ideal) nothwen„dig und ewig seyn. — *) In dem göttli„chen Verstande ist aber unmittelbar keine „bildliche Vorstellung vom Raum, sondern „nur mittelbar, sofern er die subjectiven „Schranken der endlichen Vorstellungskraft „erkennt. Wir mögen also die absolute „Nothwendigkeit der Begriffe in den noth„wendigen Wahrheiten von Seiten ihrer „Gegenstände, oder von Seiten der Begriffe „in dem göttlichen Verstande betrachten; so „liegt sie in keinem von beiden Fällen in dem „Bildlichen.„

§. 24.

Bey diesem Beweise sehe ich erstlich nicht wohl ein, wie der Metaphysiker befugt sey, die Frage über die ersten Quellen der menschlichen Erkenntniß, durch die erst der Weg zur Erkenntniß Gottes eröffnet werden soll, aus der Art, wie sich der göttliche Verstand die Dinge vorstellt, entscheiden zu wollen. Doch selbst dieses beyseite gesetzt, wünschte ich den Beweis davon zu sehen, daß der göttliche Verstand die sinnlichen Dinge nicht eben so wie die übersinnlichen, unmittelbar durch intellectuelle Anschauung, sondern nur mittelbar, d. i. durch Begriffe sich vorstellen könne, und auf diese Art eben so, wie der menschliche, aus allgemeinen

*) Phil. Mag. B. 2, S. 82. nr. 1.

meinen Begriffen urtheilen und schließen müsse. Mir wenigstens scheint dieses letztere schlechterdings nur für einen eingeschränkten Verstand zu gehören. Wie aber der göttliche sich den Raum, und unsere Geometrie vorstellen mag, davon bescheide ich mich nichts zu wissen.

§. 25.

Zweytens aber trifft dieses ganze Argument gar nicht das, wovon hier die Rede ist. Denn die Frage ist hier gar nicht, woher der göttliche Verstand, oder irgend ein endlicher, außer dem unsrigen, sondern bloß, woher der unsrige von der Nothwendigkeit und Allgemeinheit der geometrischen Axiome und Postulate apodictische Gewißheit hat, ob durch Schlüsse aus Begriffen, oder unmittelbar durch Anschauung? Nun ist es für sich klar, daß das erstere nicht stattfindet, denn sonst hätten wir ja von ihnen wirklich einen Beweis, und so wären sie für uns nicht Axiome und Postulate, sondern demonstrirte Theoreme und Probleme. Also ist es ja unwidersprechlich, daß wir von ihrer Nothwendigkeit und Allgemeinheit lediglich durch Anschauung gewiß sind. Eine solche Gewißheit aber kann nun, wie gezeigt worden, nicht empirische, sondern bloß Anschauung a priori geben. Also muß unsere Vorstellung vom Raum schlechterdings Anschauung a priori seyn. Mehr aber will weder Kant, noch ich. Denn wie das vollkommenste Wesen sich den Raum vorstelle, und ob andere endliche Wesen außer uns überhaupt eine Vorstellung von ihm haben, oder was für eine sie von ihm haben mögen, das geht unsere Vorstellung von ihm, und unsere Gewißheit von den Axiomen und Postulaten desselben gar nicht an, und das kann auch kein Mensch wissen. „Ich, sagt der berühmte Kästner *) mit Recht, „befriedige mich mit der Geometrie für Menschen; und „daß wir diese Geometrie nicht hätten, wenn man „nicht weiter hätte gehen wollen, bis die Axiomen „demonstrirt wären, sagt auch Leibnitz.„

§. 26.

Um inzwischen weitern Mißverständnissen vorzubeugen, wird es drittens nicht unnöthig seyn, den Sinn dieses ohnehin nicht wenig dunkeln Arguments, auf welches Hr. Eberhard sich in der Folge so oft wieder beruft, etwas näher zu untersuchen. Wenn wir von der Rücksicht auf den göttlichen Verstand, die gar nicht hieher gehört, abstrahiren; so besteht dasselbe aus folgendem Vernunftschlusse: —

„In jedem apodictisch gewissen oder noth„wendig wahren Satze müssen die Begriffe, d. i. „sowol der Begriff des Subjects als des Prädi„cats, nicht Begriffe von wirklichen und einzel„nen, sondern von allgemeinen, und an sich „möglichen Dingen seyn. Nun aber ist alles an „sich mögliche nothwendig und ewig. Also müs„sen in jedem nothwendig wahren Satze, mithin „auch in jedem geometrischen Axiome und Postu„late,

*) Phil. Mag. B. 2. S. 430. §. 23.

„late, die Gegenstände der Begriffe, d. i. das „Subject und Prädicat, nothwendig und ewig „seyn.„

Hier ist nun zuerst sichtbar, daß der Schlußsatz eine Sache beweist, nach der hier gar nicht gefragt wird. Denn wenn man frägt: woher ein Satz nothwendig ist; so will man nicht wissen, ob das Subject und Prädicat nothwendig seyn, sondern nur, woher die Verknüpfung beider nothwendig sey. Diesen Punct aber läßt der Schlußsatz des Arguments ganz unberührt. Also geht es die eigentliche Streitfrage gar nichts an. Außerdem aber ist der ganze Vernunftschluß schon an sich sowol in Ansehung der Materie als der Form fehlerhaft. Denn 1) ist es im Obersatze unrichtig, daß in nothwendigen Sätzen das Subject nicht ein wirkliches und einzelnes Ding seyn könne. Die Sätze: Gott ist allweise, mein Körper ist zusammengesetzt, zwischen diesen zwey Puncten giebt es nothwendig eine gerade Linie rc. sind schlechterdings nothwendige Sätze; denn die Verknüpfung des Prädicats mit dem Subjecte ist in ihnen absolut nothwendig, und doch ist ihr Subject ein wirkliches und einzelnes Ding. Ueberhaupt sind alle analytische Sätze, in denen aus dem blossen Satze des Widerspruchs folgt, daß das Prädicat dem Subjecte zugehört, oder widerstreitet, absolut nothwendig, sie mögen allgemeine, oder einzelne Sätze seyn. 2) Ist im Obersatze die Erwähnung der allgemeinen Dinge auch ganz müßig. Denn diese kommen weder im Untersatze, noch im Schlußsatze vor. 3) Da das Wirkliche zugleich an sich möglich seyn muß; so sind den wirklichen Dingen nicht die an sich möglichen, sondern die bloß möglichen Dinge entgegengesetzt, mithin müßte der Obersatz so heißen: In jedem apodictisch gewissen Satze müssen die Begriffe nicht Begriffe von wirklichen, sondern von bloß möglichen Dingen seyn. Nun aber giebt es in der Geometrie, wie selbst Hr. Hofr. Kästner *) sehr wohlbedächtig zeigt, nichts bloßmögliches, sondern in ihr ist alles Mögliche wirklich. Also ist der Obersatz in Ansehung der geometrischen Sätze, für die ihn Hr. Eberhard doch hauptsächlich anlegte, ganz unrichtig. 4) Ist auch der Untersatz falsch, daß alles an sich mögliche nothwendig und ewig sey. Denn da alles Wirkliche an sich möglich ist; so würde hieraus der offenbare Widerspruch folgen, daß alles Wirkliche nothwendig und ewig sey. Soll also der Untersatz wahr seyn, so muß er so heißen: Alles an sich mögliche ist nothwendig und ewig möglich, denn an sich möglich heißt das, dessen Möglichkeit von keiner Bedingung, und also auch von keiner Zeit abhängt. Also ist der eigentliche Schlußsatz, der aus den Prämissen folgt, dieser: In jedem nothwendig wahren Satze müssen die Gegenstände der Begriffe nothwendig und ewig möglich seyn. Allein was kann nun dieser identische und unfruchtbare Satz für die Untersuchung über den Grund nothwendiger Sätze nützen? Denn einestheils ist es sehr gleichgültig,

ob

*) Phil. Mag. B. 2. S. 400. §. 14.

ob man einen Gegenstand an sich, oder nothwendig möglich nennt, anderntheils aber geht dieses die Nothwendigkeit der Sätze selbst gar nichts an, denn in jedem wahren Satze, er mag ein nothwendiger, oder bloß empirischer Satz seyn, müssen die Begriffe allemal etwas an sich oder nothwendig mögliches anzeigen.

§. 27.

b. „Die Axiome und Postulate der Mathematik, sagt Hr. Eberhard *), könnten nicht „allgemein seyn, wenn der Grund ihrer „Wahrheit in dem Sinnlichen wäre; wenn „sie also nicht auch wahr und gewiß wären „außer der sinnlichen Vorstellung; wenn „nicht der Grund ihrer Wahrheit und Gewißheit in dem Begriffe der Gattung läge, „der ein Gegenstand des Verstandes ist, und „der, wenn auch nicht durch den menschlichen Verstand, doch an und für sich selbst „muß zergliedert werden können.„

Dieser Beweis enthält zwey Behauptungen, die Hr. Eberhard schon im Vorhergehenden bewiesen zu haben versichert, und hier nur kurz wiederholt.

§. 28.

Erstlich behauptet Hr. Eberhard: „wenn „die geometrischen Axiome und Postulate allgemeine Sätze seyn sollen; so müsse der Grund „ihrer Wahrheit und Gewißheit in dem Begriffe

 „der

*) Phil. Mag. B. 3. S. 91.

„der Gattung liegen.“ Hier ist nun allerdings unleugbar, daß in allen allgemeinen Sätzen der Begriff des Subjects ein allgemeiner d. i. ein Gattungsbegriff seyn muß, und daß dieses auch von allen geometrischen Axiomen und Postulaten gilt. Allein nun kommt es, wenn Mißverständniß und leerer Wortstreit vermieden werden soll, darauf an, was das heißt: der Grund ihrer Wahrheit und Gewißheit liege in diesem Gattungsbegriffe. Hier ist bloß ein zwiefacher Sinn möglich, nemlich: das Prädicat, das dem Subjecte allgemein beygelegt oder abgesprochen wird, ist entweder im Gattungsbegriffe des Subjects schon dergestalt enthalten, daß es durch bloße Zergliederung nach dem Satze des Widerspruchs in ihm aufgefunden werden kann; oder nicht. Allein daß bey den Axiomen und Postulaten der Geometrie das erstere schlechterdings nicht möglich ist, habe ich von jedem derselben insbesondere (Prüf. Th. 1. S. 65 — 72.) so deutlich und strenge bewiesen, daß wol keine Widerlegung davon zu besorgen steht. Zwar hat Hr. Maaß *) versucht, meinen Beweis in Ansehung des Postulats: jede gegebene gerade Linie kann ohne Ende verlängert werden, daß hier nemlich im Begriffe der gegebenen geraden d. i. nach einerley Richtung laufenden Linie nicht im mindesten liege, daß diese Richtung nicht irgendwo ein Ziel habe, sondern ohne Ende fortgehe, als nicht strenge und befriedigend genug darzustellen. Er meynt:

α. „wenn

*) Phil. Mag. B. 2. S. 229.

α. „wenn dies auch nicht in dem Begriffe der „geraden Linie liege, so brauche es deßhalb „nicht nothwendig aus der Anschauung ge„nommen zu werden; es könnte vielleicht „aus dem Begriffe hergeleitet werden.„ Allein wenn Hr. Maaß dieses letztere für möglich hält, so kann ich doch mit Recht fordern, daß er zeige, wie es möglich sey, das, was in einem Begriffe selber gar nicht liegt, gleichwol aus ihm, und zwar bloß aus ihm herzuleiten, d. i. es wirklich in ihm aufzufinden.

β. deucht ihm: „man könne auch umgekehrt „eben so richtig sagen: es liegt nicht im min„desten im Begriff der geraden Linie, daß „sie irgendwo ein Ziel habe, daß man sie al„so irgendwo nicht mehr verlängern könne.„ Ganz richtig. Aber da es im Begriffe der geraden Linie weder liegt, daß sie nirgend ein Ziel habe, noch daß sie irgendwo eins habe; so läßt derselbe es gänzlich unentschieden, ob die Verlängerung der geraden Linie ohne Ende möglich, oder unmöglich, d. i. ob das Postulat wahr, oder nicht wahr sey.

Allein, ist es ausgemacht, daß in den Axiomen und Postulaten das Prädicat nicht im Gattungsbegriffe des Subjects durch bloße Zergliederung desselben aufgefunden werden kann; so müssen wir doch einen andern Grund haben, warum wir das Prädicat dem Subjecte beylegen, und so das Axiom oder Postulat für wahr, und zwar für allgemein und nothwendig wahr halten. Nun

 sind

sind wir uns aber unmittelbar bewußt, daß wir hier keinen andern Grund kennen, und angeben können, als die Anschauung. Also gründet sich unsere Gewißheit von ihrer Richtigkeit bloß auf dieser. Da wir aber zugleich schlechterdings genöthigt sind, sie für allgemein und nothwendig wahr zu halten; so muß sie eben Anschauung a priori seyn.

§. 29.

„Aber der Begriff der Gattung ist ja ein Ge„genstand des Verstandes. Die Sinnlichkeit, „weder die reine, noch die empirische, kann keine „allgemeine Wahrheit erkennen, sondern allein der „Verstand; denn sie erkennt nur das Einzelne *), „ja selbst die empirische Einbildungskraft kann nur „einzelne Dinge darstellen **).„

Dieser Einwurf verdient, wie mir dünkt, vorzüglich eine genaue Prüfung, denn eben in ihm scheint mir eine Hauptquelle der wichtigsten Mißverständnisse und Irrungen zu liegen.

§. 30.

Zuerst ist es unleugbar, daß die Sinnlichkeit das Vermögen der Anschauungen, und Anschauung nicht Vorstellung des Allgemeinen, sondern des Einzelnen ist. Eben so unleugbar ist es auch, daß, wenn wir das Mannigfaltige der Anschauung, das wir entweder in einem einzelnen Dinge, oder in mehreren zugleich als ein gemeinschaft-

*) Phil. Mag. B. 3. S. 65.

**) B. 2. S. 85.

schaftliches Merkmal antreffen, in einen Begriff vereinigen, und so im ersten Fall einen einzelnen Begriff, der bloß auf dieses einzelne Object in concreto, und im zweyten einen allgemeinen Gattungsbegriff, der in abstracto auf alle Objecte, die zu dieser Gattung gehören, anwendbar ist, erzeugen, dieses kein Geschäffte der Anschauung, sondern lediglich des Verstandes, als des Vermögens der Begriffe, ist. Allein wenn Hr. Eberhard hieraus schließt, „daß ein solcher Gattungsbe„griff eines sinnlichen Objects das intelligible „Wesen desselben *), d. i. sein Wesen, das es „außer unserer sinnlichen Vorstellung als Ding „an sich hat **), vorstelle, daß daher der deutli„che Begriff eines sinnlichen Objects, oder seine „Definition keine Anschauung mehr enthalte, und „z. B. das von Euklid definirte Dreyeck, als ein „solches, nicht mehr ein sinnliches, sondern ein „Dreyeck an sich sey ***), mithin die apodictische „Gewißheit nicht in den Anschauungen, sondern „in den objectiven Gründen der Anschauung, so„fern diese wahre Dinge, Dinge an sich sind, „gegründet sey ****);„ so ist dieses, nach meiner Ueberzeugung, eine Irrung, die sich durch einen directen Widerspruch selbst widerlegt. Denn wenn der Verstand das Mannigfaltige einer sinnlichen Vorstellung, als den sinnlichen Stoff derselben,

*) Phil. Mag. B. 2. S. 478. §. 29.

**) B. 2. S. 475. §. 24.

***) B. 2. S. 478. §. 28. 29.

****) B. 2. S. 159.

selben, durch Zergliederung von einander unterscheidet, dann durch Abstrahiren von dem, was nur gewissen einzelnen Dingen eigen ist, bloß auf das merkt, was von jenem zergliederten Stoffe mehreren Dingen zukommt, und nun dieses letztere in einen Gattungsbegriff vereinigt; so ist dieses ganze Verfahren des Verstandes bloß logisch, und geht den Stoff oder Inhalt dieses Gattungsbegriffes selbst gar nichts an, sondern dieser bleibt hieben, was er war, und kann dadurch, daß der Verstand sein Mannigfaltiges deutlich zergliedert, und unter einem allgemeinen Begriffe denkt, auf keine Weise seine Natur verändern, und aus einem sinnlichen Dinge in ein übersinnliches verwandelt werden. Vielmehr sind wir uns bey diesem Verfahren des Verstandes unmittelbar bewußt, daß der Stoff der sinnlichen Vorstellung sowol bey der deutlichsten Zergliederung seiner verschiedenen Bestandtheile, als bey Vereinigung derselben in einen allgemeinen Begriff, immer nur sinnlicher Stoff bleibt, und daß der Verstand, wenn er sich etwas übersinnliches in demselben denken wollte, es erst hineindichten müßte. Wenn ich z. B. ein Dreyeck unter dem allgemeinen Begriffe einer ebenen geradlinigten Figur von drey Seiten denke; so enthält offenbar der ganze Stoff dieses Gattungsbegriffes: Fläche, ebene Fläche, Figur, Seiten, geradlinigt, lauter sinnliche Vorstellungen, mithin denke ich das Object dieses Begriffs, ein Dreyeck überhaupt, durch lauter sinnliche Merkmale. Ist es also nicht ein offenbarer

Wider-

Widerspruch, wenn ich dasselbe für ein übersinnliches Object, für ein Ding an sich ausgeben und sagen wollte: die allgemeinen Sätze, die der Geometer, vermittelst jenes Begriffes, von den Dreyecken demonstrirt, hätte er nicht aus jenen sinnlichen Merkmalen, sondern aus dem, was einem Dreyecke als einem übersinnlichen Dinge an sich zukommt, hergeleitet, da ohnehin ein übersinnliches Dreyeck, wie oben erwiesen worden, schon für sich ein Widerspruch ist? Eben so wäre es doch wol ein offenbarer Widerspruch, wenn man sagen wollte: ein rother Lichtstrahl sey nicht mehr ein sinnliches Object, sondern werde sogleich ein intelligibles, ein Ding an sich, sobald ihn der Verstand unter dem Gattungsbegriffe denkt, daß sein Refractionsgesetz im Glase 77:50 sey.

§. 31.

Nicht weniger unleugbar ist es, daß die Sinnlichkeit keine allgemeine Wahrheit erkennen kann. Denn sie erkennt gar nichts, weil sie weder denken, noch urtheilen, noch schließen kann, sondern dieses kann bloß der Verstand, und die Vernunft. Die Sinnlichkeit erkennt also selbst das Einzelne nicht, sondern sie giebt uns bloß unmittelbare Vorstellungen vom Einzelnen, d. i. Anschauungen. Anschauung des Einzelnen ist aber noch nicht Erkenntniß desselben; sondern, soll sie dieses werden, so muß der Verstand durch sie erst ein Object denken, mithin das Mannigfaltige, das sie enthält, erst in einen Begriff verbinden,

den, und dann urtheilen, was für Prädicate dem darunter gedachten Gegenstande zukommen, oder widerstreiten. Nicht die Sinnlichkeit, sondern der Verstand allein ist es also allerdings, der in jedem Satze, er mag ein allgemeiner, besonderer, oder einzelner seyn, den Grund einsieht, warum das Prädicat dem Subjecte zugehört oder nicht. Aber eben daher, weil dieses von allen Sätzen ohne Ausnahme gilt, hat dieser Punct in die Frage: worin der Grund von der Wahrheit eines Satzes zu suchen sey, keinen Einfluß. Also ist der wahre Sinn des Einwurfs dieser: „Jede Anschauung „ist eine Vorstellung, die sich unmittelbar bloß „auf einzelne Objecte bezieht, mithin kann der „Verstand von demjenigen, das uns unmittelbar „durch Anschauung gegeben wird, bloß urtheilen, „daß es jedem angeschauten einzelnen Objecte zu„komme, nicht aber, daß es sich allgemein auf „alle Objecte, die unter dem Gattungsbegriffe des„selben enthalten sind, beziehe.„ Dieser Schluß ist nun von jeder empirischen Anschauung allerdings richtig, denn diese kann nie mit dem Bewußtseyn der innern Nothwendigkeit und Allgemeinheit verknüpft seyn. Wenn ich z. B. ein Goldstück anschaue; so bin ich mir bewußt, daß mir durch diese Anschauung zugleich das Prädicat gelb mitgegeben wird, daher muß ihm der Verstand dasselbe beylegen, und urtheilen: dieses Goldstück ist gelb, denn sonst würde er mein ganzes Bewußtseyn aufheben, und sich also selbst widersprechen. Daß aber dieses Goldstück nothwen-

dig

dig gelb seyn müsse, zu diesem Urtheile findet der Verstand in der empirischen Anschauung desselben keinen Grund, indem ich mir bewußt bin, daß letztere noch immer für mich möglich bleiben würde, wenn mir gleich durch dieselbe statt der Vorstellung gelb die Vorstellung weiß gegeben würde. Noch weniger also kann er in der bloßen empirischen Anschauung des einzelnen Goldstücks, oder mehrerer derselben, einen Grund zu dem allgemeinen Urtheil finden: jedes Goldstück muß nothwendig gelb seyn. Allein daraus, daß empirische Anschauung keinen allgemeinen Satz begründen kann, folgt nicht, daß auch Anschauung a priori dieses nicht könne, da diese, als eine solche, ja schon an sich das Bewußtseyn der innern Nothwendigkeit bey sich führen muß; sondern eben hieraus folgt vielmehr unmittelbar, daß, wenn es in der That apodictisch gewisse allgemeine Sätze giebt, deren Richtigkeit der Verstand gleichwol lediglich aus der Anschauung einzelner Objecte erkennt, eine solche Anschauung keine empirische, mithin eine reine sey. Dergleichen allgemeine Sätze sind nun eben, wie erwiesen worden, die Axiome und Postulate der Geometrie, und daraus folgt also unwidersprechlich, daß die Anschauung des Raums, die sie lediglich begründet, eine reine Anschauung ist. Wie aber eine solche reine Anschauung des Einzelnen allerdings allgemeine und nothwendige Sätze begründen könne, ist schon oben (§. 22.) an dem Euklidischen Axiom gezeigt, daß zwey gerade Linien nur einen Punct gemein haben können, und

ich

ich will es hier noch deutlicher auseinandersetzen: Wenn ich von der Wahrheit dieses allgemeinen Satzes gewiß werden will; so ist dieses nicht anders möglich, als daß ich den allgemeinen Gattungsbegriff des Subjects construire, d. i. in der Einbildungskraft zwey einzelne gerade Linien durch einen Punct im Raum ziehe. Hier wird mir nun durch die reine Anschauung derselben nicht nur (wie durch die Anschauung eines Goldstückes die Vorstellung gelb) die Vorstellung, daß sie nur einen Punct gemein haben, unmittelbar mitgegeben, sondern dieses geschieht hier zugleich mit dem Bewußtseyn der absoluten Nothwendigkeit, indem durch die Vorstellung, daß sie außer diesem Puncte noch einen zweyten gemein hätten, die ganze Anschauung dieser beiden Linien selber aufgehoben würde, und mir bloß die Anschauung einer einzigen übrig bliebe. Daher muß hier der Verstand schon von diesen beiden einzelnen geraden Linien nicht nur urtheilen: sie haben nur einen Punct gemein; sondern: sie können schlechterdings nicht mehr als diesen einen Punct gemein haben. Nun enthält der Gattungsbegriff des Subjects keine andere Bedingungen, als daß die beiden Linien gerade seyn, und ich bin mir zugleich bewußt, daß dabey, daß mir durch ihre Anschauung das Prädicat: sie haben nur einen Punct gemein, unmittelbar gegeben wird, nichts weiter in Betrachtung kommt, als die Vorstellung des Geraden; diese aber ist als reine Anschauung von keiner empirischen abhängig, sondern unmittelbar durch meine

An-

Anschauungsfähigkeit selbst auf eine nothwendige und unveränderliche Art bestimmt. Also bin ich mir bewußt, daß das Prädicat, das mir die Anschauung der beiden einzelnen geraden Linien giebt, nothwendig von allen gelten muß, und aus diesem Grunde kann ich hier mit Recht sagen, daß ich das Allgemeine im Einzelnen anschaue. Wäre dagegen der Begriff des Geraden aus empirischen Anschauungen geschöpft, so fände dieses schlechterdings nicht statt, denn hier würde ich immer ungewiß bleiben, ob nicht auch solche zwey gerade Linien vorkommen könnten, an denen sich sonst alle übrige Merkmale meiner beiden angeschauten fänden, außer dem einzigen, daß sie mehr als einen Punct gemein hätten, eben so, wie ich bey der empirischen Anschauung eines Goldstücks noch immer ungewiß bin, ob nicht auch solche Goldstücke in der Anschauung vorkommen könnten, an denen sich alle übrige Merkmale jenes einzelnen zeigen, ohne gleichwol gelb zu seyn.

§. 32.

So ist es denn einleuchtend, daß zwar empirische Anschauung durch die Sinne, d. i. Wahrnehmung oder Erfahrung, nur einzelne Sätze liefert, die reine Sinnlichkeit hingegen, oder Anschauung a priori, allerdings nothwendige und allgemeine Wahrheiten nicht nur vollkommen begründen könne, sondern daß die geometrischen Axiome und Postulate, als nothwendige und allgemeine Wahrheiten, in der That lediglich

lich durch Anschauung a priori begründet werden. Hieraus erhellt also unmittelbar, daß der Unterschied zwischen der Sinnlichkeit und dem Verstande nicht, wie Hr. Eberhard will *), darin besteht, daß jene nur einzelne und zufällige, dieser aber nur allgemeine und nothwendige Wahrheiten begründe, denn auch die letztern begründet in der That reine sinnliche Anschauung, wie gezeigt worden, eben so vollkommen, als empirische die erstern. Eine Wahrheit erkennen, d. i. urtheilen, daß in einem Satze ein Grund zur Verknüpfung des Prädicats mit dem Subjecte da ist, das kann freylich der Verstand allein, aber da dieses von jedem Satze gilt, er mag ein einzelner und zufälliger, oder ein allgemeiner und nothwendiger seyn; so kann man nicht einmal in dieser Rücksicht sagen, daß die nothwendigen und allgemeinen Wahrheiten ausschließend das Eigenthum des Verstandes, und die einzigen Gegenstände desselben sind, wodurch er sich von der Sinnlichkeit unterscheidet, denn in diesem Sinne sind die einzelnen und zufälligen Wahrheiten eben sowol Gegenstände des Verstandes, als die allgemeinen und nothwendigen.

§. 33.

Zweytens gesteht Hr. Eberhard im obigen Beweise b selbst, „daß in den geometrischen Axio„men und Postulaten der Gattungsbegriff des „Sub-

*) Phil. Mag. B. 1. S. 292—297. B. 2. S. 56. 134. 135. 140. 2c.

„Subjects, in welchem der Grund ihrer Wahr„heit und Gewißheit liege, nicht durch den mensch„lichen Verstand zergliedert werden könne, aber „diese Zergliederung, meynt er, müsse doch an „und für sich selbst (durch einen höheren Verstand, „wenigstens durch den göttlichen) möglich seyn,„ und eben dieses behauptet er auch in mehreren Stellen *). Allein, wenn das ist, so ist die apodictische Gewißheit, welche die Geometer ihnen beylegen, entweder Selbsttäuschung, oder leere Prahlerey. Denn wenn der Grund der Wahrheit und Gewißheit eines Satzes in der Zergliederung des Begriffes des Subjects liegt, und gleichwol kein Mensch im Stande ist, diesen Begriff zu zergliedern, und einzusehen, ob das Prädicat wirklich in ihm enthalten sey; so ist es doch offenbar für uns ganz unmöglich, von der Wahrheit eines solchen Satzes gewiß zu werden, und daher das Vorgeben der apodictischen Gewißheit desselben eine bloße Erdichtung. (Prüf. Th. 1. S. 71. 72.) Gesetzt auch, ein höherer Verstand könnte den Begriff wirklich zergliedern; so könnte dieses uns doch nichts nützen, weil wir auf keine Weise wissen können, ob dieser das Prädicat, das wir dem Subjecte allgemein beylegen, im Begriffe desselben auch wirklich antreffen mag.

§. 34.

In der That scheint es auch Hrn. Eberhards wahre Meinung zu seyn, daß der Geome-

*) z. B. Phil. Mag. B. 2. S. 154 — 158. 479. 480. §. 30.

ter von seinen Axiomen keine apodictische Gewißheit habe. Denn zuerst sagt er ausdrücklich *): „die „wahre apodictische Gewißheit eines geometrischen „Axioms sey nicht die sinnliche Gewißheit (d. i. nach „ihm diejenige, die der Geometer lediglich von dem„selben hat), sondern die deutliche und vernünfti„ge, die der Verstand in der Definition des Sub„jects finden würde, wenn ihm die Zergliede„rung desselben möglich wäre (also diejenige, die „der Geometer von ihnen nicht hat). So wür„de z. B. den Grund, warum die Einbildungs„kraft nicht zwey gerade Linien zwischen zwey gege„benen Puncten finden kann, ein höherer Ver„stand nur in den Bedingungen des Subjects fin„den können, er würde alsdenn apodictisch gewiß, „und diese Gewißheit würde eine vernünftige, „keine bloß sinnliche seyn.„ Ferner sagt er **): „die Gewißheit der geometrischen Axiome entstehe „aus der Wahrnehmung, daß ein Bild der „Sinne oder der Einbildungskraft (mithin ein „empirischer Gegenstand) nur so und nicht an„ders kann vorgestellt werden.„ Das hieße also soviel: wir sind von ihnen durch diejenige Induction gewiß, da wir aus dem, was wir bey einzelnen Fällen entweder an gezeichneten Figuren, oder physischen Körpern, durch Gesicht oder Gefühl wahrnehmen, einen allgemeinen Satz machen; denn daß etwas in strenger Bedeutung d. i. schlechterdings nothwendig nur so und nicht anders

*) Phil. Mag. B. 2. S. 158.

**) B. 2. S. 157.

ders vorgestellt werden könne, das kann keine Wahrnehmung lehren. Auf diesem Wege aber, erinnert Hr. Hofr. Kästner *), kommt man nicht auf die mathematischen Axiome, sondern bloß durch Abstraction (nemlich durch Abstraction von allem Empirischen der Zeichnungen oder Körper, d. i. a priori durch reine Anschauung). Eben das sagt auch, wie es eben dieser Geometer erklärt **), Leibnitz in den von Hr. Eberhard angeführten Stellen, nemlich: daß die Axiome nicht bloß als Induction aus Exempeln wahr sind; und überhaupt ist apodictische Gewißheit von nothwendigen und allgemeinen Sätzen, die bloß aus Wahrnehmung entsteht, wie erwiesen worden, ein förmlicher Widerspruch. Ja Hr. Eberhard sagt sogar ***): „der ganze Vortheil, den die Axiome „dem Geometer gewähren, sey bloß die Abkürzung des systematischen Ganges, und nicht die „größere Gewißheit." Endlich glaubt er ausdrücklich, „daß das Verfahren der Geometrie, „bey den Axiomen stehen zu bleiben, eine Rechtfertigung nöthig habe, denn er sucht dasselbe „in der That zu rechtfertigen, und zwar dadurch, „daß ihre Begriffe einfache bildliche Merkmale „enthalten, in denen gewisse Eigenschaften eines „Dinges gegründet seyn, die der endliche Verstand aber nicht aus den objectiven Gründen des „Bildes herleiten kann, weil das Bild für den endli-

*) Phil. Mag. B. 2. S. 426—428.

**) Phil. Mag. B. 2. S. 425. §. 13.

***) Phil. Mag. B. 2. S. 156.

„endlichen Verstand keiner Zergliederung fähig „ist.„ Dieser Grund würde nun, wenn er richtig wäre, die Geometer zwar darin rechtfertigen, daß sie das System der Geometrie auf ihre Axiome und Postulate unbekümmert aufgebaut haben, ohne erst eine dem menschlichen Verstande schlechterdings unmögliche Demonstration der letztern abzuwarten; aber daß Geometer und Philosophen vereinigt ein System, das auf nicht apodictisch gewissen Grundsätzen ruhte, nicht nur beständig für apodictisch gewiß, sondern sogar die geometrische Gewißheit für die apodictische κατ' ἐξοχὴν ausgegeben haben, das bliebe ein Verfahren, das sich durch nichts rechtfertigen ließe. Allein wenn die Metaphysik nicht anders als auf den Trümmern der apodictischen Gewißheit der Geometrie und ihrer Axiome aufgebauet werden könnte, dann wäre es geradezu um sie geschehen. Denn, ist die Gewißheit, die wir von den geometrischen Axiomen und Postulaten haben, nicht eine wahre apodictische; so giebt es für uns gar keine, und sie alsdenn sogar in derjenigen Wissenschaft suchen wollen, in welcher die Menge einander widerstreitender Systeme beynahe zahllos ist, das hieße vollends der menschlichen Vernunft spotten. Mehr hätte sicher einem Hume zur vollkommenen Bestärkung in seinem uneingeschränkten Skepticismus nicht fehlen können, als wenn man ihm auf seine Einwürfe wider die apodictische Gewißheit der geometrischen Axiome geantwortet hätte: wir hätten zwar keine, denn weder unsere

Sinn-

Sinnlichkeit noch unser Verstand könnte sie uns verschaffen, aber es müßte sie doch ein höherer Verstand haben, der den Gattungsbegriff des Subjects derselben zergliedern könnte. Vortrefflich! würde er ohne Zweifel erwiedert haben, das letztere geht mich nichts an, denn ich rede nur von der Gewißheit, die wir Menschen von ihnen haben, ob höhere Geister davon gewiß seyn mögen, davon können wir alle nichts wissen. Giebt es also für uns nicht einmal in der Geometrie Gewißheit; so ist es von selbst klar, daß wir sie in der Philosophie noch weniger suchen dürfen.

§. 35.

Uebrigens wird es nicht unwichtig seyn, die Behauptung selbst, daß die Axiome sich durch Schlüsse aus dem Gattungsbegriffe des Subjects würden beweisen lassen, wofern der Verstand denselben nur deutlich zergliedern könnte, etwas näher zu untersuchen. Daß diese Behauptung durch nichts erwiesen werden könne, ist für sich klar, da unser Verstand, nach Hrn. Eberhards eigenem Geständniß, die Möglichkeit hievon gar nicht einsehen kann *). Zwar sucht er einen Wink von ihr zu geben **): „Warum kann die Einbildungs„kraft nicht zwey gerade linien zwischen zwey ge„gebenen Puncten denken? Den Grund davon, „sagt er, würde ein höherer Verstand, der unend„liche, nur in den Bedingungen des Subjects, „der

*) Phil. Mag. B. 2. S. 155.

**) Phil. Mag. B. 2. S. 157. 158.

„der Aehnlichkeit, der Gleichheit, und der Iden„tität der Lage, verbunden mit dem Begriffe der „Mehrheit, und zuletzt in der gleichen Vielheit „des Mannigfaltigen finden können.„ Allein läge dieser Grund wirklich in reinen und allgemeinen Begriffen des Verstandes; so ist gar nicht abzusehen, warum nicht auch unser Verstand vermögend seyn sollte, ihn aus denselben herzuleiten. Die Begriffe der Aehnlichkeit, Gleichheit, Identität, Mehrheit, und gleichen Vielheit des Mannigfaltigen sind in der That reine Begriffe auch unsers Verstandes, und was in ihnen als solchen enthalten ist, kann unser Verstand allerdings zergliedern. Aber wenn wir auch aus der Wolfischen Definition voraussetzen, daß alle gerade Linien ähnlich, und nur der Größe nach verschieden sind; so folgt zwar, ohne erst auf die gleiche Vielheit des Mannigfaltigen zu sehen, schon hieraus analytisch, daß zwey gleiche gerade Linien ähnlich und gleich d. i. congruent sind, oder einander decken. Allein wenn ich nun zwey gleiche gerade Linien zwischen den beiden gegebenen Puncten annehme; so folgt aus ihrer Congruenz noch gar nicht, daß sie bey dieser Annahme nur eine einzige seyn würden, sondern, wenn ich nicht das Axiom, das hier bewiesen werden soll, bereits voraussetzte; so müßte ich sie schlechterdings für zwey verschiedene, sich deckende halten, und dadurch das Axiom für falsch erklären. Also bliebe hier nichts übrig, als den Grund der Wahrheit des Axioms in der Identität der Lage, verbunden mit dem Begriff der

Mehr=

Mehrheit, zu suchen. Aber hier sind wir wieder da, wo wir im Anfange waren. Denn Lage ist bloß eine sinnliche Vorstellung, die ohne die sinnliche Vorstellung des Raums gar nicht denkbar ist, und ob die Lage mehrerer geraden Linien und ihrer Theile einerley, oder verschieden ist, das kann kein Verstandesbegriff, sondern lediglich die Anschauung bestimmen.

§. 36.

Noch einen deutlichern Wink giebt Hr. Eberhard, wenn er bey der Gelegenheit, da der skeptische Hume, um den Schluß aus der Congruenz zweyer Linien oder Figuren auf ihre Gleichheit zweifelhaft zu machen, vorgiebt, daß ihre Gleichheit sich lediglich aus der gleichen Menge ihrer mathematischen Puncte beurtheilen lasse, und diese für ein richtiges aber unbrauchbares Kennzeichen ausgiebt, sich also erklärt *): „Unbrauchbar, „setze ich hinzu, für die Sinne, aber nicht für „den Verstand, denn für diesen ist die gleiche „Vielheit der Dinge, welche die Gründe der sinn„lichen Bilder sind, der einzige nothwendige Grund „der Gleichheit der Bilder selbst, indeß die schein„bare Gleichheit der Bilder, nur sinnliche Zei„chen von der gleichen Vielheit der Dinge sind, „worin die Gleichheit der Bilder ihren Grund „hat.„ Hr. Eberhard behauptet also, daß der Grund der Gleichheit zweyer Linien, oder Figuren, in der gleichen Menge ihrer Monaden liege, denn

*) Phil. Mag. B. 2. S. 164.

diese sind, nach ihm, ihre objectiven Gründe. Allein wenn dieses wahr seyn soll; so setzt es voraus 1) daß alle Monaden gleich sind, denn eine gleiche Menge von ungleichen Einheiten giebt nicht gleiche Quanta; 2) daß der Ort im Raum, den jede Monade begründet, ein mathematischer Punct sey. Dieses ist es eben, was Hume in der Regel, die Hr. Eberhard nicht nur richtig, sondern auch für den Verstand brauchbar nennt, ausdrücklich annimmt, und es liegt auch unmittelbar in der Regel selbst. Denn die gleiche Menge der Monaden soll das allgemeine Kennzeichen für die Gleichheit der Linien und Figuren seyn. Gesetzt also, der Ort, den jede Monade begründet, wäre nicht ein mathematischer Punct, sondern eine Linie oder Figur; so hieße das soviel: die gleiche Menge gleicher Linien oder Figuren ist das allgemeine Kennzeichen für die Gleichheit der Linien oder Figuren. Außerdem ließen sich ja in diesem Fall auch ungleiche Monaden denken, mithin brauchte der Verstand noch ein anderes Kennzeichen für die Gleichheit der Monaden selbst, - und dieses könnte dann am Ende doch lediglich in der gleichen Menge derjenigen Monaden liegen, deren Gleichheit absolut nothwendig ist, d. i. deren begründete Oerter im Raum gar keine Größe haben, sondern mathematische Puncte sind. Ist nun aber der Ort im Raum, den jede Monade begründet, ein mathematischer Punct; so würden 3) zur Begründung einer jeden Linie oder Figur eben so viel Monaden erfordert werden, als mathematische Puncte in ihr

möglich

möglich sind. Nun aber demonstrirt bekandtermaaßen die Geometrie strenge, daß, wenn man in einem Dreyeck mit seiner Grundlinie so viel Parallellinien zieht, als man will, in jeder von ihnen eben so viel Puncte möglich sind, als in der Grundlinie, folglich würden auch zur Begründung einer jeden von ihnen gleichviel Monaden erforderlich seyn. Also müßten, nach der Behauptung des Hrn. Eberhards, alle diese Parallellinien gleich seyn. Nach der Demonstration der Geometrie aber, ja selbst nach der Erfahrung, sind sie ungleich. Also ist entweder die Behauptung, daß der Grund der Gleichheit gerader Linien in der gleichen Vielheit der Monaden liege, falsch, oder die ganze Geometrie, und die Erfahrung selbst ist falsch. In eben dieses Dilemma verwickelt sich auch Hr. Eberhard in Ansehung der Gleichheit der Figuren. Denn wenn man z. B. eine Pyramide, oder einen Kegel mit der Grundfläche parallel schneidet; so demonstrirt die Geometrie mit eben der Strenge, daß in jeder von diesen Durchschnitts-Figuren eben so viel Puncte als in der Grundfläche möglich, und doch jene, sowol mit dieser, als auch untereinander ungleich sind. Uebrigens sind die von Hrn. Eberhard angeführten Einwürfe, die Hume wider die Geometrie macht, insgesammt Ungereimtheiten, die gar keine Widerlegung verdienen; denn sie beruhen auf so groben empirischen Begriffen, deren, wie Hr. Hofr. Kästner *) erinnert, nur diejenigen fähig sind, die wie Rüdi-

ger

*) Phil. Mag. B. 2. S. 406. §. 11.

ger und Hoheisel sich einbilden, man beweise die mathematischen Sätze durch Ansehen, Abmessen, und Abwägen. Was die Congruenz oder das sogenannte Decken sagen will, habe ich deutlich in meiner Geometrie gelehrt.

§. 37.

Hr. Eberhard hat völlig Recht, daß man die Anzahl der Axiome, soviel möglich, vermindern müsse *), denn es streitet sowol wider den Begriff eines Axioms, als einer demonstrativen Wissenschaft, einen Satz, so sehr auch seine Richtigkeit unmittelbar einleuchten mag, als Axiom aufzuführen, wofern er noch einer Demonstration durch Schlüsse fähig ist. Ich habe daher in meinen Anfangsgründen der reinen Mathesis, Königsb gr. 8. 1790. nicht nur die zehn ersten Grundsätze Euklids, sondern auch den berüchtigten eilften, aus der Zahl der Axiome gänzlich verwiesen, und sie strenge demonstrirt, auch außerdem den Satz, daß die gerade Linie zwischen zwey Puncten die kleinste sey, den ich im ersten Theil der Prüfung S. 67, um Mißdeutung und Streit zu verhüten, noch als Axiom gelten ließ, in seiner völligen Allgemeinheit als einen Lehrsatz mit aller Schärfe bewiesen, dagegen aber auch einige Axiome, die man stillschweigend als solche gebrauchte, unter diesem Titel wirklich aufgeführt. Im ersten Theil meiner Prüfung S. 67. setzte ich auch noch den vom Euklid als Lehrsatz aufgeführten

*) Phil. Mag. B. 2. S. 154. 155.

führten Satz: In jeder Ebene, in welcher eine gegebene gerade Linie liegt, muß auch ihre Verlängerung liegen, unter die Axiome, weil sowol der Beweis des Euklids, als alle übrigen, die ich von diesem Satze kenne, das schon voraussetzen, was erst bewiesen werden soll, und ich keinen Weg sahe, denselben gründlich zu demonstriren. Vor Kurzem aber fand ich wirklich einen Weg hiezu, und ich schmeichele mir, daß es meinen Lesern nicht unangenehm seyn wird, wenn ich denselben hier zugleich bekandt mache.

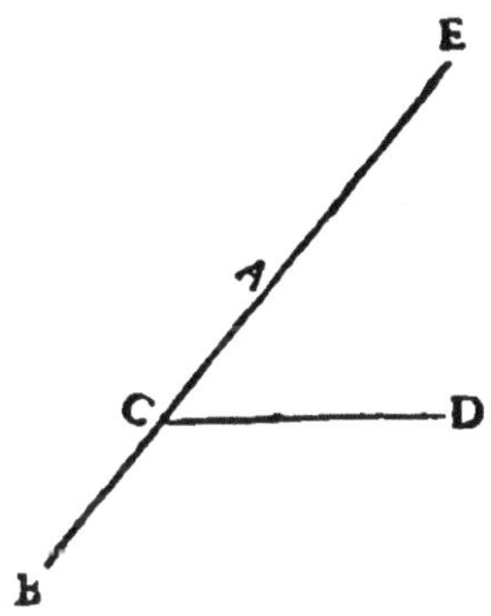

Man ziehe in der Ebene, in welcher die gegebene gerade Linie AB liegt, aus einem Puncte C in ihr eine beliebige gerade Linie CD, und verlängere nun AB nach welcher Seite man will, z. B. nach AE; so liegt die ganze Linie CE mit CD in einer Ebene ECD (vermöge des Postulats, daß durch CD und den Punct E allemal eine Ebene geht, mithin vermöge der Definition der Ebene, CE ganz in ihr liegt), folglich liegt sowol der Theil AE, als der Theil AC in der Ebene ECD. Gesetzt also, die Verlängerung AE läge nicht in der Ebene ACD,

in

in welcher AB angenommen wurde; so wären ECD und ACD zwey Ebenen. Nun aber liegen beide Linien AC und CD sowol in der Ebene ACD, als in der Ebene ECD (vermöge des Angenommenen und des Erwiesenen). Also hätten zwey verschiedene Ebenen zwey gerade Linien AC und CD gemein. Dieses aber widerspricht dem Axiom: durch CD und den Punct A geht nicht mehr als eine Ebene. Also liegt in jeder Ebene ACD, in welcher AB liegt, auch ihre Verlängerung AE.

Allein von allen diesen dreyzehn Sätzen, die nun als Lehrsätze aufzuführen sind, haben auch die Mathematiker nicht nur längst eingesehen, daß sie, ungeachtet sie schon an sich so evident waren, daß niemand ihre allgemeine Richtigkeit bezweifelte, gleichwol noch demonstrabel seyn müßten, sondern auch ihre Demonstration, wie Hr. Eberhard zum Theil selbst bemerkt, wirklich versucht. Was hingegen die übrigen Axiome betrifft, so sind diese, eben so wie alle (Prüf. Th. 1. S. 65.) angeführte Postulate insgesammt von der Art, daß es wol keinem, der ihre Natur kennt, einfallen kann, bey ihnen eine Demonstration durch Schlüsse zu versuchen. Wenn aber Hr. Eberhard den Grund hievon darin setzt, weil wir keinen zergliederten oder deutlichen Gattungsbegriff von ihrem Subjecte haben; so verdient dieses, wenn hierin nicht ewige Mißverständnisse bleiben sollen, eine nähere Untersuchung, und genaue Bestimmung der Begriffe.

§. 38.

Nach Leibnitz, der sich hierüber in einer besondern Abhandlung *) ausführlich erklärt, und nach Wolf **), der ihm hierin folgt, heißt ein Begriff (notio) eine jede Vorstellung in unserm Gemüthe, welche Sache sie auch betreffe. Ein Begriff heißt klar, wenn er zureichend ist, die Sache zu erkennen, (d. i. sie von allen andern zu unterscheiden,) dunkel, wenn er hiezu nicht hinreicht. Ein klarer Begriff heißt deutlich, wenn ich einem die Merkmale sagen kann, die zum Erkennen der Sache zureichend sind, mithin eine Nominaldefinition von ihm habe, (d. i. wenn ich von den Merkmalen selbst einen klaren Begriff habe,) dagegen heißt er verworren, wenn ich jenes nicht kann (d. i. wenn ich von seinen Merkmalen selbst nur eineh dunkeln Begriff habe). Ein deutlicher Begriff heißt vollständig oder adäquat, wenn ich von jedem seiner Merkmale einen deutlichen Begriff habe, dagegen unvollständig, inadäquat, wenn ich von einigen Merkmalen zwar einen klaren, aber nur verworrenen Begriff habe. Hiebey merkt Leibnitz noch ausdrücklich an, daß es auch eine deutliche Erkenntniß von einem Begriff giebt, der sich nicht definiren läßt, wenn nemlich derselbe ein primitiver (ursprünglicher) oder das Merkmal seiner selbst ist, d. i. wenn er unauflöslich, und bloß durch sich selbst verständlich ist, mithin gar nichts weiter erfordert. Von einem

*) Act. Erud Lipſ. 1684. menſ. Nov. p. 557. ſeqq.

**) Elem. Math. Tom. 1. §. 4. ſeqq.

nem solchen ursprünglichen deutlichen Begriffe, sagt er, giebt es keine andere als intuitive (anschauliche) Erkenntniß, d. i. eine solche, wo wir alle Begriffe, die er enthält, zugleich denken; dagegen nennt er eine solche, wo wir nicht die ganze Natur der Sache zugleich anschauen, sondern statt der Sachen Zeichen gebrauchen, deren Erklärung wir vorjetzt der Kürze wegen zu übergehen pflegen, weil wir wissen oder glauben, daß wir sie in unserer Gewalt haben, eine blinde oder symbolische. Endlich nennt er diejenige Erkenntniß die vollkommenste, die vollständig und zugleich intuitiv ist.

§. 39.

Nach diesen Erklärungen hat also ein jeder von einer geraden Linie wenigstens einen klaren Begriff, der Begriff einer krummen Linie aber, daß kein Theil von ihr gerade sey, ist, wie auch Hr. Hofr. Kästner*) ausdrücklich bemerkt, schon deutlich, weil der von der geraden klar ist. Eben daher ist auch der Begriff einer ebenen Fläche, daß die zwischen jeden zwey in ihr angenommenen Puncten enthaltene gerade Linie ganz in ihr sey, schon deutlich. Um so mehr ist der Begriff eines Kreises, als einer ebenen Figur, in welcher alle Puncte des Umfangs von einem gewissen Puncte in ihr gleich weit abstehen, nicht nur deutlich, sondern schon adäquat, denn hier sind sogar alle die Begriffe, die er enthält, selbst deutlich, und Wolf führt ihn auch a. a. O. ausdrücklich als Beyspiel eines

*) Phil. Mag. B. 2. S. 417. §. 34.

eines adäquaten Begriffs an. Aus eben dem Grunde sind auch die Begriffe einer Kugel, eines Cylinders, und Kegels adäquat. Gleichwol sind nicht nur die (Prüf. Th. 1. S. 65.) aufgeführten Postulate von der Möglichkeit der Ebene, eines Kreises, der Kugel, des Cylinders, und Kegels, sondern auch die (S. 67.) benannten zwey Axiome von der Ebene, wie eben daselbst bewiesen worden, indemonstrable Sätze, die sich nicht durch Zergliederung des Begriffs des Subjects, ja nicht einmal durch Hülfe der schon vorausgesetzten Axiome und Postulate der geraden Linie, durch welche die Natur von dieser bereits vollständig bestimmt wird, herleiten lassen, sondern ganz unmittelbar und lediglich auf Anschauung beruhen. Also ist schon hieraus sonnenklar, daß der Grund, warum diese Axiome und Postulate keiner Demonstration durch Schlüsse fähig sind, nicht in der Undeutlichkeit des Begriffs ihres Subjects liegt, indem dieser Begriff nicht nur in ihnen allen deutlich, sondern in vier Postulaten sogar vollständig ist. Mit welchem Grunde will man also bey den Axiomen und Postulaten der geraden Linie eine Ausnahme machen, und nicht etwa beweisen, sondern nur wahrscheinlich machen, daß bloß die Undeutlichkeit des Begriffs der geraden Linie daran schuld sey, daß diese nicht demonstrabel sind, und daß sowol diese, als auch alle übrige Axiome und Postulate der Geometrie sich in vollkommne Lehrsätze und Aufgaben verwandeln würden, wofern wir eine eigentliche Definition,

d. i. nicht bloß einen klaren, sondern auch deutlichen Begriff von der geraden Linie hätten?

§. 40.

Gesetzt, wir hätten diesen wirklich; so ist es zuerst von selbst klar, daß aus dem bloßen Begriffe eines Dinges, so deutlich, ja so vollkommen adäquat er auch seyn mag, sich nie die Möglichkeit oder Wirklichkeit des Dinges beweisen lasse. Das schärft Leibnitz selbst in der angeführten Abhandlung *) sehr sorgfältig ein. Er tadelt daher den Schluß des Cartesius aus dem bloßen Begriff oder der Definition von Gott auf sein Daseyn ausdrücklich, und sagt, er beweise bloß dieses: wenn Gott möglich ist, so ist er auch wirklich; weil wir aus Definitionen nicht eher sicher schließen können, als bis wir erst wissen, daß sie real sind, oder keinen Widerspruch enthalten, d. i. nach seiner eigenen gleich darauf folgenden Erklärung **), bis wir erst wissen, daß nicht nur der Begriff, sondern auch die Sache selbst möglich, und nichts widersprechendes ist. Denn Nominaldefinitionen, sagt er, sind zur vollkommenen Einsicht nicht hinreichend, wofern nicht erst anderswoher bekandt ist, daß die definirte Sache möglich ist, und diese Möglichkeit der Sache constirt entweder a posteriori durch Erfahrung, daß sie wirklich ist, oder a priori, wenn wir den Begriff in seine Erfordernisse oder in solche Begriffe, deren

*) Act. Erud. 1684. pag. 539.

**) l. c. pag. 540.

ren Möglichkeit schon bekandt ist, auflösen, und nichts ihnen widerstreitendes finden, wie dieses unter andern geschieht, wenn wir die Art und Weise einsehn, wie die Sache hervorgebracht werden kann. Zur Erläuterung von allem diesem führt Leibnitz den Begriff der geschwindesten Bewegung als ein vorzüglich einleuchtendes Beyspiel an. Hier ist in dem Begriffe gar kein Widerspruch, aber sobald man etwa ein Rad annimmt, das sich mit der geschwindesten Bewegung umdrehte (d. i. sobald man den Begriff in irgend einer Anschauung darzustellen sucht); so zeigt es sich, daß er den Bedingungen der Darstellung widerspricht, und daher die definirte Sache selbst unmöglich ist.

Ist es aber unleugbar, daß aus dem bloßen Begriff einer Sache nie auf ihre Möglichkeit geschlossen werden kann; so folgt von selbst, daß wenn wir auch den deutlichsten Begriff von einer geraden Linie hätten, uns dennoch kein Schluß aus demselben auf ihre Möglichkeit führen könnte, mithin die Postulate, von jedem Puncte zu jedem andern eine gerade Linie, und diese so lang, als man will, zu ziehen, auch in diesem Fall schlechterdings nicht durch Schlüsse erweislich seyn würden. Und dieses deckt zugleich den Grund auf, woher die Möglichkeit der ebenen Fläche, des Kreises, und jeder krummen Linie, imgleichen eines jeden von krummen Flächen begrenzten Körpers, durchaus keiner Demonstration durch Schlüsse fähig ist, dagegen die Möglichkeit aller ebenen geradlinigten Figuren, imgleichen aller der Körper, die bloß von jenen begrenzt werden, sich allerdings durch Schlüsse demonstriren läßt, da es doch den Begriffen der Objecte in der erstern Classe eben so wenig an Deutlichkeit fehlt, als den in der letztern. Denn die Deutlichkeit der Begriffe trägt hiezu, wie erwiesen worden, nichts bey, und die Möglichkeit der Objecte läßt sich in keiner von beiden Classen durch bloße Schlüsse aus ihrem Begriffe herleiten. Allein die Möglichkeit der geradlinigten Figuren und der bloß von ihnen begrenzten Körper läßt sich völlig auf die Möglichkeit der geraden Linie, der ebenen Fläche, und des Kreises zurückführen, so daß zu ihrer Construction nichts weiter erfordert wird, als gerade Linien zu ziehen, Kreislinien zu beschreiben, und Ebenen zu legen, deren Möglichkeit aber bereits in den Postulaten von diesen als bekandt und gewiß angenommen worden. Die Möglichkeit der Objecte der erstern Classe hingegen läßt sich nicht auf Objecte zurückführen, deren Möglichkeit bereits bekandt ist. Denn durch gerade Linien kann ich zwar eine gegebene ebene Fläche begrenzen, d. i. in ihr eine Figur machen, aber eine ebene Fläche selbst kann ich durch Hülfe der geraden Linien nicht machen. Eben so geben mir die Endpuncte aller gleichen geraden Linien, die ich mir in der Ebene ums Centrum denke, zwar eben so viel Puncte der Kreislinie, aber nicht die Kreislinie als eine stätige Größe selber, imgleichen alle gleiche Kreislinien, die ich um ihr gemeinschaftliches Centrum beschreibe, zwar eben so viel krumme Linien

nien in der Kugelfläche, aber nicht die Kugelfläche selbst. Auf gleiche Weise ist klar, daß mir weder die Endpuncte der Ordinaten, die ich mir auf der Axe einer krummen Linie, der Definition gemäß, denke, die krumme Linie selbst, noch die geraden Linien, die ich durch die Peripherie zweyer gleichen parallelen Kreise mit der Axe parallel ziehe, die Seitenfläche des Cylinders, noch diejenigen, die ich aus einem Puncte nach einer Kreislinie ziehe, die Seitenfläche des Kegels geben. Also ist hieraus klar, woher die Möglichkeit der Objecte der ersten Classe, ungeachtet der Deutlichkeit ihres Begriffs, eben so wenig demonstrabel ist, als die Möglichkeit der geraden Linie.

§. 41.

Von den Postulaten der Geometrie ist es also erwiesene Wahrheit, daß auch der deutlichste Begriff der geraden Linie sie nicht in Aufgaben verwandeln würde. Was die Axiome anlangt, so läßt sich die Unrichtigkeit der Muthmaßung, ob sich nicht diese vielleicht durch einen deutlichen Begriff der geraden Linie in Lehrsätze verwandeln würden, zwar nicht mit eben der Strenge darthun; allein da dieses bey den Axiomen der Ebene, ungeachtet des deutlichen Begriffs, den wir von der Ebene haben, ja selbst bey schon vorausgesetzter Gewißheit der Axiome und Postulate der geraden Linie, dennoch unmöglich ist; so ist jene Muthmaßung nicht nur ohne allen Grund, sondern sie hat vielmehr alles wider sich. So hat man unter andern auch den Grund, warum alle Bemühung der Geometer, das eilfte Axiom Euklids in einen Lehrsatz zu verwandeln, vergeblich zu seyn schien, darin gesucht, weil wir von der geraden Linie bloß einen klaren Begriff haben; da er doch bloß darin liegt, daß niemand auf die Vergleichung der Winkel mit den zwischen ihren Schenkeln enthaltenen unendlichen Ebenen fiel. Selbst Hr. Hofr. Kästner ist jener Meinung. Allein hier wird der berühmte Mann, dessen Schriften mich vorzüglich gelehrt haben, was wahre Gründlichkeit sey, der aber von seinen Lehrlingen keine Ehrfurchtsbezeigung wünscht, die der Ehrfurcht für Wahrheit Eintrag thut, es mir verzeihen, wenn ich ihm nicht beypflichten kann.

§. 42.

Er sagt zuerst *): „die angeblichen Beweise „(für das eilfte Axiom) führen gewöhnlich auf etwas bekanntes Falsches, wenn man in ihren Vordersätzen krumm statt gerade schreibt, und in „den Vordersätzen liegt nichts, was diese Verwechselung hinderte.„ Dieses Urtheil mag alle Beweise, die man auf dem gewöhnlichen Wege ohne Rücksicht auf die unendlichen Winkelflächen versucht hat, immerhin treffen. Kann aber der große Mann beweisen, daß dasselbe auch den meinigen trifft, und daß auch in diesem die Vordersätze erlauben, krumm statt gerade zu schreiben; dann trete ich beschämt von der Schriftstellerbühne ab,

*) Phil. Mag. B. 2. S. 396.

ab, und bekenne mich für gänzlich unfähig, über die Bündigkeit eines Beweises zu urtheilen.

§. 43.

Ferner bemerkt er *), „daß bekandtlich eine „krumme linie, z. B. eine Hyperbel, sich einer „geraden immerfort nähern kann, ohne jemals „mit ihr zusammenzukommen, also beruhe die „Schwierigkeit auf dem Unterschiede zwischen ge„raden und krummen linien.„ Dieses ist allerdings unleugbar, aber hieraus folgt noch nicht, daß sie darauf beruhe, weil der Begriff der krummen linie deutlich, und der von der geraden undeutlich ist; denn sonst entstünde schon natürlich die Frage: woher sich dann, ungeachtet dieser Undeutlichkeit des Begriffs der geraden linie, beweisen lasse, daß sie eine Asymptote einer krummen seyn kann. Außerdem aber läßt es sich ganz einleuchtend darthun, daß hierin die Ursache nicht liege. Denn in der logarithmischen linie, in welcher die Abscissen die logarithmen der Ordinaten vorstellen, gründet sich der Beweis, daß die Abscissenlinie eine Asymptote von ihr ist, lediglich auf der Natur der Logarithmen, weil für diejenige Ordinate, welche verschwinden d. i. als eine Zahl betrachtet Null werden soll, die Abscisse als ihr logarithme unendlich groß wird, ohne daß hier weder die Deutlichkeit noch Undeutlichkeit der Begriffe beider linien, sondern bloß das zweyte Postulat Euklids, daß jede gegebene gerade linie ohne

*) a. a. O. S. 416. 417.

Ende verlängert werden kann, in Betrachtung kommt. In allen algebraischen krummen Linien aber, deren Gleichung vom zweyten, oder einem höhern endlichen Grade ist, setzt ihre Möglichkeit, folglich auch der Beweis, daß sie Asymptotenfähig sind, schon die Möglichkeit des Rechtecks, also auch die Wahrheit des eilften Axioms zum voraus, mithin würden wir ohne das letztere nicht einmal wissen, daß eine gerade Linie eine Asymptote einer algebraischen krummen Linie z. B. der Hyperbel seyn könne, und so ist klar, daß auch in Ansehung dieser krummen Linien der Beweis, daß sie Asymptoten haben können, nicht auf der bloßen Deutlichkeit ihres Begriffs, sondern, außer den beiden ersten Postulaten Euklids, ursprünglich auf dem eilften Axiom, mithin auf der Voraussetzung beruhe, daß von zwey Linien, die beide gerade sind, keine eine Asymptote der andern seyn kann.

§. 44.

Endlich sucht er seine Meinung aus der Natur des Axioms selbst darzuthun. Er sagt *) (§. 30.): „Wenn ein Paar gerade Linien, beide in einer „Ebene, auf einer dritten senkrecht stehen, so sto„ßen sie nicht zusammen. Das giebt der klare „Begriff der geraden Linie, denn, weil auf einer „Seite der dritten alles ist, wie auf der andern, so „müßten sie auf der andern Seite auch zusammen„stoßen, wenn sie auf der einen zusammenstoßen, „und zweymal können sie das nicht. Das ließe „sich

*) a. a. O. S. 415. 416.

„sich wol als ein Grundsatz annehmen, oder als eine „sehr leichte Verbindung des 8, 10, 12 Grundsatzes Euklids. Nun aber, fährt er §. 31. fort, „wenn von zwo geraden Linien eine senkrecht auf die „dritte ist, die andere mit der dritten nicht rechte „Winkel macht, stoßen sie da zusammen? und „auf welcher Seite der dritten? Das ist ein „Theil des nicht evidenten 11. Grundsatzes, und „wenn man diesen Theil zur Richtigkeit gebracht „hätte, hätte man auch den ganzen. Der Mangel der Evidenz, schließt er nun §. 32., kommt „nicht (wie Hr. Eberhard *) behauptet hatte) „darauf an, daß man vom unendlichen Raum keinen bildlichen Begriff hat; denn wenn §. 30. „evident ist, so hat man ja davon einen Begriff, „daß bildlich oder unbildlich zwischen den beiden „nicht zusammenstoßenden geraden Linien ein Streifen ebenen Raums ist, der unbegränzt bleibt, „und in diesem Streifen will §. 31. Etwas begränzt haben, wofern die Linien in §. 31. zusammenstoßen sollen. Also ist die Evidenz gerade „beym Unbegränzten, und mangelt beym Begränzten."

§. 45.

So wie Hr. Hofr. Kästner die Sache hier vorstellt, ist sie allerdings sehr scheinbar. Allein eine nähere Betrachtung derselben zeigt, wie schon die Allg. Litter. Zeitung von 1790. Nr. 283. bemerkt hat, ganz einleuchtend das Gegentheil.

*) Phil. Mag. B. 2. S.

Denn was den ersten Satz §. 30. betrifft, der ein Theil von Euklids 27stem Satze ist; so beruht seine Evidenz nicht unmittelbar auf dem klaren Begriff der geraden Linie, sondern wie er selbst anzeigt, schon auf einem unvermerkten Schluß aus andern Grundsätzen, besonders aber auf der Congruenz der Dreyecke, und der Satz läßt sich daher aus dieser mit der größesten Schärfe demonstriren. Denn, nähme man an, daß die zweyte senkrechte Linie mit der ersten auf der einen Seite der dritten zusammenstieße; so hätte man auf dieser Seite ein Dreyeck, und wenn man nun auf der andern Seite der dritten Linie mit dieser und der ersten gleichfalls ein Dreyeck beschriebe; so wäre dieses mit jenem congruent, und die zweyte senkrechte Linie seine dritte Seite, also hätten die beiden senkrechten Linien, dem 12. Axiom zuwider, zwey Puncte gemein. Auf eben dem Wege läßt sich daher auch der allgemeine 27ste Satz Euklids ohne den 16ten ungemein leicht demonstriren. Wenn nemlich

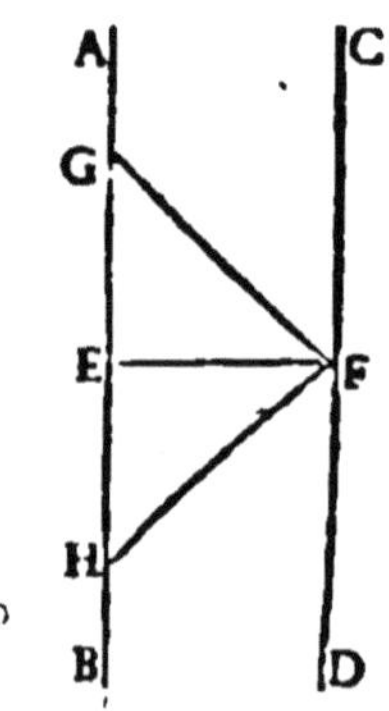

zwey gerade Linien AB, CD, eine dritte EF in E, F, so schneiden, daß die Wechselwinkel AEF, DFE gleich sind; so stoßen sie nach keiner Seite zusammen. Denn in diesem Fall sind auch die Wechselwinkel BEF, CFE gleich. Stieße also CD mit AB über EF in einem Puncte G zusammen; so hätte man über EF das Dreyeck EFG, wo der Winkel GFE = CFE wäre. Nun mache man in EB einen Theil EH = FG, und ziehe FH; so hat man unter EF das Dreyeck HEF, das mit dem Dreyeck EFG congruent, und darin also der Winkel HFE = AEF = DFE ist, folglich läge FH in FD, also stieße CD mit AB nicht nur über EF in G, sondern auch unter EF in H zusammen, und das verstattet das 12te Axiom nicht. Und hieraus läßt sich dann zugleich umgekehrt Euklids 16ter Satz noch leichter beweisen, als Euklid ihn bewiesen hat. Also ist hier einleuchtend, daß der Beweis des Nichtzusammenstoßens der geraden Linien AB, CD, oder des Unbegrenztbleibens des ebenen Streifens zwischen ihnen, nächst den Euklidischen Grundsätzen, bloß Einsicht in die Congruenz der Dreyecke als endlicher Ebenen erfordert, ohne daß dabey die Deutlichkeit oder Undeutlichkeit des Begriffs der geraden Linie, noch die mindeste Einsicht in die Natur unendlicher Ebenen in Betrachtung kommt, mithin das Unendliche sich hier schon aus dem bloßen bereits bekandten Endlichen herleiten läßt, und so ist zugleich der Grund klar, woher Euklid seinen 16ten Satz, der der umgekehrte von seinem 11ten Axiom ist, mit aller

Strenge

Strenge beweisen konnte. Nimmt man hingegen den zweyten Satz §. 31., wo die eine gerade Linie auf der dritten senkrecht, die andre aber schief steht, und man will gewiß seyn, daß sie zusammenstoßen; so muß man versichert seyn, daß die Annahme: sie stoßen nicht zusammen, unmöglich ist. Allein sobald man letzteres annimmt; so hat man in der ganzen Ebene gar nichts begrenztes, sondern lauter unbegrenzte Theile derselben, die aus dem unbegrenzten ebenen Streifen zwischen den beiden Linien, und aus lauter unbegrenzten Winkel-Ebenen bestehen. Will man also hier beweisen, daß das Unbegrenztseyn des ebenen Streifens zwischen den beiden geraden Linien den Bedingungen des Satzes, daß die dritte Linie mit der ersten lauter rechte, mit der andern aber lauter schiefe Winkel macht, widerspreche; so muß man nothwendig die Natur der unbegrenzten Ebenen kennen, und das Verhältniß wissen, in welchem sie gegen die Winkel stehen, zwischen deren Schenkeln sie liegen. Denn von einem Dinge, das man nicht kennt, oder von dem man wenigstens gar nicht weiß, was für eine Beziehung es gegen ein ander Ding hat, beweisen wollen, daß es diesem andern Dinge widerspricht, wäre selbst ein Widerspruch. Nun hat Euklid von jenem Verhältnisse nichts. Also konnte er hier an kein Demonstriren denken, sondern sahe sich genöthigt, wider die Vorschriften der Logik seinen 16. Satz ohne allen Beweis allgemein umzukehren, und diesen umgekehrten Satz für ein Axiom auszugeben,

ben, und so ist es offenbar, daß alle Versuche, diesen Satz, ohne Rücksicht auf die Verhältnisse unbegrenzter Ebenen, zu beweisen, schlechterdings verunglücken müssen. Soll daher dieses unächte Axiom in einen Lehrsatz verwandelt werden; so hat man gar nicht nöthig, rückwärts zu gehen, und erst den Begriff der geraden Linie deutlicher zu entwickeln, sondern man muß vielmehr vermittelst der wahren Grundsätze Euklids weiter vorwärts gehen, als er ging, und die geradlinigten Winkel mit den unbegrenzten Ebenen zwischen ihren Schenkeln vergleichen. Auf diesem Wege läßt es sich nun mit der größesten Schärfe beweisen, daß jene allemal diesen proportional sind, mithin ein größerer Winkel auch eine größere unbegrenzte Ebene zwischen seinen Schenkeln hat, und hieraus folgt dann aufs deutlichste und strengste, daß, wenn nach den Bedingungen des eilften Axioms, zwey gerade Linien auf einer dritten so stehen, daß der äußere Winkel größer ist, als der entgegengesetzte innere, das Unbegrenztseyn der Ebene zwischen ihnen auf dieser Seite schlechterdings unmöglich ist, weil sonst die größere unbegrenzte Ebene des äußern Winkels, ein Theil der kleinern Ebene des innern, folglich der Theil größer als das Ganze seyn müßte, welches sich selbst widerspricht, mithin die beiden geraden Linien nach dieser Seite nothwendig zusammenstoßen müssen. Und so ists augenscheinlich, daß kein anderer Weg, das eilfte Axiom zu beweisen, möglich ist, als der, den ich glücklicher Weise aufgefunden habe, und wie sehr der-

derselbe auch außer der Begründung des Axioms vorwärts führe, hat der Erfolg gezeigt, da er uns eine Geometrie des Unendlichgroßen verschafft, die eben so evident und apodictisch gewiß ist, als die Geometrie des Endlichen, und daher so wenig als diese besorgen darf, durch irgend einen Versuch von Widerlegung erschüttert zu werden.

§. 46.

So ist von allen Seiten klar, daß der Grund, warum die geometrischen Axiome und Postulate keiner Demonstration durch Schlüsse fähig sind, schlechterdings nicht darin liegt, weil wir von der geraden Linie nur einen undeutlichen Begriff haben, gesetzt auch, daß das letztere so entschieden gewiß wäre, als man es annimmt. Aber ist es denn in der That so völlig ausgemacht, daß unser Begriff von der geraden Linie nur undeutlich ist? Der von der krummen ist, nach der obigen leibnitzischen Erklärung, und der ausdrücklichen Behauptung des Hrn. Hofr. Kästner, deutlich. Nun unterscheidet er sich vom Begriffe der geraden bloß durch Verneinung der letztern, denn krumm heißt eine Linie, in der kein Theil, mithin nichts, gerade ist. Wie kann also die bloße Verneinung einer Sache einen deutlichen Begriff geben, wenn der Begriff der verneinten Sache selbst undeutlich ist? Schwerlich wird man doch sagen können, daß der Begriff von der Finsterniß als einem gänzlichen Mangel des Lichts deutlicher sey, als der Begriff vom Lichte selbst, und daß also der erstere

mehr

mehr Stoff zum Demonstriren gebe, als der letztere. Doch wir wollen den Begriff der geraden Linie selbst etwas näher ansehen. Eine Linie heißt gerade, wenn sie in allen ihren Puncten gleichförmig liegt, d. i. wenn alle ihre Puncte und Theile einerley Richtung haben. Diese Definition giebt also vom Geraden das allgemeine Merkmal: Identität der Richtung, an, und dieses ist auch das einzige wesentliche Merkmal desselben, denn alle übrigen sind schon von diesem abgeleitet. Nun hat ein jeder von dem, was Richtung ist, einen klaren Begriff, denn sonst könnte der Begriff einer krummen Linie, als einer solchen, in welcher kein Theil gerade ist, d. i. in welcher kein Theil die Richtung der andern hat, nicht deutlich seyn, und dieser kommt nicht nur der geraden, sondern allen Linien überhaupt zu, mithin enthält die Definition auch keinen Cirkel. Der Begriff der Identität aber ist nicht bloß klar, sondern schon deutlich. Also ist nach der leibnitzischen Erklärung die Definition der geraden Linie eine richtige Nominaldefinition, und der Begriff, den sie uns vom Geraden giebt, nicht bloß ein klarer, sondern schon ein deutlicher. Dieses erhellet auch daraus, weil sich aus diesem Begriffe der allgemeine Satz herleiten läßt, daß alle gerade Linien einander ähnlich sind. Denn da die Identität der Richtung in allen Puncten die einzige wesentliche Qualität einer geraden Linie ausmacht; so haben alle gerade Linien völlig einerley Qualität, d. i. sie sind alle ähnlich, und können daher innerlich

bloß

bloß der Größe nach unterschieden seyn. Selbst die Begriffe vom körperlichen Raum, daß er sowol den ganzen Raum, als jeden Theil desselben bedeute, vom geometrischen Körper, daß er ein völlig begrenzter körperlicher Raum, von der Fläche, daß sie Grenze des Körpers, von der Linie, daß sie Grenze der Fläche, und vom Puncte, daß er Grenze der Linie sey, sind insgesammt deutlich, weil sowol der Begriff des Raums, als auch des Ganzen, des Theils, und der Grenze klar sind. Daß niemand aus diesen Definitionen den Punct, die Linie, die Fläche, den Körper, die gerade Linie, je würde kennen lernen, streitet wider ihre Deutlichkeit eben so wenig, so wenig es wider die Deutlichkeit der Definition der krummen Linie und der Ebene streitet, daß dieses auch von ihr gilt; sondern dieses beweiset bloß, daß die Vorstellungen des Geraden, des Krummen, der Linie, des Puncts, der Richtung, der Fläche, u. s. w. gar nicht Producte des Verstandes, sondern lediglich sinnliche Vorstellungen, d. i. Anschauungen, folglich keinem endlichen Wesen verständlich sind, das nicht dieselbe sinnliche Vorstellung vom Raum hat, die wir haben. Sollte also in der Geometrie noch irgend etwas Undeutliches seyn; so müßte dieses die Vorstellung des Raumes selbst seyn, der sich freylich, wie oben bewiesen worden, ohne Cirkel nicht weiter definiren läßt. Allein auch dieser Vorstellung kann man deshalb auf keine Weise die Deutlichkeit absprechen, sondern sie gehört eben vorzüglich zu den primitiven anschaulichen

chen Vorstellungen, welche Leibnitz für deutlich erklärt, weil sie das Merkmal ihrer selbst, d. i. unauflöslich, und bloß durch sich selbst verständlich sind. Denn obgleich vom Raum keine Definition ohne einen Zirkel möglich ist, weil alle seine Merkmale nur in ihm denkbar sind, folglich die individuelle Vorstellung von ihm schon voraussetzen, und uns erst durch diese selbst gegeben werden; so sind doch seine Merkmale, z. B. das Nebeneinanderseyn seiner Theile, die drey verschiedenen Arten und Gränzen desselben, seine stätige Ausdehnung ꝛc. insgesammt klare Vorstellungen, die ein jeder versteht, sobald wir sie ihm sagen. Also ist die Vorstellung vom Raum nach der leibnitzischen Erklärung, gleichfalls eine deutliche, und es erhellt also hieraus, daß in der ganzen Geometrie nichts verworrenes, sondern bey der größesten Klarheit zugleich alles so deutlich ist, daß kaum ein Mißverständniß größer seyn kann, als wenn der Metaphysiker der Geometrie zwar Evidenz zugesteht, aber die Deutlichkeit abzusprechen sucht. Sollte aber zu derjenigen Deutlichkeit des Begriffs der geraden Linie, welche zum Demonstriren der Axiome und Postulate nöthig wäre, erfordert werden, daß man von ihr einen reinen Verstandesbegriff habe, dann blieben diese sicher auch für höhere Wesen ächte Axiome und Postulate, denn sonst müßte auch die Linie, die Fläche, und der ganze Raum selbst ein reiner Verstandesbegriff, d. i. der Raum müßte kein Raum seyn.

§. 47.

c. „Was in den Begriffen vom Raum bildlich „ist, hat nur subjective Gründe, nemlich in „den Schranken des vorstellenden Subjects. „Dieses Subjective aber ist veränderlich und „zufällig, es kann also unmöglich der zurei„chende Grund von der absoluten Noth„wendigkeit der ewigen Wahrheiten, und „folglich auch nicht von ihrer apodictischen „Gewißheit seyn, dieser Grund kann nur „in dem Objectiven seyn. Wenn die Wahr„heit: zwischen zwey Puncten ist nur Eine „gerade Linie möglich, eine ewige und schlech„terdings nothwendige Wahrheit seyn soll; „so muß sie wahr seyn, wenn auch alle sub„jectiven Schranken der vorstellenden Kraft, „und mit ihnen alle bildliche Vorstellung auf„gehoben werden: sie muß also bloß um der „objectiven Gründe willen wahr seyn *).„

Wie wenig Beweiskraft auch dieses Argument habe, wird hoffentlich aus folgenden Gründen deutlich werden.

1. Wenn Hr. Eberhard sagt: das Axiom der geraden Linie müsse wahr seyn, wenn auch alle bildliche d. i. sinnliche Vorstellung aufgehoben würde; so nimmt er an, daß es auch nichtsinnliche gerade Linien, mithin einen nichtsinnlichen Raum gebe. Dieser aber ist, wie im ersten Abschnitt erwiesen worden, ein Widerspruch.

2. Wenn

*) Phil. Mag. B. 2, S. 83. nr. 2.

2. Wenn er objective Gründe des Raums annimmt, und unter diesen Dinge an sich versteht *); so verwechselt er den Raum selbst mit den Erscheinungen d. i. mit den Dingen im Raum, wie er denn auch den Raum ausdrücklich für eine Erscheinung erklärt **). Daß der objective Grund der Erscheinungen in Etwas liege, das Ding an sich ist, und diese daher, wie Hr. Eberhard mehrmals erinnert, Phaenomena bene fundata sind, ist allerdings richtig. Der Raum hingegen ist keine Erscheinung, kein Gegenstand der Sinne oder der Empfindungen, sondern eine von allen Erscheinungen und mithin auch von den objectiven Gründen derselben, ja selbst von unsern Sinnen ganz unabhängige Vorstellung a priori, mithin etwas bloß Subjectives, das lediglich und ganz zureichend in der ursprünglichen Anschauungsfähigkeit unsers Gemüths gegründet ist. Also hat der Raum gar keine objective Gründe, weder in den Erscheinungen, noch in den Dingen an sich. Vielmehr ist er der subjective Grund der Möglichkeit äußerer Erscheinungen. Die Dinge an sich aber gehen als solche den Raum gar nicht an, und eben so wenig die Art und Weise, wie in diesen die Erscheinungen objectiv gegründet seyn mögen. Wenn daher

*) Phil. Mag. B. 2. S. 159. 475.

**) Phil. Mag. B. 1. S. 395. nr. 4.

auch die ganze Körperwelt mit allen ihren objectiven Gründen, oder Dingen an sich, aufgehoben würde; so bliebe dennoch der Raum selbst, was er ist, und die ganze Geometrie, die von allen Dingen im Raum ganz unabhängig ist, und bloß ihn selbst zum Objecte hat, unerschüttert. Den Grund der Wahrheit der geometrischen Axiome und Postulate in den Dingen an sich, als den objectiven Gründen des Raums, suchen, heißt also eben soviel, als ihn in Undingen suchen. Denn das sind die objectiven Gründe des Raums, man mag darunter mit Leibnitz die Dinge an sich, oder mit Locke die empirischen Gegenstände d. i. Erscheinungen verstehen, wirklich.

§. 48.

Zwar meynt Hr. Eberhard, daß der Raum eine qualitas occulta seyn würde, wofern er als ein ausgedehntes und zusammengesetztes Ding nicht aus etwas, das nicht Raum ist, erklärbar wäre *), und daher nicht objective einfache letzte Gründe hätte **), oder nicht ein Aggregat von einfachen Dingen wäre ***). Allein dieses Mißverständniß läßt sich leicht heben. Denn daß der Raum ein Continuum ist, und als ein solches nicht einfache Theile haben kann, gesteht Hr. Eberhard

*) Phil. Mag. B. 1. S. 404.

**) Phil. Mag. B. 3. S. 101.

***) S. 105.

hard selbst. Ist aber dieses wahr; so ist der Raum auch kein Aggregat von einfachen Dingen, denn unter einem Aggregat von einfachen Dingen versteht niemand etwas anderes, als eine Menge einfacher Dinge, d. i. ein Ganzes, von dem die einfachen Dinge Theile sind, und wenn es das nicht wäre, so müßte ich bekennen, daß ich unter dem Ausdruck: Aggregat von einfachen Dingen, gar nichts zu denken vermögend wäre. Wenn nun ferner strenge erwiesen worden, daß diese Vorstellung des Raums als eines Zusammengesetzten, in welchem keine einfachen Theile möglich sind, nicht aus den wahrgenommenen Dingen geschöpft, mithin gar nicht in diesen, sondern bloß in dem Wesen unserer Anschauungsfähigkeit gegründet ist, und daher nichts anders als die Form der letztern seyn kann; so wird sie ja aus dem erklärt, was nicht Raum, was nichts Zusammengesetztes ist, nemlich aus der ursprünglichen Einrichtung unserer Anschauungsfähigkeit, folglich widerspricht sich Hr. Eberhard selbst, wenn er sie eine qualitas occulta nennt, und er müßte aus eben dem Grunde überhaupt alles, was bloß subjectiv, und daher nicht in andern Dingen, sondern lediglich in dem Wesen unserer Seele gegründet ist, z. B. ihre Einfachheit, Substantialität, ihr Vermögen zu denken, zu urtheilen, zu schließen rc. gleichfalls zu einer qualitas occulta machen. Daß aber der Raum ein Zusammengesetztes ohne einfache Theile ist, davon liegt, wie schon §. 12. gezeigt worden, der Grund bloß darin, weil hier das Ganze nicht durch die Theile, sondern vielmehr die Theile des Raums erst durch die Vorstellung des ganzen unendlichen Raums möglich werden, folglich der Grund der Zusammensetzung nicht in den Theilen, sondern im Ganzen liegt, und daraus folgt eben, daß der Raum nicht ein Ding an sich, oder ein Verhältniß von Dingen an sich, sondern ein bloßes Ding in unserer sinnlichen Vorstellung ist, das uns durch die Natur unserer Anschauungsfähigkeit unmittelbar als ein einiges unendliches Individuum, mithin als ein Ganzes gegeben wird, in welchem wir soviel Theile machen können, als wir wollen. Wäre er dagegen ein allgemeiner Verstandesbegriff von der Verbindung der Dinge an sich; so wäre er nicht bloß eine qualitas occulta, sondern ein widersprechendes Ding. Denn wenn der reine Verstand etwas zusammensetzen will; so ist ihm diese Zusammensetzung bloß durch die Theile möglich, folglich liegt der Grund der Zusammensetzung alsdann bloß in den Theilen, die, so lange sie noch selbst zusammengesetzt sind, immer wieder auf andere Theile zurückweisen, also kann hier der absolute letzte Grund der Zusammensetzung nirgends anders, als in einfachen Theilen gesucht werden, mithin sind bey einem Zusammengesetzten, das durch den Verstand auflöslich seyn soll, die objectiven Gründe der Zusammensetzung nichts anders, als seine einfachen Theile selbst. Erforderte also der Raum, um nicht eine qualitas occulta zu seyn, daß seine Zusammensetzung objective einfache Gründe hätte; so

könnten

könnten diese nichts anders, als einfache Theile desselben seyn, alsdenn aber wäre er kein Continuum, und also kein Raum.

§. 49.

So sehr auch daher Hr. Eberhard darauf dringt, daß er unter den einfachen Gründen des Raums nicht Theile desselben meyne; so läßt sich doch, nach meiner Einsicht, darunter schlechterdings nichts anders verstehen, und er kann es daher, sobald er sich darüber nur einigermaßen deutlich ausdrücken will, auf keine Weise vermeiden, sie selbst dafür zu erklären. Das zeigte sich schon in dem angeführten Ausdruck: der Raum sey ein Aggregat von einfachen Dingen, der nichts anderes sagt, als: er sey ein Ganzes, das aus einfachen Theilen zusammengesetzt ist, und noch deutlicher zeigt es sich in dem Beysatze: es liege bloß an den Schranken unserer Vorstellungskraft, daß wir diese einfachen Dinge im Raum nicht unterscheiden können *), denn das setzt ja offenbar voraus, daß sie wirklich im Raum, also Theile desselben seyn müssen, weil sonst selbst die unendliche Vorstellungskraft sie eben so wenig darin unterscheiden könnte. Eben das zeigt der Ausdruck **): „der Körper ist, sofern er zusammengesetzt ist, „ein Aggregat einfacher Substanzen.„ Am allerdeutlichsten aber zeigt es sich, wenn er sagt ***): „die

*) Phil. Mag. B. 3. S. 105.

**) Phil. Mag. B. 1. S. 172.

***) Phil. Mag. B. 1. S. 170.

„die Elemente der abstracten Zeit sind untheilba„re Augenblicke, und diese Augenblicke verhalten „sich zu der abstracten Zeit eben so, wie die un„bestimmten Einheiten zu der abstracten Zahl.„ Denn da die Einheiten Theile der Zahl sind; so folgt hieraus, daß auch die Elemente der Zeit Theile der Zeit sind, und in eben dem Sinne, in welchem Hr. Eberhard das Wort: Element, von der Zeit nimmt, nimmt er es auch vom Raum.

§. 50.

3. Der Beweis selbst, daß der Grund der Gewißheit der Axionne und Postulate nicht im Sinnlichen, mithin nicht in der Anschauung a priori seyn könne, beruht in dem Argumente (§. 47.) bloß auf dem Satze: daß die subjectiven Gründe des Sinnlichen lediglich in den Schranken unserer Vorstellungskraft liegen, und daher die sinnlichen Bilder des Raums und der Ausdehnung bloß dadurch entstehen *), daß wir das viele Außereinanderseyende und Vereinigte nicht unterscheiden, folglich es uns nur verworren vorstellen können. Also, schließt Hr. Eberhard **), würde der Grund der Gewißheit der Axiome und Postulate im Verneinenden, das in ihren Hauptbegriffen enthalten ist, im Nichtunterscheiden ihres Mannigfaltigen, mithin der Grund des Realen

*) Phil. Mag. B. 3. S. 104. 105.

**) Phil. Mag. B. 3. S. 91.

Realen in dem Mangel der Realität seyn, wenn er das Sinnliche ihrer Hauptbegriffe wäre. Allein dieser Satz, der beynahe die Grundlage des ganzen Systems ist, welches Hr. Eberhard bisher vorgetragen hat, ist nicht nur unerweislich, sondern schlechterdings unrichtig. Hr. Eberhard glaubt zwar denselben im ersten Bande seines Magazins S. 378. 379. hinlänglich bewiesen zu haben, aber sowol in dieser Stelle, als im ganzen Magazin finde ich nichts weiter, als die bloße Behauptung, daß er wahr sey, und es scheint also beynahe, daß er ihn für ein so unmittelbar gewisses und einleuchtendes Axiom hält, daß man *), um ihn zu rechtfertigen, ihn bloß verständlich zu machen braucht. Allein nach meiner Einsicht ist es eben so unmöglich, den Satz verständlich zu machen, als ihn zu rechtfertigen. Denn

§. 51.

Erstlich setzt er voraus, daß es ein ausgedehntes Aggregat einfacher Dinge gebe. Nun ist zwar bereits mehrmals zugegeben, daß den Erscheinungen im Raum Etwas zum Grunde liege, was nicht Erscheinung, sondern Ding an sich ist. Allein α) ist zugleich §. 1. bewiesen worden, daß wir von diesem Dinge nicht einmal wissen können, ob es ein einziges, oder ein Aggregat mehrerer seyn

*) Phil. Mag. B. 3. S. 104.

seyn mag. β) Wenn man aber auch annehmen wollte, daß es ein Aggregat mehrerer einfachen Dinge wäre; so läßt sich doch, wie eben daselbst erwiesen, darunter nichts weiter denken, als eine Zahl oder Menge von einfachen Dingen, die durch irgend eine uns gleichfalls gänzlich unbekannte Art von gegenseitiger Einwirkung mit einander in Verbindung stehen, d. i. nichts weiter, als ein unstätiges Zusammengesetztes aus einfachen Theilen, keinesweges aber ein ausgedehntes Ding, denn Ausdehnung, oder Nebeneinanderseyn ist nicht nur stätig, sondern setzt auch schon die sinnliche Vorstellung vom Raum voraus, und ist daher eine bloß sinnliche Vorstellung, mithin ist ein ausgedehntes Aggregat von einfachen Dingen ein Continuum, das aus einfachen Theilen zusammengesetzt ist, die alle im sinnlichen Raum sind, also ein doppelter Widerspruch.

§. 52.

Zweytens sagt der Satz, der Grund des Sinnlichen, sofern es sinnlich ist, liege in den Schranken unserer Vorstellungskraft, die es nicht verstatten, daß wir im Aggregate der einfachen Dinge das Einfache unterscheiden können. Nun heißt dasjenige in unserm Vorstellungsvermögen, welches den Grund von dem, was wir sinnlich nennen, enthält, die Sinnlichkeit. Also soll die Sinnlichkeit in den Schranken unserer Vorstellungskraft, mithin das Sinnliche unserer Vorstellungen bloß in ihrer Undeutlichkeit bestehn,

stehn, und lediglich daraus entspringen, weil wir wegen der Schranken unserer Vorstellungskraft uns kein individuelles einfaches Ding für sich allein, d. i. abgesondert und isolirt, sondern ein jedes bloß in der Verbindung mit mehrern vorstellen können. Allein die Unmöglichkeit einer solchen Deduction des Sinnlichen ist schon im ersten Theil meiner Prüfung klar gezeigt, und alle Mühe, sie verständlich zu machen, wird immer fruchtlos bleiben.

§. 53.

Denn erstlich ist (Abschnitt 1.) hinreichend gezeigt worden, daß es schon unmöglich ist, aus der Vorstellung mehrerer durch gegenseitige Einwirkung verknüpfter Dinge selbst ein Nebeneinanderseyn derselben, d. i. ein Seyn im Raum, und noch weniger ein stätiges Nebeneinanderseyn nach drey so positiv verschiedenen genau bestimmten Abmessungen, dergleichen jede Materie enthält, herzuleiten, und daß daher ein intelligibler Raum ein Wort ohne Bedeutung ist. Diese positive Vorstellung des stätigen Nebeneinanderseyns nach drey so genau bestimmten Abmessungen, die von der bloßen Vorstellung mehrerer verknüpfter einfacher Dinge so sehr weit unterschieden ist, also sogar aus den bloßen Schranken der Vorstellungskraft ableiten, ja es bloß aus diesen Schranken derselben verständlich machen, daß die Gegenstände des äußern Sinnes Größen von drey, die des innern aber nur Größen von einer einzigen Abmessung

sung seyn müssen, das wäre eine Kunst, die über alles ginge. Hr. Eberhard stellt sich diese Deduction zwar sehr leicht vor *). „Sobald, sagt er, „die gesonderten einfachen Gründe (Substanzen) „von der endlichen Vorstellungskraft vereinigt „und zugleich vorgestellt werden; so muß das „sinnliche Bild des Raums in dem vorstellenden „Subjecte wirklich seyn, denn die Vernunft sagt „uns, daß sobald die zureichenden Gründe wirklich „sind, auch das wirklich seyn müsse, was in ihnen „gegründet ist.„ Das letztere ist nun allerdings außer Zweifel. Aber wie hieraus das erstere folge, nemlich wie darin, daß eine endliche Vorstellungskraft sich mehrere einfache Dinge vereinigt und zugleich vorstellt, der zureichende Grund von derjenigen sinnlichen Vorstellung liegen könne, die wir vom stätigen Nebeneinanderseyn im Raum nach drey Abmessungen haben, das eben ist es, was gezeigt werden soll. Die Ausdrücke der Bilder und des Bildlichen, die Hr. Eberhard beständig gebraucht, klären hier nichts auf, sondern dienen gegentheils nur dazu, die ganze Untersuchung zu verwirren. Denn die reine Vorstellung selbst, die wir vom Raum haben, ist, obgleich sie bloß sinnlich, und ein nichtsinnlicher Raum ein Wort ohne Bedeutung ist, gar nichts Bildliches, sondern die Möglichkeit eines Bildes setzt vielmehr, wie ich bereits (Prüf. Th. 1. S. 149.) erinnert habe, die Vorstellung vom Raum schon schlechterdings voraus. Ein Bild ist nichts anders als empirische

*) Phil. Mag. B. 3. S. 108. 109.

pirische Darstellung eines Dinges unter einer gewissen Figur oder Gestalt. Denn erstlich ist ein Bild ohne Gestalt ein Unding. Nun ist der Raum unendlich, mithin ohne alle Gestalt, und Gestalten oder Figuren sind bloß in ihm möglich, dadurch daß wir ihn begrenzen. Also wäre es ein doppelter Widerspruch, unsere sinnliche Vorstellung vom Raum für ein Bild zu halten. Außerdem aber versteht man unter einem Bilde einer Sache, bloß eine empirische Darstellung derselben. Selbst die begrenzten Theile des Raums, oder die endlichen geometrischen Linien und Figuren im eigentlichen Sinne Bilder nennen, und auf diese Art die Elemente Euklids, und überhaupt jedes Werk, das reine Geometrie vorträgt, für ein Bilderbuch ausgeben wollen, würde wol eine höchst unphilosophische Verwirrung der reinen Geometrie mit der Zeichenkunst, oder andern bildenden Künsten seyn. Denn wenn der Geometer z. B. den Begriff eines Cirkels construirt, d. i. den Gegenstand dieses Begriffs, der Verstandesregel, welche letzterer vorschreibt, gemäß, vermittelst der reinen productiven Einbildungskraft, in einer Anschauung a priori seinem Gemüthe darstellt; so ist diese reine sinnliche Vorstellung nicht ein Bild des geometrischen Cirkels, sondern der unter dem Begriffe eines geometrischen Cirkels gedachte Gegenstand selbst, d. i. ein wahrer geometrischer Cirkel, mithin kein Bild von irgend etwas, sondern alle Cirkelgestalten, die wir an Zeichnungen oder wirklichen Gegenständen z. B. an einem Teller oder der Sonne wahrnehmen,

men, sind vielmehr nur empirische Darstellungen und Bilder von ihm. Also setzt die Möglichkeit der Bilder nicht nur den unbildlichen Raum selbst, sondern sogar schon die unbildlichen geometrischen Figuren im Raum voraus, und das Sinnliche in unsern Vorstellungen läßt sich daher so wenig aus dem Bildlichen herleiten, daß vielmehr umgekehrt alles Bildliche erst durch ein unbildliches Sinnliche möglich wird. Hr. Eberhard will indessen das Wort Bild in einer andern und weitern Bedeutung genommen wissen. Nun kommt es zwar eben nicht auf Namen und Wörter an, wofern nur bestimmt erklärt wird, was darunter verstanden werden soll. Allein wenn er *) sagt: „unter einem Bilde versteht man überhaupt, selbst „nach dem gemeinsten Sprachgebrauche, eine Vor„stellung des Zusammengesetzten, und wenn „diese in dem Einfachen ist, so ist das Bild ein „immaterielles Bild;„ so muß ich bekennen, daß ich, ungeachtet aller angewandten Mühe, diese Erklärung nicht verstehe. Denn, soll das Einfache, in welchem die Vorstellung des Zusammengesetzten ist, das vorstellende Subject bedeuten; so würde ein jedes Bild ein immaterielles seyn, und das kann Hr. Eberhard nicht behaupten wollen. Soll aber dadurch das vorgestellte oder abgebildete Object verstanden werden; so würde die Erklärung diesen Sinn haben müssen: ein Bild ist die Vorstellung des Zusammengesetzten in einem Dinge, und heißt ein immaterielles Bild, wenn das

*) Phil. Mag. B. 3. S. 107.

das Ding, in welchem man sich etwas Zusammengesetztes vorstellt, einfach ist, ein materielles aber, wenn das Ding, in welchem man sich etwas Zusammengesetztes vorstellt, nicht einfach, sondern zusammengesetzt ist. Hier aber ist mir nichts verständlich. Denn wenn ich mir in der Seele ein Vermögen zu empfinden, zu denken, und zu wollen vorstelle; so habe ich in diesem einfachen Object die Vorstellung eines Vermögens, das aus drey Vermögen zusammengesetzt ist, aber wie diese Vorstellung des Zusammengesetzten in der Seele ein immaterielles Bild der Seele heißen könne, ist mir ein Räthsel. Ferner ist der Raum selbst, und jeder Theil desselben gar nichts materielles, denn die Materie ist nicht selbst der Raum, sondern Substanz im Raum; wenn ich mir aber einen geometrischen Würfel in tausend gleiche Theile getheilt vorstelle, so ist dieses Object ein zusammengesetztes Ding, also müßte die Vorstellung des Zusammengesetzten in ihm, nicht nur ein Bild, sondern auch ein materielles Bild des Würfels seyn, beides aber ist mir gleich räthselhaft. Muß endlich das Ding selbst etwas Zusammengesetztes seyn, wofern die Vorstellung des Zusammengesetzten in ihm ein materielles Bild heißen soll; so ist ins Unendliche fort jedes materielle Bild ein Bild von einem andern materiellen Bilde. Doch, ohne über Worte zu streiten, wollen wir die obgleich unrichtige Erklärung: ein Bild sey eine Vorstellung des Zusammengesetzten, annehmen. Alsdann würde die Vorstellung mehrerer vereinigter d. i. in ein-

einander wirkender einfacher Substanzen zwar ein Bild heißen, denn jede Menge ist Vorstellung eines Zusammengesetzten aus Einheiten. Aber nun entsteht hier wieder die vorige Frage: wie kann ein Bild in diesem Sinne genommen, uns die bestimmte Vorstellung eines stätigen Nebeneinanderseyns nach drey Abmessungen, d. i. des Raums, geben? Wenn ich mir eine Menge einfacher durch gegenseitige Einwirkung vereinigter Menschenseelen vorstelle; so giebt mir diese Vorstellung, so dunkel und verworren sie auch ist, keine Vorstellung vom Raum. Wie soll denn diese entstehen, wenn ich mir statt der Menschenseelen irgend eine andere Art einfacher Substanzen vereinigt vorstelle? Dieses verständlich zu machen, ist eine Kunst, an welcher aller metaphysischer Scharfsinn scheitert.

§. 54.

Ferner wird das Wort Vorstellungskraft von den Weltweisen in sehr verschiedenen Bedeutungen genommen, und eben sowol vom Verstande und der Vernunft, als von der Sinnlichkeit gebraucht. Soll daher die Behauptung, daß die Sinnlichkeit in den Schranken der Vorstellungskraft bestehe, verständlich seyn; so muß erst bestimmt werden, was hier unter der Vorstellungskraft gemeynt werde; ob sie nemlich den Verstand selbst, oder ein vom Verstande ganz unterschiedenes Vermögen bedeuten soll? Unser Verstand denkt, er ist nemlich ein Vermögen der Begriffe,

d. i.

d. i. solcher Vorstellungen, die sich auf den Gegenstand nicht unmittelbar, sondern nur mittelst mehrerer in eine einzige verknüpfter Vorstellungen beziehen, der Gegenstand selbst mag übrigens in concreto als ein einzelner, völlig bestimmter, individueller (z. B. diese Blume), oder in abstracto, unbestimmt, nur im Allgemeinen (z. B. eine Blume) gedacht werden. Durch die Sinnlichkeit hingegen erhalten wir bloß Vorstellungen von einzelnen völlig bestimmten individuellen Gegenständen, und zwar solche, die sich auf letztere unmittelbar beziehen, ohne daher erst irgend eines Begriffs zu bedürfen. Wenn ich z. B. den Uranus am Himmel sehe; so erhalte ich hiedurch von diesem Individuo eine unmittelbare Vorstellung. Stelle ich ihn mir aber als den siebenten Hauptplaneten des Sonnensystems vor; so stelle ich ihn mir zwar, selbst in dem Falle, daß ich ihn noch nie gesehn hätte, auch hier noch als ein Individuum vor, aber nun bedarf meine Vorstellung von ihm erst der Vorstellungen der Sonne, eines Hauptplaneten, und des Siebenten in der Ordnung der Entfernungen, und meine ganze Vorstellung von ihm wäre ein bloßes Hirngespinst, die ich auf gar kein Object beziehen könnte, wofern ihr nicht bereits unmittelbare Vorstellungen der Sinnlichkeit, z. B. der Sonne, irgend eines einzelnen Körpers, der sich um den andern bewegt, u. s. w. zum Grunde lägen. Nun heißt eine solche Vorstellung des Einzelnen, die sich auf dasselbe unmittelbar bezieht, **Anschauung**. Wäre also die Vorstellungskraft, in deren Schranken die Sinnlichkeit bestehen soll, der Verstand selbst; so müßte dieser außer dem Vermögen der Begriffe oder des Denkens zugleich ein Anschauungsvermögen besitzen, und unsere Sinnlichkeit würde also bloß in dem Unvermögen des Verstandes, die einfachen Substanzen abgesondert anzuschauen, bestehen, mithin würden unsere äußere Empfindungen verworrene intellectuelle Anschauungen der Monaden, und die innern nichts weiter, als verworrene intellectuelle Anschauungen unserer Seele und ihrer individuellen Bestimmungen seyn. Hr. Eberhard scheint auch in der That unserem Verstande ein Anschauungsvermögen beyzulegen. Denn er behauptet ausdrücklich, daß es nicht bloß sinnliche, sondern auch unsinnliche Anschauungen gebe *), und erklärt für eine solche namentlich die Vorstellung **). Außerdem ist das Unsinnliche unbildlich, das Unbildliche aber ist ihm ein Eigenthum des Verstandes. Hier muß ich nun zwar bekennen, daß es mir ganz unmöglich ist, von dem, was er hierüber sagt, das mindeste zu verstehen, und es mit sich selbst zu vereinigen. Denn 1) wenn die Vorstellung eine unsinnliche Anschauung seyn soll; so kann weder eine sinnliche Anschauung eines Objects, z. B. eine solche, die ich durchs Gesicht oder Gefühl erhalten, noch ein subjectives sinnliches Gefühl der Lust und Unlust eine Vorstellung seyn. Die Verstandesbe-

griffe

*) Phil. Mag. B. 1. S. 280. 281.

**) B. 1. S. 286.

griffe und die Ideen der Vernunft aber sind ohnehin gar nicht Anschauungen, folglich könnten diese ebenfalls nicht Vorstellungen seyn. Also wäre die unsinnliche Anschauung einzig und allein Vorstellung, folglich mit dieser ganz einerley, und der Satz: es giebt auch unsinnliche Anschauungen, nemlich die Vorstellung, würde soviel sagen: es giebt auch unsinnliche Anschauungen, nemlich die unsinnliche Anschauung. 2) Da Hr. Eberhard die Vorstellungen des Einzelnen für sinnliche Vorstellungen erklärt *); so müßten die unsinnlichen Anschauungen, da sie Vorstellungen sind, Vorstellungen des Allgemeinen d. i. Widersprüche seyn, und dies folgt auch schon daher, weil nach ihm die unsinnlichen Vorstellungen deutliche seyn müssen, deutliche Vorstellungen aber immer allgemeine sind **). 3) Die Vorstellung soll eine unsinnliche Anschauung seyn, und doch sollen wir von ihr eine anschauende Idee durch den innern Sinn erhalten ***). 4) Wenn die Vorstellung eine unsinnliche Anschauung ist, wie kann sie dann die Form des innern Sinns seyn ****)? — Doch für mich ist es gleichgültig, wie Hr. Eberhard sich über die unsinnlichen oder intellectuellen Anschauungen erklären mag, denn mir sind sie gänzlich unbekannt, und meinem Verstande ist, so weit mein Selbstbewußtseyn reicht, kein Anschauungs-

 ver-

*) B. 1. S. 282.

**) B. 1. S. 295. 296.

***) B. 1. S. 283.

****) B. 1. S. 281 und 242.

vermögen zu Theil geworden, sondern dieser ist bloß ein Vermögen der Begriffe, nur eine Kraft zu denken und zu urtheilen. Daß meine Seele ein einfaches Wesen sey, schließt meine Vernunft, aber „das Einfache, womit sie erschaffen, in sich selbst anzuschauen *),„ das ist bisher weder meinem innern Sinn, noch meinem Verstande gelungen. Unter Verstand versteht man nie ein leidendes Vermögen, nie eine Fähigkeit durchs Afficirtwerden zu Vorstellungen zu gelangen, sondern allemal eine Spontaneität, d. i. ein thätiges Vermögen, sich seine Vorstellungen selbst zu machen. Intellectuelle Vorstellungen können uns daher weder angebohren, noch von den Gegenständen gegeben werden; denn in beiden Fällen hätte der Verstand sie nicht gemacht, sondern nur empfangen. Nun sind Anschauungen solche Vorstellungen einzelner Gegenstände, die sich auf diese unmittelbar beziehen. Also muß ein Verstand, der die einzelnen Gegenstände anschaut, die intellectuelle Anschauung derselben, da sie ihm weder angebohren, noch von den Gegenständen gegeben seyn kann, durch seine Selbstthätigkeit unmittelbar hervorbringen. Aber eben daher muß er alsdann entweder allwissend seyn, oder durch diese thätige Anschauung zugleich die Gegenstände selbst hervorbringen, d. i. sie erschaffen, oder es muß vielmehr beides zusammen Statt haben, denn sonst wären seine willkührlich gemachte Anschauungen leere Erdichtungen und Chimären, denen

*) B. 1. S. 404.

nen gar kein Gegenstand entsprechen könnte. Die Vorstellung von einem anschauenden Verstande ist also eine Idee, unter der wir uns allein den göttlichen denken können, ob wir gleich die Möglichkeit eines solchen Verstandes auf keine Weise einzusehen im Stande sind. Anschauungen endlicher Wesen hingegen für intellectuell zu halten, widerspricht sich selbst; denn da diese weder allwissend, noch Schöpfer der Dinge seyn können, so muß ihr Anschauungsvermögen schlechterdings ein leidendes, d. i. ein Vermögen seyn, durchs Afficirtwerden zu Vorstellungen von Gegenständen zu gelangen. Also kann diejenige Vorstellungskraft, in deren Schranken Hr. Eberhard die Sinnlichkeit setzt, nicht der Verstand selbst, sondern sie muß schlechterdings ein vom Verstande gänzlich unterschiedenes Anschauungsvermögen unserer Seele seyn. Erfordert aber die Sinnlichkeit ein vom Verstande gänzlich unterschiedenes Anschauungsvermögen; so kann sie nicht in den Schranken desselben bestehen, sondern sie muß dieses Anschauungsvermögen selbst seyn, eben so wie der Verstand nicht in den Schranken des Vermögens der Begriffe besteht, sondern dies Vermögen selbst ist. Also muß das Sinnliche einer Vorstellung bloß darin bestehn, daß sie aus jenem Anschauungsvermögen entsprungen ist, sie mag übrigens deutlich oder verworren, klar oder dunkel, lebhaft oder schwach seyn, so wie das Intellectuelle einer Vorstellung lediglich darin besteht, daß sie nicht das Anschauungsvermögen, sondern bloß den

Verstand zur Quelle hat, ohne weitere Rücksicht auf ihre Deutlichkeit oder Verworrenheit u. s. w., und da also das Anschauungsvermögen ein eben so besonderes reales Vermögen als der Verstand ist; so ist der Einwurf, daß der Grund der Gewißheit der geometrischen Postulate und Axiome im Verneinenden liegen würde, wofern er in der Anschauung a priori, mithin im Sinnlichen läge, gänzlich unrichtig.

§. 55.

So steht dann der Satz, daß die Gewißheit der geometrischen Postulate und Axiome bloß auf Anschauung beruht, so unerschütterlich fest, daß auch die subtilsten Einwürfe nur dazu dienen, denselben in ein desto helleres Licht zu setzen. Allein, ist dieses, so ist mein obiger dritter Satz, (§. 20.) daß auch alle übrige Sätze der Geometrie auf Anschauung beruhen, eben so gewiß. Denn auch von diesen ist kein Beweis durch bloße Zergliederung der Begriffe möglich, sondern lediglich dadurch, daß wir ihre Begriffe vermittelst der Postulate construiren, und dann beym Beweise selbst die Axiomen zum Grunde legen. Dieses habe ich (Prüf. Th. 1. S. 72 — 78.) so einleuchtend gezeigt, daß es demjenigen, der es leugnen will, schlechterdings obliegt, wenigstens ein einziges geometrisches Theorem, oder Problem beyzubringen, das er durch bloße Zergliederung der Begriffe oder Definitionen zu demonstriren im Stande ist. Indessen sucht Hr. Eberhard, ohne hier-

hierauf Rücksicht zu nehmen, in zwey verschiedenen Aufsätzen *) allgemein zu beweisen, daß die Mathematik aus Begriffen demonstrire, und nicht Anschauung, sondern bloß die Definitionen, die einzigen Principien aller ihrer Demonstrationen seyn. Allein da sein Beweis sich bloß auf die bereits widerlegte Behauptung gründet, daß der Grund der Gewißheit geometrischer Wahrheiten nicht im Bildlichen (in sinnlicher Anschauung), sonder allein im Intelligiblen (in den übersinnlichen Gründen des Sinnlichen, in den Dingen an sich,) liegen könne; so bedarf derselbe nunmehr keiner weitern Widerlegung. Wenn er sich aber hiebey **) auf die Einstimmung des Hrn. Hofr. Kästner bezieht; so legt er das, was letzterer hierüber ***) äußert, ganz unrichtig aus. Denn dieser philosophische Geometer versteht nicht, wie Hr. Eberhard, unter dem Bildlichen die Vorstellung vom Raum, und den geometrischen Objecten selbst, und unter dem Intelligibeln nicht den Begriff von übersinnlichen Dingen, die gar nicht im Raum sind, sondern erst den objectiven Grund seiner Möglichkeit enthalten sollen. Vielmehr versteht er unter dem Bildlichen bloß empirische Darstellungen der geometrischen Begriffe, nemlich Zeichnungen oder wirkliche Körper, und unter dem Intelligibeln bloß das, was der Ver-

*) Ph. Mag. B. 2. S. 473 — 485, und B. 3. S. 63 — 69.

**) Phil. Mag. B. 2. S. 475. §. 23.

***) Phil. Mag. B. 2. S. 419. §. 39.

stand bey dieser ihrer empirischen Darstellung als ganz von ihr unabhängig denkt, nemlich die dem Begriffe des Subjects d. i. einer Regel des Verstandes gemäße reine Anschauung, von der die Zeichnung nur ein Bild ist. Er behauptet also keinesweges, daß der Geometer aus dem bloßen Begriffe des Subjects, ohne ihn erst zu construiren, d. i. in einer reinen nichtempirischen Anschauung darzustellen, oder gar aus der Verbindung der Monaden, die sich der Verstand bey der Zeichnung denkt, seine Schlüsse herleitet (denn das widerlegt durchweg sein eigenes Verfahren, das er in allen seinen geometrischen Werken beobachtet hat), sondern er widerlegt hier bloß diejenigen, die sich einbilden, als ob der Geometer seine Sätze nur empirisch aus dem Anblicke der Zeichnungen und Modelle herleite, und daher die Geometrie nichts weiter als gelehrte Erklärung eines Bilderbuchs sey. Daß er bloß dieses meynt, ist ganz offenbar, indem er nicht nur sagt: „Nie „schließt man da aus dem Bilde, sondern aus dem, „was der Verstand beym Bilde denkt,„ sondern noch hinzusetzt: „Ich glaube mich darüber zu„länglich in dem Aufsatze geäußert zu haben: Was „in Euklids Geometrie möglich heißt.„ In diesem aber findet sich über diesen Punct nichts weiter, als daß Euklid die Zeichnungen, als empirische Darstellungen der geometrischen Begriffe, bloß als Hülfsmittel gebraucht, um die Möglichkeit der Sache in ihrer größesten Allgemeinheit desto leichter einzusehen *).

*) Phil. Mag. B. 2. S. 393. 394. §. 6.

§. 56.

Doch eben am Schlusse dieser Materie erhalte ich vom Eberhardschen Magazin die drey letzten Stücke des dritten nebst dem ersten Stücke des vierten Bandes, und finde darin einen merkwürdigen Versuch, an einem wirklichen Beyspiele zu zeigen, daß die geometrischen Demonstrationen nicht auf Anschauung, sondern auf bloßer Zergliederung der Begriffe beruhen. Hr. Prof. Schwab wählt hiezu *) den Satz, daß in jedem geradlinigten Dreyeck zwey Seiten zusammen größer sind, als die dritte. Und wie verfährt er hiebey? Ganz so, wie Euklid.

1. Anstatt aus dem Begriffe zu schließen, schreitet er sogleich zur Construction des Dreyecks BAC.

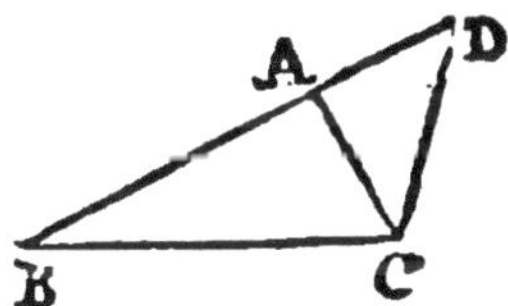

2. Er verlängert in demselben die Seite BA nach AD. Daß nun dieses möglich sey, gründet Euklid auf sein zweytes Postulat. Hr. Schwab aber folgert diese Möglichkeit aus der Definition des geradlinigten Dreyecks, daß es eine durch drey gerade Linien begrenzte Ebene sey. Aus dieser folgt nemlich nach dem Satze der Identität und des Widerspruchs, daß jede der drey Seiten begrenzt

 und

*) B. 3. S. 397 — 407.

und endlich ist. Nun, schließt er weiter, kann jede endliche Größe wachsen, mithin kann auch jede der drey Seiten wachsen. Allein dieser Schluß hat nur den Fehler, daß hier das stetige geometrische Wachsen der geraden Linie, worin ihre Verlängerung besteht, mit dem unstetigen arithmetischen Wachsen einer Größe verwechselt wird. Das letztere ist allerdings nicht nur bey allen endlichen, sondern sogar bey allen unendlichen Größen möglich. Denn ich kann jede Größe, mithin auch jede Linie, sie sey endlich, oder unendlich, als eine Einheit betrachten, und sowol sie selbst, als jeden Theil von ihr in Gedanken sovielmal zu ihr hinzuaddiren, als ich will; aber in diesem Fall ist das Ganze nicht eine einzige größere Linie, sondern bloß ein Aggregat mehrerer Linien, so wie eine Ameise zehntausendmal genommen, nicht eine größere Ameise, sondern einen Ameisen-Haufen giebt. Die Verlängerung einer Linie hingegen besteht nicht darin, daß ich mehrere zu ihr hinzuaddire, sondern daß ich eine einzige stetige Linie von eben der Art erzeuge, von der jene ein Theil ist. Und wie will nun Hr. Schwab aus dem bloßen Begriff der Endlichkeit schließen, daß jede endliche gerade Linie auf eine solche stetige Art ohne Ende verlängert werden könne? Wäre dieser Schluß richtig; so müßte er auch von jeder endlichen krummen Linie gelten, und so müßte sich z. B. auch jeder endliche Kreisbogen, imgleichen die ganze Kreislinie selbst, ohne Ende verlängern lassen. Dieses aber ist offenbar ungereimt. Denn der Algebraist, der die geometrischen Größen als arithmetische behandelt, kann zwar die Kreislinie in Gedanken sovielmal nehmen, als er will, und daher jede Sehne als unzählig vielen Bogen zugehörig betrachten, d. i. er kann in Gedanken in der Kreislinie gleichsam mehrere male herumgehen, und zählen wievielmal dieses geschehen, aber in der Kreislinie mehrere male herumgehen, heißt nicht sie verlängern. Wollte er hingegen diese arithmetische Vergrößerungen als geometrische, d. i. als wirkliche Verlängerungen der Kreislinie ansehen; so hieße dieses soviel: die Kreislinie von 360 Grad ist ein Theil einer Kreislinie von 2, 3, und mehrmal 360 Grad. Aber Kreislinien von mehr als 360 Grad sind geometrische Undinge, und wären sie dieses nicht, so wäre Euklids Corollarium zu seinem 15ten Satze, daß die Winkel an dem Durchschnittspuncte zweyer geraden Linien vier rechten gleich sind, falsch. Euklid hätte sich also sehr übel gerathen, wenn er auf die Frage, woher jede endliche gerade Linie ohne Ende verlängert werden könne, geantwortet hätte: weil jede endliche Größe wachsen kann; denn dadurch hätte er seine eigenen Sätze für falsch erklärt; und

eben

eben so wenig würde er jene Frage für eine Chicane gehalten haben, denn wer die Frage nach dem Wahrheitsgrunde eines Satzes für Chicane erklärt, der muß es auch für Chicane ansehen, wenn man ihm Gründlichkeit zumuthet; sondern er würde das geantwortet haben, was seine Elemente antworten: die Möglichkeit der Verlängerung einer gegebenen geraden Linie läßt sich durch keine Schlüsse beweisen, aber ich bin mir dieser Möglichkeit bey der Vorstellung einer geraden Linie unmittelbar bewußt, und dessen mußt du dich, wofern du anders dieser Vorstellung fähig bist, gleichfalls bey derselben bewußt seyn, mein Satz ist also unmittelbar gewiß, also kein Theorem, sondern ein Postulat.

3. Er macht die Verlängerung AD so groß, als die zweyte Seite des Dreyecks AC, und zieht von D nach C die gerade Linie DC. Allein die Möglichkeit dieser doppelten Construction läßt sich wieder durch keine Schlüsse aus Begriffen zeigen, sondern die Möglichkeit der erstern ist lediglich aus allen drey Postulaten Euklids, und die der letztern aus dem ersten Postulate und dem zwölften Axiom erkennbar.

Was beruht also von allen diesen nöthigen Vorbereitungsconstructionen auf einem Schlusse aus dem Begriffe des geradlinigten Dreyecks? Nichts weiter, als daß die Seiten des Dreyecks endlich

endlich sind. Alles andere ist bloß aus Postulaten und Axiomen, mithin aus unmittelbarer Anschauung erkennbar. Und was läßt sich nun nach allen diesen Vorbereitungen zum Behuf des eigentlichen Beweises aus bloßen Begriffen weiter schließen? Nicht das mindeste. Denn wenn Hr. Schwab nun

4. aus dem Begriff der Ebene schließen will, daß DC mit AC und AD in einer Ebene liegt; so setzt dieses schon wieder das Postulat voraus, daß AC und AD in einer Ebene liegen, und wenn er endlich darthun will, daß BD, mithin auch BA und AC zusammen größer sey, als BC; so braucht er hiezu die Sätze, daß im gleichschenklichten Dreyecke ACD die Winkel ACD und ADC gleich sind, und im Dreyecke BDC dem größern Winkel BCD eine größere Seite gegenüber liege, als dem kleinern BDC, deren Richtigkeit aber wiederum nicht nur, wie Hr. Schwab meynt, Euklids 8tes und 12tes Axiom, sondern auch alle seine drey Postulate, und außerdem noch das Postulat, daß durch zwey zusammenstoßende gerade Linien eine Ebene möglich ist, und das Axiom, daß durch dieselben nur eine Ebene stattfindet, voraussetzt.

§. 57.

Es ist also nicht abzusehen, wie Hr. Schwab *) nun folgern kann, daß die allgemeinen Sätze, auf welchen

*) a. a. O. S. 404. nr. 3.

welchen der angeführte Beweis beruht, sich größtentheils auf den Satz der Identität und des Widerspruchs zurückführen lassen, und daß unter denselben das zwölfte Axiom Euklids vielleicht der einzige sey, wo dieses nicht thunlich ist, da doch der Beweis offenbar alle Axiome und Postulate der ebenen Geometrie ohne Ausnahme voraussetzt, und gleichwol noch kein Geometer bekandt ist, dem es gelungen wäre, irgend eins von ihnen auf den Satz der Identität und des Widerspruchs zurückzuführen. Ist es nicht vielmehr ganz offenbar, daß er das, was er widerlegen wollte, unwidersprechlich bestätigt? Er wollte *) zeigen, daß er den Satz aus der bloßen Definition des Dreyecks d. i. durch bloße Zergliederung der in ihr enthaltenen Begriffe zu demonstriren im Stande sey. Gleichwol kann er durch bloße Zergliederung nichts weiter herausbringen, als daß jede Seite des Dreyecks endlich sey. Alles übrige hingegen, nemlich daß die Annahme der Hülfslinien AD, DC stattfinde, daß DC sowol mit AD und AC als mit BD und BC in einer Ebene liegen, und so die ebenen Hülfsfiguren ACD und BDC in der That möglich seyn, daß ferner die Winkel D und ACD gleich, und die Seite BD größer als BC sey, läßt sich, wie gezeigt worden, schlechterdings nicht durch bloße Zergliederung der Begriffe darthun, sondern die ersten Annahmen sind vielmehr einzig und allein aus den geometrischen Postulaten und Axiomen, mithin unmittelbar aus Anschauung, die beiden letzten

*) a. a. O. S. 397.

letzten Sätze aber nicht anders als durch Schlüsse aus ihnen erkennbar. Allein, ohne von allen diesem gewiß zu seyn, läßt sich zur Demonstration des Satzes, weder von irgend einer Definition, noch irgend einem der identischen Sätze, z. B. daß eine Größe, die größer ist, als eine von zwey gleichen Größen, auch größer sey, als die andere, der mindeste Gebrauch machen. Also hat Hr. Schwab die Möglichkeit, den Satz aus der bloßen Definition des Dreyecks zu demonstriren, statt sie darzuthun, vielmehr deutlich widerlegt, und es würde unerklärbar seyn, wie er dieses nicht selber eingesehen, wofern nicht hieran der sonderbare Mißverstand schuld wäre, als ob Kant behaupte, der Geometer habe zur Demonstration eines Satzes die Definition des Subjects und solche Sätze, die sich aus Definitionen durch bloße Zergliederung herleiten lassen, gar nicht nöthig. Denn wenn er bey dem Uebergange zu seinem Beweise *) den Zweck desselben darin setzt, „es anschaulich zu machen, daß der Satz die Dreyheit der Seiten voraussetze und nur unter dieser Bedingung wahr sey;„ wenn er sagt **): „ohne die Definition des Dreyecks könnte ich also wiederum nicht beweisen, daß BDC ein Dreyeck ist, und daß der Winkel ADC eben derselbe ist, als BDC, läßt sich wiederum nicht anders als aus der Definition des Winkels beweisen;„ wenn er endlich sagt ***):

„gäbe

*) a. a. O. S. 398.

**) a. a. O. S. 403.

***) S. 405.

„gäbe man auch zu, daß unter den geometrischen Axiomen einige seyen, deren Wahrheit bloß auf der sinnlichen Anschauung beruhe, so würde hieraus noch lange nicht folgen, daß das ganze System der geometrischen Wahrheiten auf ihr beruhe, indem dieses System offenbar durch den Grundsatz der Identität und des Widerspruchs in allen seinen Theilen zusammengehalten wird;„ so läßt sich hierunter nichts anders denken, als daß er die Kantische Behauptung wirklich auf vorerwähnte Art ausgelegt habe. Allein wie ein Mißverstand von der Art möglich war, ist völlig unbegreiflich. Denn wenn Kant sagt: Der Geometer könne den Satz nicht aus der bloßen Definition des Dreyecks, d. i. nicht durch bloße Zergliederung der Begriffe, die sie enthält, darthun, sondern müsse seine Begriffe schlechterdings construiren, d. i. die Gegenstände ihren Begriffen gemäß in einer reinen Anschauung darstellen; so ist dieses doch wol ganz etwas anderes, als: er könne ihn ohne die Definition, und ohne Zergliederung derselben darthun, und daher den Satz des Widerspruchs gänzlich entbehren. Welchem Vernünftigen könnte es wol in den Sinn kommen, zu sagen: er könne ohne den Begriff des Dreyecks und ohne den Satz des Widerspruchs beweisen, daß eine in der Anschauung dargestellte Figur ein Dreyeck sey, d. i. beweisen ohne zu denken? Liegt es nicht vielmehr schon unmittelbar im Begriffe der Construction, daß der Gegenstand seinem Begriffe gemäß dargestellt werde, und im Begriffe

des

des Beweises, daß er nichts Widersprechendes enthalte? Und ist es nicht, sowol in der Kantischen Critik selbst, als auch im ersten Theil meiner Prüfung S. 20 — 26. aufs deutlichste gezeigt, daß der Satz des Widerspruchs das formale Princip alles Denkens, Urtheilens, und Schließens, ohne Ausnahme, mithin auch des geometrischen sey? Aber daß derselbe nicht das materiale Princip der geometrischen Demonstrationen sey, d. i. daß der Geometer z. B. in dem vorliegenden Satze durch bloße Zergliederung der Definition des Dreyecks, nach dem Satze des Widerspruchs schlechterdings nicht herausbringen könne, daß das Prädicat dem Subjecte zugehöre, sondern den ganzen Stoff zum Beweise lediglich aus der Anschauung hernehmen müsse, mithin diese der einzige materielle Grund seiner ganzen Gewißheit sey, nur das behauptet Kant, das *) wollte Hr. Schwab widerlegen, aber das hat er, wie wir gesehen, vielmehr bestätigt.

§. 58.

Um diese Bestätigung ganz vollkommen zu machen, und hiedurch zugleich das Vergebliche aller ähnlichen Versuche ins völlige Licht zu setzen, muß ich noch folgenden Punct bemerken, den Hr. Schwab gänzlich übersehen hat. Wenn ein Satz durch bloße Zergliederung der Definition des Subjects erweislich seyn soll; so muß hiezu keine Dar-

stel-

*) a. a. O. S. 397.

stellung des Subjects in concreto nothwendig seyn. Denn sonst widerspräche man sich selbst, indem durch die Definition das Subject nicht in concreto als ein einzelnes Ding, sondern bloß in abstracto oder im Allgemeinen gedacht wird, und die Zergliederung allgemeiner Begriffe ein bloß logisches Verfahren ist, das keiner Anschauung oder Vorstellung des Einzelnen bedarf. Soll z. B. der Satz, daß der Neidische sich unglücklich macht, durch bloße Zergliederung der Definition eines Neidischen erweislich seyn; so muß die Beweisführung stattfinden, ohne daß man sich irgend einen einzelnen Neidischen vorstellen darf, ja ohne einmal einen zu kennen, oder zu wissen, ob es einen geben könne. Nun aber ist kein Beweis von irgend einem geometrischen Lehrsatz oder Problem möglich, ohne sofort den Begriff des Subjects zu construiren, d. i. das Subject in concreto der Definition gemäß, in der reinen Anschauung, von der die Zeichnung nur ein Bild ist, darzustellen. Dieses ist die Thatsache, die im ganzen Euklid der Augenschein lehrt, und daß Euklid dieses Verfahren nicht etwa deshalb gewählt, um sich, wie Hr. Eberhard *) meynt, die Demonstrationen zu erleichtern, und ihnen desto größere Evidenz zu verschaffen, sondern daß dasselbe schlechterdings nothwendig ist, läßt sich a priori darthun. Denn die geometrischen Objecte sind überhaupt Linien, Flächen, und Körper. Von diesen muß also in jeder geometrischen Definition schlech-

*) Phil. Mag. B. 2. S. 326 — 328.

schlechterdings eines, oder mehrere zugleich vorkommen. Allein, was Linien, Flächen, Körper seyn, ferner, was gerade und krumme Linie, ebene und nicht ebene Fläche, imgleichen was ihre Lage gegen einander sey, ist, weil der Raum ein Individuum ist, aus keiner Definition, sondern lediglich aus Anschauung, mithin aus unmittelbarer Vorstellung des Einzelnen verständlich (Prüf. Th. 1. S.), folglich ist keine geometrische Definition anders verständlich, als daß man sich das definirte Object vermittelst der productiven Einbildungskraft einzeln in der reinen Anschauung erzeugt. Wären daher die geometrischen Demonstrationen ohne Construction der Begriffe möglich; so müßte es möglich seyn, ein demonstrirtes System der Geometrie zu liefern, ohne zu wissen, was die Worte in den Definitionen und Sätzen bedeuten, ja ob sie überhaupt etwas Reales anzeigen oder nicht, d. i. eine Geometrie, die lauter formale, aber keine reale Wahrheit lehrte, sondern ein bloßes logisches Gedankenspiel wäre, ungefähr von der Art, wie sich Hr. Maimon eine imaginirt, wenn er in dieser bloß logischen Rücksicht, wiewol sehr hyperbolisch, *) sagt: „Hätte „Euklides anstatt seiner metaphysisch wahren Axio„men falsche angenommen, z. B. der Theil ist „größer, als das Ganze — der äußere Winkel „eines Dreyecks ist der Summe der beiden ge-

 „gen-

*) Versuch über die Transcendentalphilosophie ꝛc. von Salomon Maimon aus Litthauen in Polen. Berlin 1790. 8. S. 148. 149.

„genüberstehenden und ihrer Hälfte zusammen „gleich; — so bin ich doch sicher, daß er nicht des„wegen ein kleineres oder schlechteres Werk der „Welt hinterlassen hätte, als dasjenige, was wir „von ihm noch jetzt haben.„ Es liegt also schon unmittelbar in der Natur der geometrischen Objecte selbst, daß ohne Anschauung keine Definition derselben zu Demonstrationen brauchbar, mithin kein geometrisches Theorem oder Problem durch bloße Zergliederung der Definition des Subjects erweislich ist. Wollte daher jemand dem ungeachtet das letztere übernehmen; so müßte er nicht, wie Euklid, intuitiv verfahren, und die Begriffe construiren, sondern zeigen, daß die Demonstration ganz discursiv durch bloße Wortsprache möglich sey, d. i. er müßte zeigen, daß er demonstriren könne, ohne darauf zu sehen, was die Worte in den Definitionen bedeuten mögen.

§. 59.

Hieraus läßt sich nun auch dasjenige beurtheilen, was Hr. Eberhard über die eigentliche Natur der geometrischen Demonstration und Gewißheit beybringt. Erstlich gesteht er *) ausdrücklich: „daß die Lehrsätze unserer Geometrie (von dieser unsrigen aber ist allein die Rede, denn von einer andern wissen wir nichts) nicht ohne Hülfe abgeleiteter Axiome (d. i. derjenigen, von denen einzig die Rede ist) können bewiesen werden.„ Ist aber dieses; so muß er auch gestehen, daß wir, ohne Hülfe dieser Axiome, schlechterdings von keinem

*) Phil. Mag. B. 3. St. 4. S. 461. 467.

nem Lehrsatze der Geometrie Gewißheit haben können, als welche wir eben erst durch den Beweis erhalten sollen. Allein wie stimmt nun dieses mit seiner obigen Behauptung *): „der ganze Vor„theil, den die abgeleiteten Axiome gewähren, sey „bloß die Abkürzung des geometrischen Ganges, „und nicht die größere Gewißheit?„

§. 60.

Zweytens erklärt Hr. Eberhard **) die Gewißheit der geometrischen Axiome ausdrücklich für apodictisch Allein α) wenn er hinzusetzt, diese ihre Gewißheit sey nicht die deutliche aus Demonstrationen entstehende, sondern eine sinnliche; in der bereits oben (§. 34.) angeführten Stelle aber sagt ***): „die wahre apodictische Gewißheit eines geo„metrischen Axioms sey nicht die sinnliche, son„dern die deutliche und vernünftige, die der Ver„stand in der Definition des Subjects finden „würde, wenn ihm die Zergliederung desselben „möglich wäre„ (d. i. die aus der Demonstration entstehen würde, wenn uns diese möglich wäre); so erklärt er sie doch offenbar für eine solche apodictische Gewißheit, die nicht die wahre, mithin gar keine ist. β) Sie kann aber auch schlechterdings keine apodictische seyn, wofern sie, wie er †) von neuem behauptet, daher entsteht, daß wir die

*) Phil. Mag. B. 2. S. 156.

**) Phil. Mag. B. 3. S. 463. b. S. 164. nr. 1.

***) Phil. Mag. B. 2. S. 158.

†) B. 3. S. 473.

Nothwendigkeit und Allgemeinheit der Axiome wahrnehmen, denn das ist ein förmlicher Widerspruch, und dieser Widerspruch kann schlechterdings nicht vermieden werden, wofern es keine reine Sinnlichkeit, keine Anschauung a priori giebt, denn in diesem Falle hieße die sinnliche Gewißheit der Axiome nichts weiter, als eine empirische, d. i. aus Wahrnehmung geschöpfte, und diese apodictisch nennen, ist widersprechend.

§. 61.

Drittens erklärt er *) die Gewißheit der Geometrie für eine unvollständige. „Denn die „vollständige Gewißheit, sagt er, entsteht nur „durch solche Beweise, die bis auf ursprüngliche „Axiomen, d. i. auf identische in den Definitionen „enthaltene, zurückgeführt werden. In der Geo„metrie aber bleiben die Beweise bey abgeleiteten „Axiomen, stehen, d. i. bey solchen, die an sich „noch weiter erweislich sind, von denen sich aber „die Geometrie mit einer sinnlichen Gewißheit be„gnügt.„ Allein,

a) wäre es wahr, daß die geometrischen Axiome noch weiter erweislich sind; so wäre keine Beweisart elender und erbärmlicher, als eine geometrische Demonstration. Denn man betrachte z. B. nur die Euklidische Demonstration, welche §. 56. 57. zergliedert worden. Bey jedem Schritte, den sie vorwärts thun will, muß sie sich auf ein Axiom, oder Postu-

*) Phil. Mag. B. 3. S. 463. 464.

Postulat stützen, wo das Beweisen gänzlich aufhört, und wenn Hr. Schwab *) meynt: „es verdiene wohl bemerkt zu werden, daß „von den Axiomen nur bey den Elementar„sätzen der Geometrie, in der Folge aber äu„ßerst selten mehr Gebrauch gemacht wer„de;„ so hat er wol nicht daran gedacht, daß die ganze Geometrie hindurch ein jeder bereits erwiesener Satz, auf den sich die Demonstration beruft, nicht anders als durch Hülfe der Axiome und Postulate demonstrirt worden ist. Wären also diese noch weiter erweislich; so wäre eine geometrische Demonstration ein solcher Beweis, der bey jedem Schritte im Beweisen stockt, und sich fast unaufhörlich auf Sätze beruft, die noch erweislich sind, und von denen er gleichwol immer bekennen muß, daß er sie nicht erweisen könne. In diesem Falle hätte auch Hr. Eberhard nicht nur vollkommen Recht, wenn er **) die Geometrie nicht für eigentliche Wissenschaft hält, indem zu dieser vollständige Gewißheit, mithin auch vollständige Demonstration unentbehrlich ist; sondern die Verblendung der Weltweisen, die durch alle Zeitalter hindurch die geometrische Demonstration für die vollkommenste, und die Geometrie für die Wissenschaft κατ' ἐξοχὴν gehalten, wäre unerhört und unver-

*) Phil. Mag. B. 3. S. 405. 406.

**) Phil. Mag. B. 3. S. 464. 465.

zeihlich. Aber wenn Hr. Eberhard durch seine Prämissen sich selbst gezwungen sieht, der Geometrie den Rang einer eigentlichen Wissenschaft abzusprechen; sollte das nicht schon allein hinreichend seyn, ihm seine Prämissen im höchsten Grade verdächtig zu machen, oder vielmehr ihn von ihrer völligen Unrichtigkeit zu überzeugen?

b) Eine unvollständige Gewißheit ist, für mich wenigstens, schon überhaupt ein Begriff, der sich selbst aufhebt. Wenn mir an der Gewißheit einer Sache noch irgend etwas fehlt; so sage ich nicht: ich bin von ihr gewiß, sondern nur: sie ist mir höchst wahrscheinlich. Denn zur Gewißheit gehört ein völlig hinreichender Grund des Fürwahrhaltens; ein überwiegender, aber nicht völlig hinreichender, giebt nur Wahrscheinlichkeit, die sich zwar der Gewißheit nähern kann, aber nie wahre Gewißheit ist. Eine unvollständige apodictische Gewißheit aber ist mir ein vollkommenes Unding. Denn da apodictische Gewißheit eines Satzes sogar die Möglichkeit des Gegentheils ausschließen muß; so muß ihr Grund gänzlich a priori seyn, aber Gründe a priori müssen völlig hinreichend seyn, oder sie gelten gar nichts. Da nun kein Geometer die Nothwendigkeit und Allgemeinheit der Axiome und Postulate a priori aus Begriffen herleiten kann; so könnte er von denselben schlechterdings keine

Gewißheit haben, wofern er sie nicht unmittelbar durch Anschauung a priori hätte.

c) Die vollständige Gewißheit, die zur eigentlichen Wissenschaft unentbehrlich ist, soll, nach Hr. Eberhard, erfordern, daß die Beweise bis auf identische Sätze zurückgeführt werden. Allein warum denn nicht noch weiter? Natürlicherweise doch bloß daher, weil diese schon unmittelbar gewiß sind. Denn wären sie dieses nicht; so müßte auch von ihnen noch Beweis gegeben werden. Also besteht das Wesen einer Wissenschaft eigentlich darin, daß ihre Beweise bis zu solchen Sätzen a priori zurückgeführt werden, die unmittelbar gewiß sind. Eine solche Wissenschaft aber ist nun eben die Geometrie. Denn sie führt alle ihre Beweise der Form nach bis auf identische Sätze, die in den Definitionen enthalten sind, und der Materie nach bis auf Axiome und Postulate, d. i. auf solche reale Sätze a priori zurück, die unmittelbar durch reine Anschauung gewiß sind.

§. 62.

Viertens nennt Hr. Eberhard die Gewißheit der geometrischen Axiome und Postulate eine bloß sinnliche, und setzt sie beständig der deutlichen und vernünftigen entgegen, die nur den Axiomen der Metaphysik, als identischen Sätzen, zukommen soll *). Allein

*) Phil. Mag. B. 2. S. 157. 158.

α) wenn er sich *) erklärt: „daß alle deutliche oder vernünftige Gewißheit aus Demonstration entsteht,„ und gleichwol der Satz des Widerspruchs, der das Princip aller identischen Sätze ist, ohne Demonstration, die ohnehin bey ihm gar nicht Statt findet, unmittelbar gewiß ist; so folgt ja hieraus, daß auch die Gewißheit von diesem keine deutliche oder vernünftige sey.

β) Die Eintheilung der Gewißheit in die sinnliche und vernünftige, die ohnehin sehr leicht den Verdacht erregen könnte, als ob die Gewißheit der geometrischen Axiome eine unvernünftige wäre, ist ganz unzulässig, weil jede Gewißheit Einsicht der Vernunft ist. Denn die Gewißheit eines Satzes, als eine solche, erfordert Einsicht, daß der Grund des Fürwahrhaltens, woher er auch genommen seyn mag, völlig hinreichend sey. Allein dieses einzusehen, ist kein Geschäffte der Sinnlichkeit, sondern lediglich eine Function der Vernunft. Also ist Gewißheit als eine solche ein bloßes Product der Vernunft, mithin jede ohne Ausnahme eine vernünftige Gewißheit, und man kann von keinem vernunftlosen Wesen sagen, daß es von irgend einem Satze Gewißheit habe. Der Unterschied der Sätze in Ansehung der Gewißheit kann also nie ihre Gewißheit selbst betreffen, sondern bloß den Grund von ihr, mit-

*) B. 3. S. 465. Nr. 2.

mithin nur den Weg, auf welchem die Vernunft zu ihrer Gewißheit gelangt. Kommt sie zu derselben, wie in der Philosophie geschieht, durch Schlüsse aus Begriffen, ohne Construction der letztern; so ist die Gewißheit eine apodictische, aber discursive. Kommt sie hingegen zu derselben durch Construction der Begriffe, d. i. durch Darstellung ihrer Gegenstände in der reinen Anschauung; so ist die Gewißheit gleichfalls eine apodictische, aber eine intuitive oder anschauende, und ein Beweis, der auf diese Art geführt wird, ist das, was man im eigentlichen und strengsten Sinne eine Demonstration nennt. Kommt sie aber endlich dazu nur durch empirische Anschauung oder Wahrnehmung, wie z. B. in dem Satze, daß wir im Winter der Sonne näher sind, als im Sommer; so ist die Gewißheit gleichfalls eine intuitive, aber keine apodictische, sondern bloß empirische, die zwar lehrt, daß die Sache so ist, aber nicht, daß sie nothwendig so seyn muß. Durch diese richtige Unterscheidung der Sätze in Rücksicht auf ihre Gewißheit, bekommt die Sache eine ganz andere Gestalt, als durch die Art, wie Hr. Eberhard sie darstellt. Denn, die discursive Gewißheit eines Satzes sey noch so apodictisch; so bleibt uns doch noch immer ein Wanken, ein geheimes Mißtrauen gegen die Realität unserer Begriffe möglich.

Wo hingegen, wie z. B. in der Mathematik, anschauende Gewißheit ist, da wird, sobald man nur den Satz versteht, alles Wanken unmöglich, denn hier sind wir wegen der Realität unserer Begriffe eben durch die Anschauung völlig gesichert. Das erkannte der große Leibnitz selbst sehr wohl, da er diejenige Erkenntniß die vollkommenste nannte, die vollständig und zugleich intuitiv ist (§. 38.), und er fehlte bloß darin, daß er das rein oder a priori Intuitive in unserm Verstande suchte, in welchem es nicht ist, indem dieser, seiner Endlichkeit wegen, nicht anschauen, sondern bloß denken kann.

γ) Eben so wenig findet die Eintheilung der Gewißheit in die deutliche und verworrene statt. Denn wenn die Vorstellung von der Wahrheit eines Satzes noch verworren ist; so ist sie noch nicht ein völlig hinreichender Grund, ihn für wahr zu halten, weil in jeder verworrenen Vorstellung noch immer etwas Dunkles ist, das eine Möglichkeit zu irren übrig läßt, mithin ist eine verworrene Gewißheit ein Widerspruch. Wenn man z. B. einen Haufen Menschen in der Ferne nur noch verworren sieht, ohne einen von dem andern unterscheiden zu können; so kann man nach dem Augenmaaße aus der Distanz und dem Sehewinkel zwar wahrscheinlich auf ihre Anzahl schließen, aber sie mit Ge-

wiß-

wißheit zu bestimmen, ist unmöglich. Gesetzt daher, die reine Anschauung, durch welche uns in den geometrischen Postulaten und Axiomen mit dem Subjecte zugleich das Prädicat mitgegeben wird, und die also, ohne daß hier erst ein mittelbarer Beweis durch Schlüsse nöthig wäre, ihr unmittelbarer Beweis ist, wäre bloß verworren, und undeutlich; so könnte kein Geometer dieselben für gewiß erklären, mithin fiele die apodictische Gewißheit der Geometrie gänzlich hinweg. Ist nun aber diese unter allem Unwidersprechlichen das Unwidersprechlichste; so ist hieraus von neuem klar, daß alle Anschauungen in der Geometrie, bis auf die ersten Grundvorstellungen des Raums zurück, vollkommen deutlich seyn müssen, mithin nichts unrichtiger seyn kann, als wenn man das Wesen der Sinnlichkeit in der Verworrenheit der individuellen Vorstellungen setzt.

Deutlichkeit und Verworrenheit betreffen überhaupt nicht den Ursprung und die Materie, sondern bloß die Form der Vorstellungen. Denn zuerst können intellectuelle Vorstellungen, eben so wol als sinnliche, verworren seyn, z. B. der Begriff des Rechts. Dieses gesteht Hr. Eberhard*) selbst zu. „Es ist ungegründet, sagt er, daß die „leibnitzisch-Wolfische Philosophie alles Erschei„nungen nenne, was bloß undeutlich oder verwor„ren

*) Phil. Mag. B. 1. S. 299. 300.

„ren vorgestellt wird. Sie setzt ausdrücklich hinzu, was durch die Sinne undeutlich oder verworren vorgestellt wird.„ Ist aber Verworrenheit eine Qualität, die sich an denjenigen Vorstellungen, die aus dem reinen Verstande entspringen, eben sowol findet, als an denen, die wir durch die Sinnlichkeit erlangen; so ist von selbst klar, daß sie den Ursprung der Vorstellungen, und mithin auch ihren Stoff gar nicht angeht, also bloß ihre Form betreffen kann. Wenn daher die Leibnitzisch-Wolfische Philosophie die Erscheinung durch das definirt, was durch die Sinne verworren vorgestellt wird; so verstößt sie offenbar wider die Logik. Denn hier entsteht sogleich die Frage: da alles, was Erscheinung seyn soll, nothwendig durch die Sinne vorgestellt werden muß; ist auch umgekehrt alles, was durch die Sinne vorgestellt wird, ohne Rücksicht, wie es sonst beschaffen seyn mag, Erscheinung? Ohne Zweifel wird dieses niemand leugnen. Aber ist dieses; so ist das bloße Merkmal: was durch die Sinne vorgestellt wird, zur Definition der Erscheinung hinreichend, und jeder weitere Beysatz macht sie fehlerhaft. Cajus sieht an einem heitern Morgen die Sonne aufgehn. Welch eine prächtige Erscheinung, ruft er, sehe ich! Zu voreilig, erwiedert ihm Sempronius, dein Sehen berechtigt dich noch nicht, das, was dir dadurch vorgestellt wird, für eine Erscheinung zu halten, sondern untersuche erst, ob deine Vorstellung auch verworren ist; bevor du dieses ausgemittelt hast, ist die Definition

tion der Erscheinung auf sie gar nicht anwendbar. Was würde wol Cajus vom Sempronius denken? Würde er ihm nicht mit Recht antworten: Freund! deine Definition der Erscheinung hat den logischen Fehler, daß sie nicht Präcision hat, sondern zu viel Merkmale enthält. Allein sie hat noch einen andern Fehler. Denn unter den Sinnen versteht man gewöhnlich bloß die äußern, und so scheint Hr. Eberhard es auch in der That zu wollen, denn er sagt ausdrücklich *): „es ist unleugbar, daß es „keinem einfallen könne, zu sagen, daß der un„deutliche Begriff von Recht eine bloße Erschei„nung enthalte, der unter Erscheinung nur das „versteht, was an den Körpern, oder durch die „äußern Sinne undeutlich vorgestellt wird; denn „das Recht ist keine Beschaffenheit des Körpers, „und kein Gegenstand irgend eines äußern Sin„nes.„ Also soll nur das eine Erscheinung, ein Phänomenon seyn, was an den Körpern, oder durch die äußern Sinne undeutlich vorgestellt wird, der innere Zustand unsers Gemüths hingegen, welchen wir durch den innern Sinn, und oft sehr undeutlich, wahrnehmen, z. B. unsere Neigungen, Gefühle, u. s. w. würden gar nicht Erscheinungen, mithin übersinnliche Dinge seyn, und so wäre dann die empirische Psychologie eine Wissenschaft des Uebersinnlichen in uns. Hiezu kommt endlich noch ein dritter Fehler, ein Cirkel, der diese Definition der Erscheinung gänzlich zernichtet. Denn nach ihr ist Erscheinung das, was durch

*) Phil. Mag. B. 1. S. 300.

durch die Sinne verworren vorgestellt wird. Nun aber sind die sinnlichen Werkzeuge, vermittelst welcher wir allein durch die äußern Sinne Vorstellungen erlangen können, selbst materielle Dinge, oder äußere Erscheinungen. Also heißt Erscheinung das, was vermittelst gewisser äußerer Erscheinungen verworren vorgestellt wird.

Wie aber intellectuelle Vorstellungen eben sowol verworren seyn können, als sinnliche; so können auch sinnliche eben sowol deutlich seyn, als intellectuelle. Die Deutlichkeit einer Vorstellung besteht, selbst nach Leibnitz, darin, daß wir die Merkmale oder Theilvorstellungen, die sie enthält, unterscheiden können (§. 38.). Dieses aber findet schon sogar bey empirischen Vorstellungen oder bloßen Wahrnehmungen Statt. So giebt mir z. B. der bloße empirische Anblick, vor allem Begriffe, den der Verstand sich davon macht, eine deutliche Vorstellung von einem Hause, indem ich bloß durch ihn alle Theile desselben, die Mauern, Thüren, Fenster, Zimmer ꝛc. und ihre Lage gegeneinander unmittelbar genau unterscheiden kann. Noch mehr aber findet es Statt bey den reinen Anschauungen des Raums. Dieses ist bereits (§. 46.) gezeigt worden, und ich will hier noch folgendes hinzufügen. Der Geometer kann keinem einzigen seiner Begriffe die Realität anders sichern, als daß er ihn construirt, d. i. den Gegenstand desselben in einer reinen Anschauung erst selbst erzeugt. Diese Erzeugung aber wäre offenbar unmöglich, wenn er nicht alle

wesent-

wesentliche Merkmale und Theilvorstellungen des zu erzeugenden Gegenstandes in der Anschauung unterscheiden könnte. Wie wollte er es z. B. anfangen, von einem gegebenen Punct zu einem andern in Gedanken eine gerade Linie zu ziehen, wenn seine Anschauung des Geraden nur verworren, und er nicht im Stande wäre, die gleichförmige Lage der Puncte von der ungleichförmigen, d. i. einerley Richtung von verschiedener Richtung zu unterscheiden. Also muß die Anschauung des Geometers von jedem seiner Gegenstände, durchaus deutlich seyn, weil er sonst ihre Begriffe gar nicht construiren könnte. Und in der That wüßte ich auch kein Object, das wir mit einer so vollständigen Deutlichkeit kennen, als diejenige ist, deren wir uns in unserer reinen Anschauung des Raums bewußt sind. Denn in dieser können wir sogar das Allereinfachste, das sie enthält, nemlich die geometrischen Puncte, z. B. die beiden Endpuncte einer Linie, und soviel Zwischenpuncte, als wir wollen, unterscheiden, und zwar mit dem deutlichsten Bewußtseyn, daß sie nicht einfache Theile, auch nicht einfache Elemente, oder Gründe des Raums, sondern bloß die letzten in ihm möglichen Grenzen sind, so daß, ohne bereits den Raum vorauszusetzen, sie schlechthin Nichts, und absolute Undinge seyn würden, und durch kein Aggregat derselben, wenn man auch eine Menge von mehr als Centillionen zusammennehmen wollte, je die Vorstellung von einer Linie, mithin von etwas Ausgedehntem, Nebeneinanderseyendem oder

Räumlichem entstehen könnte. Es giebt also, wie Kant sowol in der Vorrede zur ersten Ausgabe der Critik d. r. V., als auch in seiner Schrift: Ueber eine Entdeckung, nach der alle neue Critik d. r. V. durch eine ältere entbehrlich gemacht werden soll, S. 60. sehr richtig bemerkt hat, eben sowol Deutlichkeit der sinnlichen Anschauungen, als der Begriffe, so wie es gegentheils eben sowol Verworrenheit der letztern, als der erstern giebt, d. i. es giebt eben sowol ästhetische oder intuitive Deutlichkeit und Verworrenheit, als logische oder discursive, und so ist vollkommen klar, daß Deutlichkeit und Verworrenheit nicht im mindesten den Stoff und Ursprung der Vorstellungen, ob sie intellectuell oder sinnlich sind, angeht, sondern lediglich eine Vollkommenheit oder Unvollkommenheit ihrer Form ist. So verworren daher auch ein Begriff seyn mag, der aus reinem Verstande entsprungen ist, z. B. der Begriff des Rechts; so ist sein Gegenstand doch eben sowol etwas Uebersinnliches, als wenn er zur völligen Deutlichkeit erhoben wäre. Gesetzt hingegen, ein Begriff, dessen Stoff aus der Sinnlichkeit geschöpft worden, z. B. der Begriff der rothen Farbe, ließe sich durch logische Zergliederung zum höchsten Grade der Deutlichkeit erheben; so würde dieser Stoff doch immer sinnlich bleiben, und selbst durch die vollkommenste Zergliederung nie etwas Uebersinnliches werden. So läßt sich z. B. nichts Einfacheres denken, als ein geometrischer Punct, gleichwol ist derselbe, da sein Begriff

griff bloß aus der reinen Sinnlichkeit, nemlich aus der reinen Vorstellung des Raums abgeleitet worden, ein sinnliches Object, und es könnte wol kaum etwas Ungereimteres seyn, als wenn man ihn darum, weil er nicht empirisch durch die Sinne wahrgenommen werden kann, für etwas Uebersinnliches halten, und die Geometrie für eine Wissenschaft des Uebersinnlichen ausgeben wollte. Dieses letztere kann sie nie werden, und dennoch hat sie vor allen übrigen Wissenschaften den Vorzug der vollkommensten Deutlichkeit, indem alle ihre Begriffe nicht nur die größeste logische (§. 46.) sondern zugleich die größeste ästhetische Deutlichkeit haben, die bey empirischen Begriffen nur mangelhaft ist, den reinen Verstandesbegriffen aber gänzlich fehlt.

§. 63.

Um zu zeigen, wie vollkommen die Deutlichkeit ist, zu welcher der Geometer seine Begriffe erheben kann, bemerkte ich (Prüf. Th. 1. S. 152. 153.) „daß er die Kunst verstehe, sogar die Lage zweyer nächsten Puncte der einen Linie, von der Lage zweyer nächsten Puncte unzähliger anderer Linien zu unterscheiden, und ihren Unterschied deutlich zu bestimmen, wie dieses unter andern die Lehre von den Berührungs- und Krümmungswinkeln in der Analysis des Unendlichen sichtbar bezeugt; mithin, wenn der Raum ein Bild vom Außereinanderseyn der Substanzen an sich wäre, der Verstand des Geometers im Stande seyn würde, sogar drey einander unendlich nahe, d. i. in drey nächsten geometrischen Puncten befindliche Substanzen von einander deutlich zu unterscheiden, und eine deutlichere Unterscheidung des Außereinanderseyns läßt sich nicht denken." Diese Bemerkung, meynt Hr. Eberhard *), "beruhe, "wenn er mich anders recht verstehe, auf einem "beynahe unbegreiflichen Mißverstande. Denn "das sinnliche Bild von einem ausgedehnten Dinge sey in der endlichen Vorstellungskraft ein unvollkommenes, d. i. ein solches, dessen Aehnlichkeit nur zum Theil bemerkbar ist. Es sey "daher widersprechend, daß ein Geometer sollte "in dem sinnlichen Bilde des Raums die einfachen "Substanzen unterscheiden können, und der größeste Geometer vermesse sich auch nicht, dieses zu "können. Seine unendlich kleinen Entfernungen "und Größen seyn nur kleiner, als jede gegebene, nicht schlechterdings untheilbare Größen, "nicht der Mangel aller Entfernung, welches "auch die unendliche Theilbarkeit des Raums nicht "verstatte." Allein ich muß bedauren, daß Hr. Eberhard mich in der That hier nicht recht verstanden hat. Ich sage nirgends, daß irgend ein Geometer sich vermesse, im Raum die einfachen Substanzen zu unterscheiden, vielmehr erkläre ich dieses überall für widersprechend, aber nicht deshalb, weil unsere Vorstellungskraft, ihrer Endlichkeit wegen, hiezu zu schwach ist, sondern weil es im Raum keine einfachen Substanzen giebt, mit-

*) Phil. Mag. B. 3. S. 106. nr. 3.

mithin auch keine darin unterschieden werden können. Ich sage bloß, daß der Geometer die Kunst verstehe, im Raum die Lage dreyer einander unendlich nahen Puncte zu unterscheiden. Hieraus schließe ich, daß, wenn der Raum ein Bild vom Außereinanderseyn der einfachen Substanzen, d. i. Vorstellung eines zusammengesetzten Aggregats der letztern wäre, mithin die einfachen Substanzen wirklich im Raum befindlich wären, der Verstand des Geometers in der That im Stande seyn würde, drey einander unendlich nahe Substanzen, ihrer Lage nach, deutlich zu unterscheiden, weil der Ort, den jede in diesem Falle im Raum einnähme, doch nicht einfacher, als ein geometrischer Punct seyn könnte. Und hieraus folgt dann von selbst, daß wenn die Vorstellung des Raums eine Vorstellung des Nebeneinanderseyns der Substanzen wäre, diese Vorstellung nicht, wie Hr. Weishaupt, den ich hier widerlegte, annimmt, eine verworrene seyn würde, sondern durch den Verstand des Geometers zum höchstmöglichen Grade der Deutlichkeit erhoben werden könnte. Der Vorwurf, als beruhe mein Schluß auf dem Mißverstande des Wortes Bild, trifft mich also nicht. Denn hier nehme ich dieses Wort völlig so, wie es Hr. Weishaupt und Hr. Eberhard nimmt, als Vorstellung des Zusammengesetzten, als Vorstellung eines Aggregats einfacher Substanzen. Der Untersatz meines Schlusses gründet sich auch gar nicht darauf, ob dieses Bild ein vollkommenes, oder unvollkommenes, d. i. ob die Aehnlichkeit mit seinem Muster vollständig, oder nur zum Theil bemerkbar sey, sondern bloß darauf, daß der Ort, den eine einfache Substanz, wenn sie im Raum wäre, in demselben einnehmen würde, gleichfalls einfach, d. i. ein geometrischer Punct, mithin die Lage der einfachen Substanzen im Raum mit der Lage der geometrischen Puncte, in denen sie sich befänden, völlig einerley seyn müßte, und das, dünkt mir, ist unwidersprechlich. Da nun, nach dem Obersatze meines Schlusses, der Geometer die Lage unendlich naher Puncte deutlich unterscheiden kann; so folgt hieraus der Schlußsatz, daß er auch die Lage unendlich naher einfacher Substanzen deutlich würde unterscheiden können, wenn sie wirklich im Raum wären. Mein Schluß ist nemlich dieser:

Der Geometer kann die Lage unendlich naher Puncte unterscheiden.

Nun aber ist, wenn die einfachen Substanzen im Raum sind, ihre Lage mit der Lage der Puncte, in denen sie sich befinden, einerley.

Also kann in diesem Falle der Geometer die Lage unendlich naher Substanzen unterscheiden.

Sollte nun dieser, der Form nach, offenbar richtige Schluß ungültig seyn; so müßte, da der Untersatz unleugbar ist, bloß der Obersatz falsch seyn, d. i. der Geometer müßte nicht im Stande seyn, in zwey sich berührenden Linien die Lage unendlich naher Puncte, sondern nur unendlich naher Theile der Linien zu unterscheiden, und das scheint auch

Hr.

Hr. Eberhard zu meynen, wenn er sagt, daß die unendlich kleinen Entfernungen und Größen des Geometers nur kleiner, als jede gegebene, nicht schlechterdings untheilbare Größen, nicht der Mangel aller Entfernung seyn. Allein daß das Unendlichkleine, oder das Differential einer Größe, keine Größe, sondern ein Mangel aller Größe, ein Zero sey, ist bereits von Euler und Karsten gezeigt worden, und in meiner Theorie des Unendlichen habe ich es nicht nur §. 13. 41. strenge bewiesen, sondern zugleich §. 42. die Mißverständnisse aufgedeckt, auf welchen die Einwürfe beruhen, die man dawider gemacht hat. Daß aber das, was man eine unendlichkleine Linie nennt, keine Linie seyn kann, läßt sich auf folgende Art beweisen. Eine Linie, die unendlichklein seyn soll, soll kleiner seyn, als jede Linie die sich angeben läßt, mithin kleiner, als jede endliche, folglich muß sie ein Theil einer endlichen Linie, also entweder ein endlichvielster oder ein unendlichvielster Theil einer endlichen Linie seyn, denn sonst bekäme man sie durch eine endliche Anzahl von Theilungen einer endlichen Linie, folglich ließe sie sich wirklich geben, und wäre also nicht unendlich klein. Eben so wenig aber kann sie ein unendlichvielster Theil einer endlichen Linie seyn, denn sonst müßte durch unendlichviele Wiederholungen derselben eine endliche Linie entstehen, d. i. durch Wiederholungen, die niemals wieder aufhören, müßte etwas, was einmal gänzlich wieder aufhört, eine letzte Grenze entstehen, welches offenbar widersprechend ist. Also kann eine

Linie, die unendlichklein seyn soll, kein Theil einer endlichen Linie, mithin keine Linie seyn. Soll sie daher überall etwas bedeuten; so muß sie einen Punct bedeuten, und zwar kann sie eben sowol eine gewisse Anzahl Puncte, als einen einzigen bedeuten, weil durch keine gegebene Zahl von Puncten eine ausgedehnte Größe, eine Linie entstehen kann. Ich bin also weit entfernt, das Unendlichkleine oder das Differential einer Linie für eine untheilbare Größe zu halten, denn dieses widerspricht, wie Hr. Eberhard bemerkt, allerdings der unendlichen Theilbarkeit des Raums, vielmehr ist aus dem gegebenen Beweise gewiß, daß dasselbe keine Größe, sondern nur eine Zahl von Puncten bedeuten kann, und gerade darin besteht die Kunst des geometrischen Analysten, daß er im Stande ist zu bestimmen, wie viele Puncte mehr z. B. eine krumme Linie mit ihrem Krümmungs-Kreise gemein hat, als eine andere. Wenn ich daher, mit Kästner und andern Mathematikern, zwey dergleichen unendlich nahe Puncte die nächsten nenne; so ist von selbst klar, daß dieses bloß im algebraischen Sinne zu nehmen ist, indem ich (Prüf. Th. 1. S. 111. 112.) ausdrücklich bemerkt hatte, daß es im eigentlichen geometrischen Sinne keine zwey nächsten Puncte geben könne. Der Analyst kann nemlich seine unendlich nahen Puncte, da ihr Aggregat keine Linie ausmacht, mithin keine ausgedehnte Größe ist, zwar nicht in der Anschauung unterscheiden, aber er unterscheidet sie dadurch, daß er sie zählt, d. i. ihre Menge bestimmt.

bestimmt. Uebrigens behalte ich mir die vollständige Ausführung dieser Sache in der Theorie des Unendlichkleinen, oder Differentialrechnung vor, als wohin sie eigentlich gehört.

§. 64.

Den zweyten Beweis, daß die Vorstellung vom Raum eine Anschauung a priori sey, führte ich (Prüf. Th. 1. S. 84—98.) daher: weil der Raum schon an sich eine nothwendige und unveränderliche Vorstellung, ein Ding ist, dessen Nichtseyn oder Andersseyn für uns schlechterdings undenkbar ist, da uns doch gegentheils sowol das Nichtseyn, als das Andersseyn der Dinge, die wir im Raum wahrnehmen, sehr wohl vorstellbar ist.

Hier frägt nun zuvörderst Hr. Eberhard *) einen seiner Recensenten, der eben dieses behauptet hatte: „Warum ist es uns unmöglich, ihn (den „Raum) wegzudenken? — Der Recensent kann „weiter nichts antworten, als: Weil es uns un„möglich ist: wir fühlen es, daß wir es nicht kön„nen. — Aber fühlen wir auch, daß es uns un„bedingt, schlechterdings unmöglich ist? Das „läßt sich nicht fühlen. Das Gefühl sagt uns nur, „daß es unmöglich ist; ob bedingt oder unbedingt, „das sagt es uns nicht, das kann es uns nicht sa„gen. Der Rec. sagt daher völlig aufs Gerathe„wohl: es ist schlechterdings unmöglich, den „Raum wegzudenken; er hat keinen Grund dazu;

K 5 „denn

*) Phil. Mag. B. 3. S. 436. 437.

„denn daß er es nicht kann, ist kein Grund. Sein „Schluß enthält mehr in der Conclusion, als in „den Prämissen. Er lautet so:

Alles was ich nicht kann, ist mir unmöglich;
Nun kann ich den Raum nicht wegdenken,
Also ist es schlechterdings unmöglich ihn wegzudenken.

„Wenn daher die Conclusion gewiß seyn soll; so „muß sie aus höhern objectiven Gründen, aus „dem Begriffe äußerer Dinge bewiesen werden.„

Durch diesen Einwurf, den Hr. Eberhard weiterhin noch mehrmals wiederholt, müßte jeder, den er wirklich träfe, der nemlich die absolute Unmöglichkeit, den Raum weg- oder anders zu denken, auf sein Gefühl gründete, sich allerdings für widerlegt halten. Allein bey Kant und mir ist dieses nicht der Fall, denn ich habe selbst (Prüf. Th. 1. S. 11 — 26.) ausführlich bewiesen, daß absolute Unmöglichkeit sich aus keinem Gefühl, aus keiner Empfindung ableiten lasse. Daß sowol das Nichtseyn des Raums, als sein Andersseyn mir schlechterdings eben so unvorstellbar ist, als ein A, das nicht A wäre, weiß ich ohne alle Schlüsse ganz unmittelbar durch mein Selbstbewußtseyn, aber nicht durch das empirische, das auf Gefühl oder innerer Empfindung beruht, sondern durch das reine ursprüngliche Selbstbewußtseyn, aus welchem, wie ich (Prüf. Th. 1. S. 52 — 54.) bewiesen habe, die ganze reine Logik geschöpft ist, und ohne welches selbst die innere

Wahr=

Wahrnehmung, mithin das empirische Bewußtseyn, gar nicht einmal möglich wäre. Da also die Unvorstellbarkeit des Nicht- oder Andersseyns des Raums bey mir von keiner Empfindung, mithin von nichts Zufälligem abhängt; so ist die Vorstellung dieses Nicht- oder Andersseyns für mich ganz unbedingt d. i. absolut unmöglich, mithin muß sowol das Seyn, als das so und nicht anders seyn des Raums ursprünglich und wesentlich in meinem sinnlichen Vorstellungsvermögen selbst liegen, so daß die Vorstellung des Nicht- oder Andersseyns des Raums mein sinnliches Vorstellungsvermögen selbst unmittelbar aufhebt. Ist aber dieses; so folgt von selbst, daß jedem Wesen, welches dasselbe sinnliche Vorstellungsvermögen, als ich, besitzt, die Vorstellung des Nicht- oder Andersseyns des Raums eben so absolut unmöglich als mir seyn muß. Der Schluß, auf welchem ich mich gründe, ist also nicht der fehlerhafte, den Hr. Eberhard seinem Recensenten vorwirft; sondern dieser:

Eine Vorstellung, die unmittelbar mein sinnliches Vorstellungsvermögen selbst aufhebt, ist jedem Wesen, dessen Vorstellungsvermögen von eben der Art, als das meinige, ist, eben so absolut unmöglich, als mir.

Nun hebt, vermöge meines reinen Selbstbewußtseyns, die Vorstellung des Nicht- oder Andersseyns des Raums unmittelbar mein sinnliches Vorstellungsvermögen selbst auf.

Also

Also ist diese Vorstellung jedem Wesen, dessen Vorstellungsvermögen von eben der Art als das meinige ist, eben so absolut unmöglich als mir.

Dagegen bedient Hr. Eberhard sich wirklich jener fehlerhaften Schlußart, wenn er die absolute Unmöglichkeit, etwas widersprechendes zu denken, in der That auf sein Gefühl gründet. „Wir können, sagt er *), „ freylich nicht in Abrede seyn, daß der „Satz des Widerspruchs eine subjective Gewißheit „hat. Ich muß irgendwo bey einer ersten Wahr„heit stehen bleiben, woran die Kette aller übri„gen befestigt ist. Diese erste Wahrheit kann ih„re Gewißheit von keiner andern Wahrheit in der „Reihe erhalten, sonst würde sie nicht die erste „seyn. Was bewegt mich also, sie anzunehmen? „Nichts anders, als das Bewußtseyn, daß ich „nichts widersprechendes denken kann. Wenn ich „es versuche, so fühl ich, daß die eine Operation „meiner vorstellenden Kraft die andre zerstört. „Was also Etwas, was also denkbar seyn soll, „darf nichts widersprechendes enthalten, es darf „nicht zugleich A und nicht A seyn.„ Hr. Eberhard beruft sich also bey der Behauptung, daß er nichts widersprechendes denken könne, zwar ebenfalls auf sein Bewußtseyn, allein er erklärt sich zugleich, daß dieses Bewußtseyn bloß auf dem Gefühl beruhe, daß er es nicht könne, so oft er es auch versuche. Gleichwol schließt er bloß daher,

*) Phil. Mag. B. 1. S. 165. 166.

her, weil er dieses fühlt, nicht nur, daß es ihm, sondern überhaupt jedem denkenden Wesen unbedingt unmöglich, und alles Widersprechende schlechterdings undenkbar sey.

§. 65.

Ich würde dieses letztere ganz unberührt gelassen haben — denn ferne sey es von mir, einem gelehrten und verdienstvollen Manne absichtlich zu nahe zu treten — wenn es nicht zu desto grösserer Aufhellung einer Sache diente, die, weil sie gerade das Allererste, wovon alle unsere Erkenntniß ausgeht, betrifft, auch den einsichtsvollesten Weltweisen Schwierigkeit macht, und von jeher die grösesten Mißverständnisse verursacht hat. Alle unsere Erkenntniß gründet sich nemlich zuletzt auf dem Selbstbewußtseyn: Ich denke; oder allgemeiner: Ich stelle mir etwas vor; d. i. auf dem Bewußtseyn, daß in mir gewisse Vorstellungen wirklich da, mithin auch möglich, andere hingegen entweder nur unter gewissen Bedingungen, oder ganz unbedingt und schlechterdings unmöglich sind. Ohne dieses Selbstbewußtseyn würde ich nicht einmal in irgend einem Falle subjectiv urtheilen können: die Verknüpfung des Prädicats B mit dem Subjecte A ist mir vorstellbar, oder unvorstellbar; geschweige denn objectiv: die Verknüpfung des Prädicats B mit dem Subjecte A ist möglich oder unmöglich. Gesetzt nun, mein Selbstbewußtseyn wäre nichts anders, als mein innerer Sinn; so hätte jeder Satz, der absolute Unvorstellbarkeit

aus-

aussagt, mithin auch der Satz: ich bin mir bewußt, daß ich nichts Widersprechendes denken kann, keine andere Bedeutung als diese: ich fühle, ich empfinde, daß ich es mir nicht vorstellen, nicht denken kann. Nun kann aber das innere Gefühl, wie Hr. Eberhard selbst gesteht, mich bloß lehren, daß ich bis jetzt, so oft ich es versucht habe, das Widersprechende nicht habe denken können, keinesweges aber, daß es mir unbedingt, schlechterdings unmöglich sey. Also könnte ich nicht einmal sagen: das Widersprechende sey mir schlechterdings undenkbar, vielweniger: es sey keinem Wesen denkbar, sondern es bliebe mir durchaus zweifelhaft, ob der Satz: ein A, das zugleich nicht A ist, ist undenkbar, schlechterdings wahr sey, und ob also nicht überhaupt der Gedanke von absoluter Unmöglichkeit und Nothwendigkeit eine bloße Chimäre sey.

Hr. Eberhard schließt nun zwar in der angeführten Stelle: der Grund, warum er das Widersprechende nicht denken könne, müsse objectiv seyn, und darin liegen, weil das gedachte A ein völlig unbestimmtes ist, das durch das eben so unbestimmte Nicht-A zerstört und aufgehoben wird. Allein wenn die Quelle, aus welcher ich weiß, daß ich kein unbestimmtes A, das Nicht-A ist, denken kann, mein inneres Gefühl wäre; so bliebe es mir, da mein inneres Gefühl von der Art abhängt, wie jedesmal mein innerer Sinn afficirt wird, ja völlig zweifelhaft, ob nicht der

Grund,

Grund, warum ich bisher kein unbestimmtes Widersprechendes habe denken können, bloß darin liege, daß mein innerer Sinn jedesmal bloß zufälliger Weise gerade so afficirt werden, und ob dieses nicht etwa noch künftig einmal in der Art geschehen könnte, daß mir auch ein A, das nicht A ist, denkbar würde, ja ob dieses nicht bey andern denkenden Wesen schon öfters der Fall gewesen seyn mag. Soll es also Sätze geben, die absolute Unvorstellbarkeit aussagen, ja soll nicht sogar der Satz des Widerspruchs selbst ungewiß seyn; so muß unser Selbstbewußtseyn ein vom innern Sinn gänzlich verschiedenes thätiges Vermögen seyn, das uns nicht nur ohne alle Schlüsse, sondern auch unabhängig von aller Empfindung, unmittelbar belehren muß, was durch unser Vorstellungsvermögen (d. i. durch unsere Sinnlichkeit, durch unsern Verstand, und durch die Vernunft) selbst bestimmt, mithin in diesem allein auf eine nothwendige und unveränderliche Art gegründet ist, denn sonst könnten wir hievon schlechterdings nichts wissen.

Dieses reine thätige Selbstbewußtseyn, in welchem eigentlich eines jeden Ich besteht, muß man aber darum, weil es uns unmittelbar belehren kann und muß, nicht mit dem Anschauungsvermögen verwechseln, und nicht etwa hieraus schließen, daß wir ein unsinnliches, intellectuelles Anschauungsvermögen besitzen. Denn Anschauung heißt eine Vorstellung, die sich auf den

Gegen-

Gegenstand unmittelbar bezieht. Das reine Selbstbewußtseyn aber ist nicht Vorstellung, sondern vielmehr das, wodurch jede Vorstellung, woher sie auch in mir entsprungen seyn mag, erst eigentliche Vorstellung, nemlich eine Vorstellung für mich, oder meine Vorstellung wird, ja wodurch sogar das ganze Vorstellungsvermögen selbst erst das meinige wird, mithin das, was alle meine Vorstellungen ohne Ausnahme begleiten muß, wofern ich sie für die meinigen, mithin wirklich für Vorstellungen halten soll. Denn wenn ich sage: ich stelle mir etwas vor; so sagt dies eben so viel, als: ich bin mir bewußt, daß ich eine Vorstellung von diesem Gegenstande habe, und daß ich sie habe, und wenn ich sage: dies oder jenes ist mir schlechterdings unvorstellbar; so sagt dies nichts anders, als: ich bin mir bewußt, daß ein Vorstellungsvermögen, das diese Vorstellung hätte, nicht von der Art, als das meinige ist.

§. 66.

Ohne dieses reine thätige Selbstbewußtseyn würde ich mir auch nicht einmal irgend einer äußern oder innern Empfindung oder empirischen Vorstellung bewußt werden. Denn, soll ich mir derselben bewußt werden, so muß ich mir bewußt werden, daß mein innerer oder äußerer Sinn d. i. mein sinnliches Vorstellungsvermögen afficirt worden, mithin daß das afficirte Vorstellungsvermögen das meinige sey. Dieses Bewußtseyn aber

kann

kann nun offenbar nicht selbst durch ein Afficirtseyn entstehen, denn aus dem Afficirtseyn eines Vorstellungsvermögens folgt noch gar nicht, daß dieses das meinige sey. Also muß es ein reines thätiges Selbstbewußtseyn seyn, mithin wäre ohne dieses nicht einmal Empfindung mit Bewußtseyn d. i. Wahrnehmung möglich. Selbst das Bewußtseyn meiner Empfindungen ist also ein reines thätiges Selbstbewußtseyn, und so giebt es denn überhaupt kein anderes als dieses. Wenn daher Kant das Selbstbewußtseyn in das reine und empirische eintheilt; so hat dieses nicht den Sinn, als ob es außer dem thätigen noch ein leidendes Selbstbewußtseyn gäbe; sondern diese Eintheilung sieht bloß darauf: ob die Vorstellung, deren ich mir bewußt bin, aus Empfindung geschöpft, oder ob sie, ganz unabhängig von dieser, lediglich durch mein Vorstellungsvermögen selbst bestimmt wird. Bloß in dieser Rücksicht nennt er das Selbstbewußtseyn im erstern Fall ein empirisches, im letztern ein reines. Vermöge des erstern bin ich mir dessen bewußt, was in meinem Vorstellungsvermögen bloß bedingt da ist, z. B. die Vorstellung des Rothen, oder des Zahnschmerzes, vermöge des letztern aber dessen, was jenem unbedingt zugehört. Nun bin ich mir empirisch aus innerer Empfindung bewußt, daß mir das Nicht- und Andersseyn der Dinge, die wir die äußern nennen, allerdings vorstellbar ist, (denn so oft ich diese Vorstellung versuche, habe ich sie wirklich,) und daß also ihr Seyn und Soseyn durch mein äußeres

Anschauungsvermögen selbst gar nicht bestimmt ist, mithin die Vorstellung ihres Seyns und Soseyns in demselben nur bedingt da ist. Also schließe ich hieraus, daß dieselbe in jedem Wesen, welches dasselbe äußere Anschauungsvermögen hat, ebenfalls nur bedingt da ist. Dagegen bin ich mir, nicht nur unabhängig von aller Empfindung, als welche nie absolute Unmöglichkeit lehren kann, sondern auch ohne alle Schlüsse unmittelbar bewußt, daß mir das Nicht- oder Andersseyn des sinnlichen Raums eben so absolut undenkbar ist, als ein A, das nicht A ist, es mag etwas Sinnliches, oder Intelligibles seyn, und daß also das erstere mein äußeres Anschauungsvermögen selbst eben so unbedingt aufhebt, als durch das letztere mein Vorstellungsvermögen überhaupt, sofern es Vorstellungsvermögen ist, aufgehoben wird. Wie also aus dem letztern folgt, daß jedem vorstellenden Wesen, als einem solchen, das Widersprechende eben so absolut, als mir, undenkbar ist; so folgt auch aus dem erstern, daß jedem Wesen, welches dasselbe äußere Anschauungsvermögen hat, das Nicht- oder Andersseyn des Raums eben so absolut undenkbar sey, als mir. Wäre also das letztere zweifelhaft; so wäre auch der Satz des Widerspruchs zweifelhaft. Denn beider Gewißheit ruht auf demselben Grunde, nemlich auf dem unmittelbaren reinen Selbstbewußtseyn.

§. 67.

Auch hier meynt zwar Hr. Eberhard (eben so, wie bey der Unmöglichkeit das Widersprechende zu den-

denken), die Unmöglichkeit, den Raum wegzudenken, müsse aus höhern objectiven Gründen, aus dem Begriffe äußerer Dinge bewiesen werden, und er beweist dieselbe an dem §. 64. angeführten Orte *) auf folgende Art: „Den Raum wegdenken, kann entweder heißen, denken, daß er nicht „möglich, oder bloß, daß er nicht wirklich sey. „Nun sind außer uns Dinge möglich, die außer „und neben einander sind; also denken, daß sie „nicht möglich seyen, heißt etwas Widersprechendes denken. Solche Dinge aber sind im Raume; denn der Raum ist die Ordnung außer- und „nebeneinanderseyender Dinge. Es ist also unmöglich, den bloß möglichen Raum wegzudenken. „Eben so ist es mit dem wirklichen. Man kann „von den wirklichen äußern Dingen nichts weniger „denken, als ihre Art des Nebeneinanderseyns; „wenn man auch diese wegdenkt, so denkt man „Nichts.„

Hier aber ist zuvörderst schon die Eintheilung des Raums in den bloß möglichen und in den wirklichen unrichtig. Von einem bloß möglichen Raum weiß ich nichts, sondern der Raum, den ich kenne, und von dem ich mit Kant durchgehends einzig und allein rede, ist der wirkliche nach allen Seiten ohne Ende ausgedehnte einige Raum des Geometers, bey dem er von allen äußern Dingen, die etwa in demselben existiren, oder existiren können, gänzlich abstrahirt. Das Außer- und Nebeneinanderseyn, das ich mir in die-

 sem

*) Phil. Mag. B. 3. S. 437.

sem wirklichen Raume und in seinen Theilen, z. B. in einer geometrischen Kugel vorstelle, stelle ich mir daher auch nie als ein bloß mögliches, sondern als ein wirkliches vor, und eben das sagt Hr. Hofr. Kästner *). Es ist mir daher unerklärbar, wie Hr. Eberhard mich so sehr mißverstehen können, zu sagen **): es erhelle im ersten Theil meiner Prüfung aus meinen eigenen Begriffen, daß ich unter dem Raume den allgemeinen abstracten möglichen Raum verstehe, und unter dem im Raum geordneten, den wirklichen und einzelnen; da doch mein ganzer Zweck gerade dahin ging, zu beweisen: der Raum sey nichts Allgemeines, nichts Abstractes, nichts bloß Mögliches, sondern etwas Einzelnes, ein einiges, und zwar wirkliches, nothwendig existirendes Individuum, und daß dieser wirkliche und einzelne Raum nicht das im Raum Geordnete sey (welches ohnehin der gröbste Zirkel wäre); sondern daß vielmehr alles Ordnen und Nebeneinanderseyn schon diesen wirklichen, einzelnen und einigen Raum, als bloß in ihm möglich, voraussetze.

Es kann auch niemanden der Gedanke einfallen, daß wir die Möglichkeit des Raums wegdenken können; denn das hieße: die äußern Dinge, die wirklich sind, als unmöglich denken. Vielmehr ist bloß davon die Rede, daß wir nicht einmal die Wirklichkeit des Raums wegdenken, mit-

*) Phil. Mag. B. 2. S. 400. 401.

**) Phil. Mag. B. 4. S. 74.

mithin uns denselben nicht, wie die äusseren Dinge, als bloß möglich denken können, sondern ihn schlechterdings als existirend denken müssen. Dies aber läßt sich nicht, wie Hr. Eberhard meynt, daraus beweisen: weil man von den äußern Dingen nichts weniger denken könne, als ihre Art des Nebeneinanderseyns, und, wenn man auch diese wegdenkt, man Nichts denke. Denn das letztere heißt doch nichts weiter, als: wenn man die Art des Nebeneinanderseyns der äußern Dinge wegdenkt; so denkt man die äußern Dinge selbst weg. Nun aber ist hier eben der merkwürdige Umstand, daß ich die Existenz der äußern Dinge in der That wegdenken kann. Fallen aber diese selbst weg, so fällt ja auch ihr Nebeneinanderseyn, folglich auch die Art oder Ordnung, in welcher sie nebeneinander sind, zugleich mit weg. Wäre daher der Raum die Ordnung nebeneinanderseyender Dinge; so müßte die Nichtexistenz des Raums eben so denkbar seyn, als die Nichtexistenz der äußern Dinge. Also ist klar, daß die Unmöglichkeit, das Daseyn des Raums wegzudenken, aus objectiven Gründen, nemlich aus dem Begriffe äußerer Dinge, sich schlechterdings nicht ableiten lasse, und überhaupt würde eine solche Ableitung nichts mehr und nichts weniger sagen, als dieser Schluß: weil die Dinge, die im Raum existiren, sich gar wohl als nicht existirend denken lassen; so muß der Raum, in welchem sie existiren, sich schlechterdings nur als nothwendig existirend denken lassen. Eben so klar ist dieses nun auch von der Unmöglichkeit,

lichkeit, das Anderssein des Raums zu denken. Denn die äußern Dinge lassen sich sowol in Ansehung ihrer Qualität und Quantität, als auch in Ansehung der Oerter, die sie im Raum einnehmen, der Art und Ordnung, wie ihre Theile nebeneinander sind, und der Lage, die sie gegeneinander haben, ganz anders denken, als sie wirklich sind. Im Raum hingegen ist alles dieses so unveränderlich, daß wenn wir nur das mindeste in ihm anders denken wollten, der ganze Raum sich sofort in ein Unding verwandeln würde (Prüf. Th. 1. S. 59—62.). Wollte man also die Unmöglichkeit, das Anderssein des Raums zu denken, aus dem Begriffe der äußern Dinge herleiten; so hieße dieses eben soviel, als den Grund des Unveränderlichen im Begriffe des Veränderlichen suchen, und schließen: weil die Dinge, die im Raum sind, sich ganz anders denken lassen, als sie wirklich sind; so muß der Raum, in welchem sie sind, schlechterdings nicht anders denkbar seyn, als er wirklich ist.

§. 68.

Was Hr. Eberhard zur Entkräftung dieses Beweises noch ferner beybringt, beruht nicht nur auf schon zur Gnüge widerlegten Begriffen, sondern zugleich, wie §. 67. erwähnt worden, auf den offenbarsten Mißverständnissen, die sich nun desto deutlicher werden heben lassen. Wenn ich (Prüf. Th. 1. S. 204.) sage: „das Ordnen der äußern Dinge setze schon den Raum voraus, denn

ohne

ohne diese Voraussetzung sey die Ordnung gleichzeitiger Dinge ganz was Unbestimmtes und völlig Willkührliches, indem alsdenn unter dem Raume, in welchem z. B. die Sonne und der Jupiter zugleich sind, der eine das verstehen könnte, daß er jene zuerst und diesen nachher denkt, der andre, daß er sich jene als selbstleuchtend und dieser als erleuchtet vorstellt, und der dritte, daß er sich beide als eine Anzahl Monaden denkt, daher schließe Leibnitzens Erklärung vom Raum entweder das Nebeneinander d. i. das Seyn im Raum schon in sich, und enthalte also einen fehlerhaften Cirkel, oder sie lasse die Vorstellung vom Raum ganz unbestimmt und unerklärt;" so legt er *) dieses so aus: „der wirkliche und einzelne Raum setze den möglichen, abstracten, allgemeinen voraus, d. i. die Ordnung oder die Art, wie die Dinge wirklich nebeneinander existiren, setze voraus, daß überhaupt eine Ordnung, oder Art, wie Dinge nebeneinander existiren können, möglich ist. Diese letztere Ordnung sey völlig willkührlich, und unbestimmt, denn bey bloß möglichen Dingen ist es gleichgültig, welches man z. B. vorne, und welches man hinten denken wolle. Die erstere hingegen sey völlig bestimmt, und lasse sich also, wenn man sie richtig, nemlich so wie sie wirklich da ist, denken will, nicht anders denken. Nicht diese bestimmte, sondern nur jene bloß mögliche Ordnung des Nebeneinanderseyns sey es auch, die sich nicht wegdenken lasse, denn wenn auch

 die

*) Phil. Mag. B. 4. S. 74 — 76.

die Theile der Materie nicht mehr wirklich seyn, so seyn sie noch möglich.„ — Allein sagen alle diese (die falschen Benennungen vom Raum ausgenommen) unleugbare identische Sätze wol das mindeste von meiner Behauptung? Kann wol darüber: ob die Wirklichkeit eines Dinges seine Möglichkeit, und der Begriff des Einzelnen den Begriff der Gattung, zu der dieses gehört, voraussetze, imgleichen ob das Einzelne und Existirende völlig bestimmt, das bloß Mögliche hingegen unbestimmt sey, noch erst die Frage seyn? Meine, nach meiner Einsicht, unwidersprechlich gewisse Behauptung ist vielmehr ganz klar und bestimmt diese: Sich mehrere Dinge, man mag sie als existirend, oder auch nur als bloß möglich denken, als außereinander und zugleich vorstellen, heißt, wenn es nicht ohne allen Sinn seyn soll, nichts anders, als sie nebeneinander d. i. in verschiedenen Oertern des Raums denken, mithin setzt sogar der Begriff ihrer Möglichkeit nicht nur das Daseyn derjenigen Oerter, in denen sie seyn können, sondern, da Oerter bloß in einem sie umgebenden Raum denkbar sind, schon das Daseyn des ganzen unendlichen Raums voraus. Man mag also unter der Ordnung mehrerer zugleich und außereinander seyender Dinge die Art ihres wirklichen oder bloß möglichen Zusammenseyns verstehn; so setzt dieselbe schon immer das Daseyn des ganzen unendlichen Raums voraus, und wenn man daher durch diese Ordnung den Raum definiren will, so enthält diese Definition einen offenbaren Cirkel.

Wollte

Wollte man dagegen, zur Vermeidung dieses Cirkels, sagen, das Außereinanderseyn bedeutete nicht ein Seyn in verschiedenen Oertern des Raums, sondern bloß ein Voneinanderverschiedenseyn der verknüpften Dinge; so ließe die Definition ganz unbestimmt, was der Raum sey, d. i. sie definirte ihn gar nicht. Denn das bloße Zugleichseyn verschiedener verknüpfter Dinge, läßt nicht nur unbestimmt, ob in der Ordnung ihres Zugleichseyns das eine vorn, das andre hinten, das eine oben, das andre unten, das eine einem dritten näher, das andre nicht so nahe sey; sondern aus ihm allein, ohne es schon als ein räumliches Zusammenseyn zu denken, ist es ganz und gar nicht bestimmbar, daß zur Ordnung ihres Zugleichseyns überhaupt ein Vorn und Hinten, ein Oben oder Unten, eine Nähe oder Entfernung nöthig sey, ja aus ihm allein wäre es schlechterdings unmöglich, zu diesen Vorstellungen jemals zu gelangen, indem sie schon die Vorstellung der verschiedenen Oerter im Raum, mithin den ganzen Raum selbst nothwendig voraussetzen, mithin kann der Vertheidiger der leibnitzischen Definition vom Raum sich der Ausdrücke vorn und hinten, oben und unten, näher und entfernter, nie bedienen, ohne in den Cirkel, dem er ausweichen wollte, von neuem zurückzufallen. Man darf, um dieses mit völliger Klarheit einzusehn, nur den Gang betrachten, den hier Baumgarten nimmt. Dieser berühmte Commentator Leibnitzens erklärt *) den

*) Metaph. §. 239.

Raum gleichfalls durch die Ordnung zugleich und außereinander seyender Dinge. Allein er war, da er den Sinn dieser Worte deutlich bestimmen wollte, gezwungen, die Vorstellung des Raums, den sie erklären sollte, schon vorher selbst in den Begriff der Ordnung zu legen; denn er definirt *) die Ordnung durch die Identität der Verknüpfung mehrerer Dinge, diese aber dadurch, daß mehrere Dinge nebeneinander, oder nacheinander d. i. in verschiedenen Stellen des Raums oder der Zeit gesetzt werden. Da aber, wie er eben hiedurch selbst gestand, Ordnung sowol in der Zeit als im Raum stattfindet; so war dieser einfache Cirkel nicht hinreichend, sondern um nun den Raum von der Zeit zu unterscheiden, mußte er einen noch fehlerhaftern machen, und sogar **) das Zugleichseyn der Dinge, dessen Begriff doch offenbar nichts weiter, als Identität der Zeit enthält, durch ihr Nebeneinanderseyn, d. i. durch ihr Seyn in verschiedenen Stellen des Raums, erklären. Hr. Eberhard gewinnt daher auch nicht im mindesten, wenn er statt Ordnung der zugleich existirenden Dinge, Inbegriff setzt, denn hier bleibt nicht nur derselbe Cirkel, sondern die Definition wird noch fehlerhafter (§. 6.). Weit entfernt also, daß ich unter der Ordnung der wirklichen zugleichseyenden Dinge den wirklichen, und unter der bloß möglichen Ordnung der Dinge, die zugleich seyn können, den bloß möglichen Raum verstehen sollte, erhellt vielmehr aus meinen Beweisen

*) §. 78.

**) §. 238.

weisen unwidersprechlich, 1) daß die Ordnung zugleich- und außereinanderseyender Dinge, diese mögen als existirend, oder als bloß möglich gedacht werden, gar kein Raum ist, sondern gegentheils den Raum schon als eine nothwendige Bedingung ihrer Möglichkeit voraussetzt; 2) daß der Raum durch keine Begriffe, die von Dingen oder Substanzen hergenommen sind, ohne Cirkel erklärbar ist, mithin die Vorstellung, die wir von ihm haben, aus keiner objectiven Vorstellung der Dinge, sie sey empirisch oder rein, entsprungen seyn kann, sondern lediglich unser Vorstellungsvermögen zur Quelle haben muß; 3) daß er eben so wenig durch seine eigenen wesentlichen Merkmale, z. B. durch den Begriff des Nebeneinanderseyns, der Oerter, Lagen, Distanzen, Ausdehnung, Grenzen, u. s. w. ohne Cirkel definirt werden kann, indem alle diese Vorstellungen gleichfalls den Raum selbst schon als Bedingung ihrer Möglichkeit voraussetzen, und uns erst durch ihn gegeben werden, und daß es sich also mit dem Raum ganz anders verhält, als mit den Erscheinungen, d. i. mit Gegenständen empirischer Anschauung, z. B. den Tönen und Farben. Denn wenn man die Töne mittelst der Schwingungen der Lufttheilchen, und die Farben mittelst des Brechungswinkels der Lichtstrahlen erklärt; so setzt der Begriff von Schwingungen der Lufttheilchen eben so wenig die Vorstellung eines Tons, als der Begriff vom Brechungswinkel der Lichtstrahlen die Vorstellung einer Farbe voraus. 4) Daß also die Vorstellung

stellung vom Raum, so wenig als der Raum selbst, kein allgemeiner, kein Gattungsbegriff seyn kann, sondern die Vorstellung eines Individui, mithin ein allgemeiner abstracter Raum etwas Widersprechendes ist, und wenn man daher vom Raum in abstracto redet, dieses nichts weiter als den bloßen einzelnen Raum, abstrahirt von allen Dingen, die in ihm sind, oder seyn können, bedeuten kann. 5) Daß bloße Möglichkeit sich zwar von allen Dingen, die im Raum sind, aber nicht vom Raum selbst denken läßt, mithin ein nichtwirklicher, sondern bloß möglicher Raum für unser Vorstellungsvermögen ein Unding ist. Weitgefehlt also, daß es nur dieser wäre, der sich nicht wegdenken läßt, so läßt dieser sich vielmehr gar nicht denken. Bey allem, was sich als bloß möglich, mithin als nicht nothwendig existirend denken läßt, dergleichen alle äußere Dinge im Raum sind, ist, wie Hr. Eberhard selbst gesteht, die Art des Seyns, ob sie gerade so und nicht anders gedacht werden muß, völlig willkührlich und unbestimmt. Aber nicht so beym Raum, denn in diesem ist, wie bereits gezeigt worden, die ganze Art des Nebeneinanderseyns aller seiner Theile und Grenzen, so völlig und unveränderlich bestimmt, daß sich nicht das geringste in ihm anders denken läßt, als es wirklich ist. Und so giebt es gar keinen andern, als den wirklichen Raum, und es ist uns absolut unmöglich, ihn als nicht nothwendig und unveränderlich existirend zu denken.

§. 69.

Dieses nothwendige und unveränderliche Daseyn des Raums ist es nun eben, worauf sich die absolute Nothwendigkeit und apodictische Gewißheit der ganzen Geometrie gründet. Denn alle ihre Objecte sind Körper, Flächen, Linien und Puncte, mithin nichts anders als Theile und Grenzen des Raums, und alle ihre Sätze sind daher nichts anders, als Bestimmungen der Theile und Grenzen des Raums, entweder nach ihrer Beschaffenheit, z. B. daß die Cirkellinie krumm sey, oder nach ihrer Grösse und gegenseitigen Lage, z. B. daß von zwey concentrischen Kreisen, die in derselben Ebene liegen, der eine kleiner sey als der andere, und innerhalb diesem liege. Da nun der Raum mit allen seinen Theilen und Grenzen nothwendig und unveränderlich da ist; so folgt aus dem letztern, daß alle Bestimmungen der geometrischen Objecte schlechterdings unveränderlich sind, d. i. daß in jedem geometrischen Satze die Verknüpfung des Prädicats mit dem Subject absolut nothwendig ist, und aus dem erstern, daß alle geometrische Objecte selbst nothwendig dasind, d. i. daß es dergleichen Gegenstände, z. B. Linien, Flächen ꝛc., die in geometrischen Sätzen das Subject vorstellen, schlechterdings geben muß. Wäre hingegen das Daseyn des Raums mit allen seinen Theilen und Grenzen nicht nothwendig und unveränderlich; so wäre es ein Widerspruch, in irgend einem geometrischen Satze dem Subjecte das Prädicat als absolut

noth-

nothwendig beyzulegen, oder zu behaupten, daß es schlechterdings Puncte, Linien rc., geben müsse.

Es ist daher ein doppeltes Mißverständniß, wenn Hr. Maaß sagt *): „die Geometrie stütze keinen einzigen ihrer Grundsätze auf die Vorstellung des Raums, insofern sie nothwendig ist, d. i. insofern wir uns den Raum nicht wegdenken können; es gelte ihr völlig gleich, ob der Raum existirt oder nicht, sie nehme den Raum, insofern er vorgestellt wird, und setze seine Bestimmung fest. Wenn man sich aber auch Etwas überhaupt nicht wegdenken könne; so folge daraus noch nicht, daß seine Bestimmungen nothwendig seyn.„ Denn

1. erwägt er nicht, daß die Nothwendigkeit des Daseyns des Raums zugleich die Nothwendigkeit des Daseyns aller seiner Bestimmungen, d. i. seine Unveränderlichkeit in sich schließt. Nun sieht der Geometer bey der Frage: ob seine Sätze wahr sind, freylich nicht darauf, ob das Subject existirt oder nicht, sondern er betrachtet sie bloß als hypothetische Sätze, und untersucht nur, ob dem vorausgesetzten Subjecte das Prädicat zukömmt, oder widerstreitet. Allein wenn er nun behauptet, daß es ihm absolut nothwendig zukommt oder widerstreitet; so würde er sich doch offenbar widersprechen, wenn er nicht überzeugt wäre, daß die Bestimmungen

*) Phil. Mag. B. 1. S. 130. 131.

gen des Raums sich schlechterdings nicht anders denken lassen, als er sie denkt.

2. Uebersieht er, was ich bereits (Prüf. Th. 1. S. 83.) klar gezeigt habe, daß die geometrischen Sätze keineswegs bloß hypothetische, sondern eigentlich betrachtet insgesammt categorische Sätze sind, und daß der Geometer zugleich durch Postulate und Probleme zeigt, daß es dergleichen Dinge, die er im Subject als Hypothesis annimmt, schlechterdings geben muß, z. B. es muß schlechterdings Puncte, gerade Linien, gleichseitige Dreyecke u. s. w. geben. Aber wie ließe sich das nothwendige Daseyn von diesen behaupten, wenn der Raum nicht selbst nothwendig da wäre?

§. 70.

„Allein wenn das nothwendige und unveränderliche Daseyn des Raums von den Dingen außer uns ganz unabhängig, und lediglich in unserm sinnlichen Vorstellungsvermögen gegründet ist; so ist diese Nothwendigkeit ja keine objective, sondern bloß eine subjective, mithin keine absolute, sondern bloß eine bedingte und zufällige, und so würde denn auch die Nothwendigkeit der geometrischen Wahrheiten nur von eben dieser Art seyn. Denn wir können doch, wie Kant selbst einräumt, und einräumen muß, schlechterdings nicht wissen, ob das Vorstellungsvermögen irgend einer andern Art von vorstellenden Wesen in Hinsicht auf diese

Be-

Beschaffenheit dem menschlichen ähnlich sey, folglich können wir auch nicht wissen, ob die Sätze, welche auf dieser und bloß auf dieser subjectiven Bestimmung beruhen, auch für andere denkende Wesen gültig seyn. Gesetzt aber auch, daß gewisse andre vorstellende Wesen einen Theil der Raumvorstellung mit uns gemein hätten; so läßt sich doch daraus gar nicht folgern, daß jene Subjecte mit dieser Vorstellung auch die übrigen, die wir damit verbinden müssen, zu verbinden genöthigt seyn — also nicht folgern, daß sie gerade alle Sätze unserer Geometrie anerkennen müssen. Und so scheint die apodictische Gewißheit der geometrischen Sätze bey der Kantischen Theorie eher zu verliehren, als zu gewinnen.„

Dieser von einem gelehrten und unparteyischen Beurtheiler meiner Prüfung in den Tübingschen gelehrten Anzeigen 1790. St. 11. 12. gemachte Einwurf ist in der That sehr scheinbar. Indessen rührt dieses bloß von einer gewissen Zweydeutigkeit des Begriffs von absoluter und objectiver Nothwendigkeit her, die sich nunmehr hoffentlich auf eine befriedigende Art wird heben lassen. Wenn ich (Prüf. Th. 1. S. 17.) sage: eine Nothwendigkeit, die absolut ist, müsse nicht nur dieses oder jenes denkende Subject, sondern ein jedes anerkennen; so ist von selbst klar:

1) daß hier nur solche denkende Subjecte verstanden werden können, die von dem Gegenstande, dessen absolute Nothwendigkeit behauptet

hauptet wird, wirklich eine Vorstellung haben; denn Wesen, die vom Gegenstande gar keine Vorstellung haben, können ihm überhaupt eben so wenig etwas anerkennen, als absprechen. Gesetzt also, das Vorstellungsvermögen aller übrigen denkenden Wesen wäre dem unsrigen so unähnlich, daß sie vom Raum gar nichts wüßten — eine Sache, die wir allerdings so wenig verneinen als bejahen können, weil unsere Vorstellung vom Raum bloß sinnlich ist —; so könnten diese über die absolute Nothwendigkeit des Raums und der geometrischen Wahrheiten gar nicht urtheilen. Also kann zu unserer Gewißheit der letztern nichts weiter erfordert werden, als daß jedes Wesen, dessen sinnliches Vorstellungsvermögen mit dem meinigen von eben der Art ist, dieselbe anerkennen müsse. Mit dem Satze des Widerspruchs hingegen hat es zwar eine andere Bewandtniß. Denn hier bin ich mir nicht nur bewußt, daß weder die Beschaffenheit des Gegenstandes, noch das, ob unsere Vorstellung von ihm sinnlich, oder unsinnlich sey, in Betrachtung kommt; sondern daß jedes Ding A zugleich als nicht A gedacht, das Vorstellungsvermögen überhaupt, sofern es Vorstellungsvermögen ist, aufhebt, und daß also jedes vorstellende Wesen, als ein solches, die Nothwendigkeit des Satzes des Widerspruchs anerkennen muß. Indessen beruhet unsere Gewißheit von der absoluten Nothwendigkeit dieses Satzes doch auf eben demselben Grunde, als die von der absoluten Nothwendigkeit des Raums, nemlich auf dem unmittelbaren reinen Bewußtseyn, daß Vorstellung des Widersprechenden eben so wie Vorstellung des Nichtseyns des Raums unser Vorstellungsvermögen selbst aufhebt (§. 66.). Was aber, unabhängig von allen weitern Bedingungen, unser Vorstellungsvermögen selbst aufhebt, dessen Gegentheil hat absolute Nothwendigkeit.

2) Eben so ist klar, daß das Anerkennen der absoluten objectiven Nothwendigkeit auch nur von solchen Wesen gefordert werden kann, die unter dem Gegenstande, von welchem die Rede ist, eben das verstehen, als wir. Denn sonst ist gar nicht von demselben Gegenstande die Rede, und es wäre also eine widersprechende Anforderung, daß andere Wesen, die bloß die Prädicate ihres Gegenstandes kennen, über die Prädicate des unsrigen, den sie nicht kennen, urtheilen sollten. Gesetzt daher, gewisse andere vorstellende Wesen hätten mit uns bloß einen Theil der Raumvorstellung gemein; so wäre ihr Raum ein ganz anderes Ding als der unsrige, mithin würde auch ihre Geometrie eine ganz andere seyn, als die unsrige, und so wenig in diesem Falle die Wahrheit

heit der ihrigen von unserer Anerkennung abhängen würde, so wenig würde auch die Wahrheit der unsrigen von ihrer Anerkennung abhängen, sondern wenn sie sich eben so bewußt wären, daß die Vorstellung vom Daseyn und Soseyn ihres Raums durch ihr Vorstellungsvermögen selbst bestimmt wäre, als wir uns dessen in Ansehung unserer Raumvorstellung bewußt sind; so würde ihr Raum und ihre Geometrie eben so absolut nothwendig und unveränderlich seyn, als unser Raum und unsere Geometrie. Ueberhaupt aber ist diese ganze zweyte Annahme, daß andere Wesen vielleicht bloß einen Theil der Raumvorstellung mit uns gemein haben, in sich selbst widersprechend. Denn in dem Raum, den wir kennen, ist alles so unveränderlich, daß wenn auch nur eine einzige seiner wirklichen Bestimmungen anders wäre, hiedurch zugleich alle seine übrigen Bestimmungen wegfielen, und er also ganz und gar nichts mehr wäre. Man setze z. B. nur, andere Wesen könnten sich in ihm von einem Puncte zum andern zwey verschiedene gerade Linien denken; so wären in ihm nicht nur geradlinigte Figuren von zwey Seiten möglich, sondern sowol diese, als jede geradlinigte Figur überhaupt, könnten, wie sich augenscheinlich zeigen läßt, unendlich viele Winkel haben, ferner dürfte alsdenn auch eine gerade Linie nicht ganz in einer

Ebene liegen, mithin hätten alsdann die geraden Linien, die ebenen Flächen, die geradlinigten Figuren, die eckigten Körper, und wie sich leicht übersehen läßt, auch die krummen Linien und Flächen, imgleichen die von krummen Flächen begränzten Körper, mit denjenigen, die wir im Raum kennen, nicht die mindeste Aehnlichkeit, und so bliebe von dem Object, das wir Raum nennen, und von unserer ganzen Geometrie, durchaus nichts übrig.

3) Das eigentliche Mißverständniß, als ob die Nothwendigkeit und Unveränderlichkeit des Raums keine objective seyn könne, gründet sich also bloß auf der Voraussetzung, daß der Raum ein Object sey, das auch außer unserm Vorstellungsvermögen an sich da ist, da doch eben erwiesen worden, daß diese Voraussetzung schlechterdings unrichtig ist, und durch sie sogar die subjective Nothwendigkeit und Unveränderlichkeit des Raums, und mithin auch der ganzen Geometrie aufgehoben würde. Unter einem Object versteht man überhaupt das Vorgestellte oder Vorstellbare, und unter dem Subject das Vorstellende. In diesem weitesten Sinn nennen wir also das Vorstellende oder das Subject selbst, und überhaupt alles, es sey Substanz oder Accidens, Materie oder bloße Form der Vorstellung, ein Object, sofern

fern es nemlich vorstellbar ist, und sofern es dieses ist, nennen wir es zugleich Etwas, das gänzlich Unvorstellbare hingegen Nichts. Da nun der Raum vorstellbar ist, indem wir wirklich eine Vorstellung von ihm haben; so ist er in dieser Rücksicht, umsomehr, da er uns bloß als ein Individuum vorstellbar ist, gleichfalls ein Object, und zwar das Object einer sehr wichtigen und weitläuftigen Wissenschaft, der Geometrie. Allein da sein Daseyn von allem, was außer uns ist, nicht nur gänzlich unabhängig ist, sondern sogar die Vorstellung von Außer uns selbst durch ihn möglich wird; so ist er ein Object, das bloß im vorstellenden Subjecte, und zwar als etwas zum sinnlichen Vorstellungsvermögen desselben wesentlich gehöriges, da ist. Nun heißt subjectiv, was dem Subject, und objectiv, was dem Object zugehört. Also ist der Raum zwar ein Object unserer Vorstellung, aber gleichwol etwas bloß Subjectives, das keinem von uns verschiedenen Objecte an sich, sondern nur insofern zukommt, sofern dasselbe ein Object unsers sinnlichen Vorstellungsvermögens werden soll. Mithin fällt hier das Subjective und Objective in eins zusammen, und subjective Nothwendigkeit ist also hier mit der objectiven ganz einerley. Ist uns daher die Vorstellung vom Nicht- oder Anders-seyn des Raums unter keiner Bedingung subjectiv möglich; so ist dasselbe, da er ein Object ist, das bloß durch unser Vorstellungsvermögen bestimmt ist, eben dadurch zugleich objectiv unmöglich, mithin ist das Seyn und So-seyn des Raums auch objectiv nothwendig.

4) Hiedurch ergiebt sich nun deutlich, in welchem Sinne der Raum und die geometrischen Wahrheiten absolut nothwendig sind. Um dieses ins völlige Licht zu setzen, und nichts zu verhehlen, was der absoluten Nothwendigkeit des Raums entgegen zu seyn scheint, will ich noch einen Einwurf beyfügen, den ich mir selbst aufgeworfen, und der sie geradezu zu widerlegen scheint. „Wenn gleich, könnte man einwenden, „in Ansehung des „Raums die subjective Nothwendigkeit zu„gleich eine objective ist; so enthalte doch „selbst die subjective einen offenbaren Wi„derspruch. Denn, existirt der Raum bloß „in unserm sinnlichen Vorstellungsvermö„gen, so falle sein Daseyn weg, sobald das „Daseyn des letztern wegfällt. Nun aber „können wir uns eben sowol vorstellen, daß „weder Menschen, noch irgend andere sinn„lich vorstellende Wesen da wären, als wir „uns vorstellen können, daß keine äußern „Dinge existirten. Also sey es uns aller„dings möglich, uns den Raum als nicht„existirend, als bloß möglich vorzustellen, „mithin sey es eine bloße Illusion der Ein„bil-

„bildungskraft, wenn wir uns sein Daseyn „als absolut nothwendig vorstellen.„ Allein so unwidersprechlich auch dieser Schluß zu seyn scheint; so ist die Folge im Obersatze doch unrichtig. Allerdings existirt der Raum bloß in unserm sinnlichen Vorstellungsvermögen, denn er ist nichts weiter, als die bestimmte Art der Möglichkeit des sinnlichen Vorstellens äußerer Dinge, mithin das, wodurch eben unser sogenanntes äußeres sinnliches Vorstellungsvermögen möglich ist, d. i. die Form desselben. Da aber das Andersseyn des Raums uns schlechterdings unvorstellbar ist (nr. 2.); so ist diese Form, oder Art der Möglichkeit unsers sinnlichen Vorstellens nicht nur etwas völlig bestimmtes, sondern sogar etwas unveränderliches. Nun aber ist bloß das Wirkliche völlig bestimmt, das Bloßmögliche hingegen läßt sich auf mehr als eine Art bestimmen. Also läßt sich die Form unsers sinnlichen Vorstellungsvermögens nicht als etwas bloß Mögliches, sondern nur als etwas Wirkliches denken, wir mögen sie als Form eines existirenden, oder eines bloß möglichen Vorstellungsvermögens betrachten. Hiezu kommt noch, daß das, was unveränderlich existirt, auch absolut nothwendig existirt. Gesetzt also auch, es existirten weder Menschen, noch irgend ein Wesen, das ein sinnliches Vorstellungsvermögen von der Art, als das unsrige ist, besäße; so würde zwar das sinnliche Vorstellungsvermögen, dessen Form der Raum ist, bloß möglich seyn, aber seine Form selbst, den Raum können wir auch sogar bey dieser Annahme nicht anders als existirend denken.

5) Uebrigens aber ist dieser letzte Umstand zum Beweise, daß die Vorstellung des Raums Anschauung a priori s'y, gar nicht einmal nöthig, sondern hiezu ist schon genug, daß das Daseyn des Raums vom Daseyn aller äußern Objecte unabhängig, mithin nicht in diesen gegründet, sondern etwas bloß Subjectives ist, das in unserm sinnlichen Vorstellungsvermögen vor aller Wahrnehmung äußerer Dinge bereits da ist, und sie erst möglich macht. Eben so wenig kommt derselbe auch bey der Nothwendigkeit der geometrischen Wahrheiten in Betrachtung. Denn da diese nichts anders als die unveränderlichen Bestimmungen des Raums sind; so beruht ihre Nothwendigkeit bloß auf der Unveränderlichkeit des Raums. Gesetzt also selbst, wir könnten in dem Falle, wenn kein sinnliches Vorstellungsvermögen existirte, den Raum nicht mehr als existirend, sondern nur als möglich denken; so würden in diesem Falle zwar die Subjecte der geometrischen Sätze in bloß mögliche verwandelt werden, aber die Verknüpfung der Prädicate mit ihnen, d. i. die Wahrheit dieser Sätze,

würde

würde eben so nothwendig und unveränderlich bleiben, als sie jetzo vom Geometer erkannt wird.

§. 71.

Den dritten Beweis, daß die Vorstellung des Raums Anschauung a priori sey, gründete ich (Prüf. Th. 1. S. 98—108.) auf die Einzelnheit und Unendlichkeit des Raums. Die Art, wie diese klare Sache von einigen bestritten worden, ist eben nicht empfehlungswürdig. Entweder legen sie, ohne auf die gegebenen Beweise die mindeste Rücksicht zu nehmen, theils mißverstandene, theils förmlich widerlegte Begriffe zum Grunde, aus denen sich dann freylich ohne Mühe eine Ungereimtheit über die andere folgern läßt. Oder sie wählen den noch bequemern Weg, daß sie sich, als ob der Gegenstand historisch oder philologisch wäre, bloß auf die Auctorität der Alten und einiger neueren Schriftsteller berufen, und dann den Mangel der Gründe durch Unbescheidenheit ersetzen. Angriffe von der Art mögen nun immer ihren Zweck erreichen, die Menge zu belustigen, den Lehrling von freyer Untersuchung abzuschrecken, und Einsehende furchtsam zu machen, ihre Ueberzeugung öffentlich zu äußern. Der ruhige Wahrheitsforscher bemitleidet sie, und noch mehr den, der dadurch bloß sich selbst entehrt. Ruhig werde ich daher auch hier meinen Gang fortsetzen, und die Schwierigkeiten, welche die richtige Einsicht dieser Materie selbst bey manchen sehr einsichtsvollen Gelehrten noch zu hindern scheinen, gründlich zu heben suchen.

§. 72.

Zuvörderst sucht Hr. Eberhard *) eben aus der Unendlichkeit des Raums gegen Kant zu beweisen, daß die Vorstellung vom Raum keine Anschauung a priori seyn könne, ja daß Anschauungen a priori überhaupt unmöglich seyen. „Aller Raum, sagt er, den wir durch das Gesicht und das Gefühl wahrnehmen, ist ein begränzter Raum; — die empirische Einbildungskraft im eigentlichsten Verstande kann aber keine Vorstellung anders wiederholen, als mit den Bestimmungen, womit die Empfindung in der Seele gewesen ist. — Wenn also die Dichtungskraft von dem Bilde des Raums alle Schranken desselben absondern sollte; so würde es die Einbildungskraft nicht darstellen können. Denn die Einbildungskraft kann nur einzelne Dinge darstellen, die Schranken seines Raumes gehören aber zu der Individualität eines räumlichen Dinges. — Soll also ein Begriff von einem Raum ohne Schranken möglich seyn; so muß es ein unbildlicher Begriff seyn, ein Begriff des Verstandes, ein Begriff, der nur die allgemeinen Bestimmungen der letzten Gründe des Bildes von dem Raum enthält. Alsdann verhalten sich aber die Bilder des Raums zu dem allgemeinen Begriffe desselben nicht wie die Theile zu ihrem Ganzen, sondern wie niedrige Begriffe

zu

*) Phil. Mag. B. 2. S. 84 — 90.

zu ihrem höhern; der in ihnen, in Ansehung seiner Größe, seiner Beschaffenheiten und Verhältnisse, seiner Materie, Farbe ꝛc. bestimmt ist. Es ist daher eine ganz falsche Vorstellung, wenn der critische Idealismus sagt: die besondern Räume sind Theile desselbigen alleinigen Raums — denn Theile beziehen sich auf ein Ganzes, und kein unendliches Aggregat kann ein Ganzes seyn. Ein unbestimmter, unendlicher, bildlicher Begriff vom Raume, oder eine reine Anschauung desselben, ist daher ein Unding, eine Täuschung, welche daher entsteht, daß immer unvermerkt bald dem Verstande das Bild der Einbildungskraft, bald der Einbildungskraft der Begriff des Verstandes untergeschoben wird. Kein Bild der Einbildungskraft kann unbestimmt, nichts unbestimmtes kann bildlich seyn. Ich muß es also wiederholen, eine reine Anschauung oder ein allgemeines Bild des Raums scheint mir ein Hirngespinst, es ist ein allgemeines Ding, das wir uns bloß in dem Einzelnen durch Absonderung vorstellen. Es giebt keine andere Anschauung als die empirische, die reine ist ein Verstandesbegriff von einem allgemeinen Dinge, das der Verstand sich in dem Bilde der Imagination vorstellt —." Um diesen Einwurf, den Hr. Eberhard für unwiderleglich hält, desto gründlicher beurtheilen zu können, habe ich ihn ganz hergesetzt. Wie wenig er indessen die Kantische Behauptung afficire, und das beweise, was er beweisen soll, wird aus folgenden Bemerkungen klar werden:

1. Der

1. Der Gegenstand, von dem hier geredet wird, ist ein ganz anderer, als der, von welchem Kant redet. Kant redet vom bloßen Raum, ohne alle Rücksicht auf die Dinge, die in ihm sind, der sich also weder sehen noch fühlen, noch durch irgend einen andern äußern Sinn wahrnehmen läßt. Hr. Eberhard hingegen redet von einem Raum, den wir durchs Gesicht und Gefühl wahrnehmen, der aus Materie besteht und Farbe hat, imgleichen von Bildern des Raums, also nicht vom Raume selbst, sondern von physischen Körpern und Zeichnungen.

2. Unter dem unendlichen Raum, dessen Anschauung a priori Hr. Eberhard ganz richtig als ein Hirngespinst darstellt, versteht er einen solchen, dessen Begriff dadurch entsteht, daß die Dichtungskraft von den physischen Körpern und Zeichnungen alle Schranken absondert. Von einem solchen Raum ohne Schranken sagt Hr. Hofr. Kästner *) mit Recht, daß sein Verstand auch keinen unbildlichen Begriff von ihm habe; und daß er hier keinen andern als einen solchen unendlichen Raum meynt, zeigt er selbst an, indem er sich nicht nur bey dem Ausdruck: ein Raum ohne Schranken, ausdrücklich auf diese Stelle des Hrn. Eberhards bezieht, sondern auch den Robert Fludd anführt, der die materiam primam bey der Schöpfung

auf

*) Phil. Mag. B. 2. S. 408. 409. nr. 17.

auf diese Art abbildet: Ein schwarzer Fleck, $5\frac{1}{2}$ Pariser Zoll ins Gevierte, an jeder Seite steht: Et sic in infinitum, welches also ein unendliches Quadrat, d. i. ein unendlicher Raum, der Schranken hat, wäre. Von einem solchen Fluddschen unendlichen Raume, den sich die Phantasie durch Absonderung der Schranken erdichten wollte, habe ich gleichfalls keine Vorstellung, weder eine sinnliche noch intellectuelle, denn der ist, wie ich schon in meiner Theorie des Unendlichen S. 52 — 56. deutlich gezeigt habe, allerdings ein Hirngespinst. Eben so wenig hat sie auch Kant, sondern nach ihm setzt vielmehr umgekehrt, die Möglichkeit der Schranken oder begränzter Räume, schon die Unendlichkeit des Raums voraus, indem sie nicht anders als in diesem denkbar sind.

3. Daraus nun, daß die Fluddsche Vorstellung, die sich den unendlichen Raum durch Absonderung der Schranken erdichtet, man mag sie als eine empirische oder intellectuelle betrachten, ungereimt ist, schließt Hr. Eberhard unmittelbar: Soll also ein Begriff von einem Raum ohne Schranken möglich seyn; so muß er ein Verstandesbegriff seyn, ein Begriff, der nur die allgemeinen Bestimmungen der Dinge an sich enthält. Das soll soviel sagen: der Raum kann nur sofern unendlich heißen, sofern in dem allgemeinen Begriffe,

Begriffe, oder der leibnitzischen Definition desselben, seine Größe unbestimmt bleibt, mithin sagt die Unendlichkeit des Raums nichts weiter, als: er ist in Ansehung seiner Größe unbestimmt *). Alsdann verhalten sich die Bilder des Raums zum allgemeinen Begriff desselben, d. i. die besondern wahrgenommenen endlichen Räume zum unendlichen Raum, nicht wie Theile zu ihrem Ganzen, sondern wie niedrige Begriffe zu ihrem höhern. Allein

a) Wie läßt sich aus der Falschheit der Fluddschen Vorstellung folgern: die Vorstellung des unendlichen Raumes müsse ein Verstandesbegriff seyn, da doch von Kant ein drittes bewiesen worden, welches Hr. Eberhard hier erst widerlegen wollte?

b) Es ist aber bereits hinreichend bewiesen, daß ein allgemeiner Verstandesbegriff vom Raum eben so unmöglich, als die Fluddsche Vorstellung ist, und so fällt hiedurch zugleich die Behauptung, daß endliche Räume sich zum unendlichen Raum nicht wie Theile zum Ganzen, sondern wie niedrige Begriffe zum höhern verhalten, von selbst hinweg, — eine Behauptung, die ohnehin schon an sich unsere ganze Vorstellung vom Raum geradezu zernichtet. Denn von Räumen, die nicht Theile

*) Phil. Mag. B. 1. S. 395. nr. 4. B. 3. S. 441. §. 22.

Theile eines einzigen Raums sind, hat nicht einmal meine Phantasie, vielweniger mein Verstand, eine Vorstellung (§. 15-17.).

c) Endlich ist es ein ganz unrichtiger Begriff, wenn man sich unter dem unendlichen Raume bloß einen Raum von unbestimmter Größe denkt. Dieses ist bereits (Prüf. Th. 1. S. 175. 176.) aufs deutlichste erwiesen worden. Da indessen Alterthum und Ansehen hier noch stark entgegenwirken; so will ich mich auch über diesen Punct noch näher erklären. Ich bin selbst der Meinung, daß die alten Mathematiker sich unter dem Unendlichen in der That bloß etwas Endliches, nur von unbestimmbarer Größe, d. i. wie Raphson es ausdrückt, ein *finitum interminabile* gedacht haben. Denn da sie sich lediglich auf die Theorie endlicher Größen einschränkten; so hatten sie, wenigstens nach ihrer Meinung, keine andere nöthig, sondern der Raum, den die alte Geometrie brauchte, war nur, wie Hr. Hofr. Kästner *) sagt, Raum, dessen Schranken, so weit man nöthig findet, auseinander können gesetzt werden: die Axe von Herschels Telescope, bis an den Stern erstreckt, den Herschel kaum durch das Telescop wahrnimmt — gleichsam ein offener Wechsel, auf den der Inhaber soviel Geld nehmen kann,

*) Phil. Mag. B. 2. S. 408. nr. 16.

kann, als er braucht. So bedeutet im zwölften Satze Euklids, wo auf eine gerade Linie von gegebener Lage, aus einem gegebenen Puncte ein Perpendikel gefällt werden soll, diese Linie, die vom Euklid εὐθεῖα ἄπειρος (recta infinita) genannt wird, offenbar nicht eine wirklich unbegrenzte oder unendliche, sondern bloß eine Linie von unbestimmter Länge, nur daß sie so lang seyn muß, daß nicht nur das Perpendikel sie trifft, sondern daß sie auch noch über den Punct, in welchem dieses geschieht, hinausgehe, denn von einer größern Länge hat man sie hier gar nicht nöthig. Eben so hat Euklids zweytes Postulat, eine gegebene gerade Linie ins Unendliche zu verlängern, zum Behuf seiner Elemente keinen andern Sinn nöthig, als diesen: die Linie lasse sich zu jeder beliebigen endlichen Länge verlängern. Ja vielleicht dachten sich die alten Geometer selbst die Parallellinien und Asymptoten, imgleichen Tangenten und Secanten rechter Winkel nur als Linien von jeder beliebigen endlichen Länge. Aber nun frägt es sich eben: woher diese Befugniß, gerade Linien von jeder beliebigen Größe anzunehmen? Eine Linie verlängern ist nicht: eine Geldsumme nach der andern aufnehmen; nicht: Faden an Faden knüpfen, oder wie Hr. Eberhard das Aristotelische λινον λινω συναπτειν ausdruckt, Linnengarn zu Linnengarn weben;

oder,

oder, ohne Figur zu reden, nicht: im arithmetischen Sinne Einheit zu Einheit, Zahl zu Zahl, und überhaupt eine gleichartige Größe zu einer andern setzen. Denn hier wird jede Geldsumme, jeder Faden, jede Einheit, Zahl und Größe schon als für sich möglich betrachtet, ohne daß sie erst als ein Nebentheil derjenigen, zu welcher sie hinzukommt, gedacht werden darf. Die Verlängerung einer gegebenen Linie hingegen ist für sich gar nicht, sondern bloß als Nebentheil der gegebenen denkbar, denn der Anfangspunct der Verlängerung muß schlechterdings als Endpunct der gegebenen Linie gedacht werden, mithin schließt der Begriff der Verlängerung einer Linie schon in sich, daß sie nicht für sich, sondern nur als Nebentheil der gegebenen möglich ist, der mit dieser eine einzige ganze Linie ausmacht, die durch den Endpunct der gegebenen wirklich in zwey Theile, nemlich in die gegebene Linie und in ihre Verlängerung getheilt ist. Wenn also Euklid sagt: jede gegebene gerade Linie kann durch ihre Endpuncte auf beiden Seiten zu jeder beliebigen endlichen Länge verlängert werden; so läßt dieses Postulat, in deutliche Begriffe aufgelöst, keinen andern Sinn zu, als diesen: Von jeder gegebenen geraden Linie ist auf beiden Seiten ein Nebentheil möglich, der völlig grenzenlos, und größer ist, als jede endliche Linie, so lang man sie auch annehmen mag. Denn, wäre in demselben irgend ein Punct als die letzte Grenze möglich, so wäre die Verlängerung nicht so weit man will, sondern nur bis zu diesem Puncte möglich. Nun heißt eine Größe, die völlig grenzenlos und größer gedacht werden muß, als jede endliche gleichartige, in der eigentlichen Bedeutung des Worts unendlichgroß. Also läßt das gedachte Postulat keinen andern Sinn zu, als diesen: Von jeder gegebenen endlichen geraden Linie ist nach beiden Seiten hin ein unendlichgroßer Nebentheil möglich; oder, welches einerley ist: Jede endliche gerade Linie ist nur als ein Theil einer auf beiden Seiten von ihr liegenden unendlichgroßen geraden Linie denkbar. Nun ist ferner eine jede gerade Linie nur als Grenze einer Ebene, und diese wieder nur als Grenze des eigentlichen Raums, folglich nur in einer Ebene und im Raum denkbar. Also setzt die Möglichkeit, jede gerade Linie, so weit man will, zu verlängern, auch zugleich voraus, daß nicht nur jede Ebene, sondern auch der eigentliche körperliche Raum rings um jeden angenommenen Punct herum, völlig grenzenlos, und der Länge nach größer, als jede endliche Linie, d. i. unendlichgroß sey. Und so ist offenbar, daß ohne die Voraussetzung der völligen Grenzenlosigkeit und Unendlichkeit des Raums das

Postu-

Postulat, jede gegebene gerade Linie zu jeder beliebigen endlichen Länge zu vergrößern, sich selbst widerspricht; mithin jeder Geometer, der dasselbe für apodictisch gewiß erkennt, eben hiedurch zugleich bezeugt, daß seine ursprüngliche Vorstellung vom Raum, so unentwickelt sie auch in ihm seyn mag, schlechterdings keine andere, als Vorstellung eines unendlichen Raums ist. Daß aber die alten Geometer sich in die Unendlichkeit des Raums nicht einlassen wollten, läßt sich sehr leicht erklären. Denn theils hielten sie es für entbehrlich, theils konnten sie es nicht. Sie konnten es nicht, weil sie mit der Natur des Unendlichen zu wenig bekannt waren, und sich daher in Widersprüche zu verwickeln glaubten, die sie, ungeachtet sie bloße Scheinwidersprüche waren, nicht zu heben wußten.

en es aber auch für entbehrlich, weil ihr Ziel bloß auf die Bestimmung endlicher Größen ging. Wie sehr sie sich aber hierin irreten, liegt am Tage. Denn eben dadurch verschlossen sie sich gänzlich den Weg, die Theorie der Parallelen und Asymptoten, ohne die gleichwol die ganze Geometrie in eine sehr kleine Anzahl wenig erheblicher Sätze zusammenfallen würde, auf einen festen Grund zu bauen, und sahen sich genöthigt, entweder mit Euklid ein Axiom zum Grunde zu legen, das die Logik offenbar für unächt erklärt, oder, wie es die mehresten thaten, ihre Zuflucht zu falschen Beweisen zu nehmen (§. 43. 45.). Weit befremdender ist es also, wenn man noch heut zu Tage meynen kann: das Unendliche sey in der Mathematik von keinem Nutzen. Freylich wohl, wenn die Würde der Geometrie darin bestände, daß man einen Hauptsatz, auf welchem in ihr fast alles ruht, entweder fehlerhaft beweist, oder flugs für ein Axiom ausgiebt, oder daß die Grenzen dieser Wissenschaft nicht nach Vernunftregeln, sondern durch willkührliche Verabredung bestimmt werden. Aber die einzige Belehrung wünschte ich mir doch, ob denn die Geometrie des Unendlichen, die da anfängt, wo die bisherige Geometrie aufhört, und die Wissenschaft des Raums bis zum non plus ultra fortführt, nicht schon für sich Mathematik, und zwar ihr höchster Gipfel sey?

4. Der Grund, aus welchem Hr. Eberhard die Kantische Behauptung, daß die besonderen Räume nur Theile eines und desselben alleinigen Raums sind, für eine falsche Vorstellung erklärt, ist dieser: weil Theile sich auf ein Ganzes beziehen, und kein unendliches Aggregat ein Ganzes seyn könne. Dieser Einwurf aber trifft zuerst unsern Weltweisen nicht. Nirgends lehrt dieser, daß der durch unser Vorstellungsvermögen uns ursprünglich als einig und unendlich gegebene Raum ein unendliches Aggregat

von

von Räumen sey. Denn zur Vorstellung eines Aggregats können wir nur durch successive Zusammensetzung der Theile gelangen. Aber weit entfernt, zu behaupten, daß wir zur Vorstellung des ursprünglichen einigen unendlichen Raums erst durch Zusammensetzung endlicher Räume oder Theile gelangten, lehrt Kant vielmehr (Crit. S. 39. nr. 3.) deutlich und bestimmt, sogleich nach der Stelle, die Hr. Eberhard anführt, daß die Möglichkeit der letztern schon die Vorstellung des erstern voraussetzt. „Diese Theile, sagt er, können nicht vor dem „einigen allbefassenden Raume, gleichsam als „dessen Bestandtheile (daraus seine Zusammensetzung möglich sey) vorhergehen, sondern nur in ihm gedacht werden. Er ist wesentlich einig, das Mannigfaltige in ihm, „mithin auch der allgemeine Begriff von Räumen überhaupt, beruht lediglich auf Einschränkungen. Hieraus folgt, daß in Ansehung seiner eine Anschauung a priori (die „nicht empirisch ist) allen Begriffen von demselben zum Grunde liegt.„ Diese ursprüngliche Vorstellung vom einigen unendlichen Raum ist es, deren auch ich mir, als der einzig möglichen, unmittelbar bewußt bin, die ich daher mehrmals, besonders aber §. 12. auseinandergesetzt habe, wo gezeigt worden, daß wir nicht einmal den Begriff einer einzigen geometrischen Figur durch Zusammensetzung mehrerer, vielweniger also den Begriff von der Unendlichkeit des Raums auf diesem Wege erzeugen können, sondern daß der Raum uns ursprünglich als ein Individuum gegeben ist, und nur in sofern als ein Aggregat, oder Ganzes aus Theilen, gedacht wird, sofern wir durch Begrenzung Theile in ihm machen, mithin die Vorstellung des einigen unendlichen Raums ganz etwas anderes ist, als Linnengarn zu Linnengarn weben. Nun zählt zwar Hr. Eberhard auch diese Kantische Vorstellung unter die Ungereimtheiten *), aber wiederum aus einem Grunde, der sie gar nicht trifft, nemlich weil bey allen Aggregaten das Ganze die Theile voraussetzt, und es daher ungereimt ist, von irgend einem Aggregat zu sagen, daß die Theile das Ganze voraussetzen. Denn eben daher, weil der Raum (und also auch die Zeit) das Eigenthümliche hat, daß die Möglichkeit, sich Theile in ihm vorzustellen, schon die Vorstellung von ihm selbst voraussetzt, ist es ja widersprechend, ihn für ein Aggregat, oder Ganzes, das erst durch Zusammensetzung der Theile entstünde, zu halten. Um so mehr ist es also widersprechend, wenn Hr. Eberhard **) Raum und Zeit für die einzigen möglichen Aggregate ausgiebt. Denn der Raum und die Zeit selbst sind gar nicht Aggregate, aber im Raum und in der Zeit sind unzählige Aggregate möglich. So ist jede Zahl und Menge überhaupt ein Aggregat von Einhei-

*) Phil. Mag. B. 3. S. 442 — 444.

**) Phil. Mag. B. 3. S. 443.

heiten, jeder Waizenhaufen ein Aggregat von Waizenkörnern, jede Bibliothek ein Aggregat von Büchern, jeder aus tausend Cubikzoll zusammengesetzte Würfel ein Aggregat von Würfeln, u. s. w. In allen diesen Aggregaten setzt auch der Begriff des Ganzen schlechterdings die Vorstellung der Theile voraus, aus denen es zusammengesetzt ist. Eben so kann man daher auch den Raum selbst zu einem Aggregat machen, wenn man durch Begrenzung desselben, Theile in ihm macht, und der Begriff desselben als eines Aggregats setzt alsdann ebenfalls die Vorstellung der Theile voraus, aus denen man ihn in diesem Falle zusammensetzt. Nur setzt dieser Begriff schon jedesmal die ursprüngliche Vorstellung von ihm, als einen einigen Raum, der kein Aggregat ist, voraus, weil ohne diese das Machen der Theile schlechterdings unmöglich ist.

Allein, obgleich der Einwurf, daß ein unendliches Aggregat nicht ein Ganzes seyn könne, die Kantische Behauptung gar nicht trifft; so dürfte es doch nicht der Mühe unwerth seyn, zu fragen: woher denn das so ausgemacht sey, daß ein unendliches Aggregat nicht ein Ganzes seyn könne? Nach meiner Einsicht ist ein Aggregat gleichartiger Dinge (denn von diesem ist hier allein die Rede), das nicht ein Ganzes ist, ein Widerspruch. Denn ein Aggregat heißt ein aus mehrern Dingen Zusammengesetztes.

Allein wenn mehrere gleichartige Dinge zusammengenommen ein Ding ausmachen; so heißt dieses ein Ganzes, und die mehrern heißen seine Theile. Also ist jedes Aggregat gleichartiger Dinge ein Ganzes. Ein Aggregat gleichartiger Dinge kann daher zwar sofern unbestimmt seyn, sofern man unentschieden läßt, aus wie vielen und wie großen Theilen es zusammengesetzt sey, z. B. eine Menge Sandkörner; aber als Aggregat kann es nicht anders gedacht werden, als daß mehrere gleichartige Dinge zusammengenommen ein Ding d. i. ein Ganzes ausmachen. Könnte also ein unendliches Aggregat nicht als ein Ganzes gedacht werden; so wäre es etwas Widersprechendes, und vielleicht ist dieses eben Hrn. Eberhards Meinung. Allein der Beweis, den er davon giebt, weil nemlich ein Ganzes etwas Vollständiges seyn müsse, ein unendliches Aggregat aber nie vollständig sey, beruht auf der unrichtigen Aristotetischen Definition des Ganzen. Denn wenn Aristoteles das Ganze also erklärt: Τὸ ὅλον οὗ μηδέν ἐστιν ἔξω, d. i. nach Hrn. Eberhards eigener Uebersetzung: ein Ganzes heißt, was vollständig ist; so verwechselt er offenbar das Ganze mit dem Vollständigen, da doch diese Begriffe so sehr verschieden sind. Bey dem Begriffe des Vollständigen (absolutum, completum) kommt die besondere Beschaffenheit des Gegenstandes, ob er zusammengesetzt, oder einfach sey, und ob er im ersten Falle lauter

Gleich-

Gleichartiges, oder auch Ungleichartiges enthält, gar nicht in Betrachtung, sondern etwas heißt vollständig, das ganze Ding, sofern es das enthält, was es vermöge seines Begriffs enthalten soll. Dagegen heißt etwas ein Ganzes (Totum), sofern es als ein aus Theilen Zusammengesetztes, d. i. als ein Aggregat von lauter Gleichartigem betrachtet wird. Ein Wesen, das Verstand und Freyheit des Willens besitzt, ist daher zwar ein vollständiger Geist, aber nicht ein Ganzes, weil Verstand und Wille nicht Theile eines Geistes sind. Wo hingegen in einem Objecte Verknüpfung des Gleichartigen möglich ist, da ist dasselbe immer unter dem Begriffe eines Ganzen denkbar, es mag sich durch die Verknüpfung des Gleichartigen vollständig erzeugen lassen, oder nicht. Um nun dieses aufs Unendliche anzuwenden, wollen wir erst die hieher gehörigen Begriffe genau bestimmen. Nach der Einstimmung aller Mathematiker und Philosophen heißt unendlichgroß, was größer ist, als jede gleichartige endliche Größe. Nun läßt sich das Kleinere und Größere nicht anders als im Verhältnisse des Theils zum Ganzen denken, denn A heißt größer, als B, wenn B nicht so groß als A, sondern nur einem Theil von A gleich ist, der erst mit irgend einem Nebentheil C zusammengenommen so groß ist, als A; allein wenn die Theile B und C zusammen so groß sind, als A, so ist A ein Ganzes. Also ist das Unendlichgroße in Beziehung auf jede gleichartige endliche Grösse allemal ein Ganzes, und mithin auch eine Grösse, oder ein Quantum, wie dieses leztere ohnehin schon von selbst klar ist, indem dieses nicht nur der Begriff: unendlichgroß, unmittelbar anzeigt, sondern auch das, was grösser seyn soll, als andere Dinge, eine Quantität haben, folglich auch ein Quantum seyn muß. Hiemit stimmt auch völlig die Definition überein, die Aristoteles vom Unendlichgroßen giebt, wenn er sagt: απειρον μεν ουν τουτ εστιν, ου κατα το ποσον λαμβανουσιν αει τι λαβειν εξω εστι. Denn wenn das Unendlichgroße das ist, wovon noch immer etwas zurückbleibt, soviel man auch davon nehmen mag; so ist das Genommene erst mit dem noch Zurückbleibenden dem Unendlichgroßen gleich, also ist dieses das Ganze, und das Genommene und Zurückbleibende sind seine Theile. Nun aber entsteht durch successive Verknüpfung endlicher Grössen jedesmal wieder eine endliche Grösse. Also heißt unendlichgroß das, was zwar in Beziehung auf jede gleichartige endliche Grösse als ein Ganzes gedacht werden muß, aber durch successive Verknüpfung endlicher Theile niemals vollständig werden kann. Soll es daher möglich seyn, das Unendlichgrosse durch successive Verknüpfung der Theile vollständig zu erzeugen; so müssen diese Theile schon für sich unendlichgroß seyn. Allein in diesem Fall ist jeder solcher Theil wiederum ein Ganzes, das durch Verknüpfung endlicher Theile nie voll-

vollständig werden kann. Also ist es überhaupt unmöglich, zur Vorstellung eines vollständigen Unendlichgroßen erst durch Verknüpfung seiner Theile zu gelangen. Soll demnach diese Vorstellung möglich seyn; so muß sie dem Begriffe der Theile und ihrer Verknüpfung schon vorhergehen, mithin muß sie unmittelbare Vorstellung desselben, als eines ungetheilten Individuums seyn, durch dessen vollständige Setzung erst Theile möglich werden, d. i. sie muß Anschauung seyn, und da das Unendliche kein Object einer empirischen Anschauung seyn kann, so muß sie eine reine, oder völlig a priori seyn. Nun giebt es nur einen einigen Raum, denn wer sich mehrere Räume denken kann, ohne sie als bloße Theile des alleinigen Raums zu denken, dem müßte ich zu einem Vorstellungsvermögen Glück wünschen, das mir wenigstens nicht zu Theil geworden. Dieser einige Raum aber ist zugleich unendlichgroß, denn einen so großen endlichen Raum man auch nehmen mag, so bekommt man dadurch den einigen Raum nie vollständig. Nun ist er ferner nicht als bloß möglich, sondern nur als wirklich denkbar, und zwar nur als ein solches Object, in welchem alles, was seine Vorstellung enthalten kann, zugleich daseyn muß, von welchem nichts nacheinander, sondern alles nebeneinander da ist, mithin ist der Raum ein einiges vollständig existirendes Unendliches. Also kann unsere ursprüngliche Vorstellung von ihm, vermöge des

Erwie-

Erwiesenen, nichts anders als Anschauung a priori seyn, mithin nichts anders, als das, wofür Kant sie erklärt. Und so ist es auch wirklich. Denn da ich mir keinen begrenzten Raum vorstellen kann, ohne mir zugleich einen außerhalb dieser Grenze ringsum nach allen Seiten vorhandenen vorzustellen, von welchem jener nur ein Theil ist; so ist offenbar, daß mir vor allem Begriff eines begrenzten Raums, als Theils, schon der einige Raum, als ein grenzenloser, vollständig gegeben seyn muß, daß er also als ein solcher nicht erst durch Begriffe vom Verstande gemacht worden, sondern daß ich ihn schon ursprünglich habe, und ohne ihn bereits zu haben, mir nicht einmal einen Begriff von begrenzten Räumen würde machen können. Da also der einige grenzenlose Raum vollständig da ist, so können wir nun auch in ihm die möglichen Grenzen und Theile nach Belieben machen; und da sowol von jeder endlichen geraden Linie, als auch von jeder völlig begrenzten Ebene ein unendlichgroßer Nebentheil möglich ist, so ist auch jede unendlichgroße gerade Linie und Ebene, selbst als ein Ganzes betrachtet, vollständig da, mithin gilt dieses auch z. B. von jeder Winkelfläche, d. i. von jedem unendlichgroßen Theil der Ebene, der zwischen den vollständigen unendlichen Schenkeln eines geradlinigten Winkels als seinen Grenzen enthalten ist, imgleichen von jedem unendlich großen Theile des ganzen einigen körperlichen

lichen Raums, der zwischen zwey sich schneidenden unendlichen Ebenen, als seinen Grenzen, enthalten ist. Also ist z. B. die unendliche Fläche eines Winkels von 1 Grad der 360ste Theil der ganzen unendlichen Ebene, und der unendliche körperliche Raum, der zwischen zwey unter einem Neigungswinkel von 1 Grad sich schneidenden unendlichen Ebenen enthalten ist, der 360ste Theil des ganzen einigen Raums. Und so ist klar, daß sowol der einige unendliche Raum selbst, als auch jede unendliche Ebene, da sie bereits ungetheilt für sich vollständig dasind, sich nun rückwärts durch eine endliche Menge unendlichgroßer Theile auch als Ganze vollständig erzeugen lassen, und hierauf beruht nun eben die Möglichkeit der Geometrie des Unendlichgroßen, die in meiner Theorie des Unendlichen S. 199. ff. bereits wirklich da, und zwar, was das allgemeine Fundament dieser Wissenschaft betrifft, ganz vollständig daist. Was hingegen solche Größen betrifft, die als ein Ganzes unendlich vieler Theile betrachtet werden; so liegt es schon im Begriff des Unendlichviel, daß hier das Ganze durch successive Addition dieser Theile nie vollständig entstehen kann, denn unendlichviele Theile addiren heißt eben: mit dem Addiren niemals aufhören. Eine Größe von der Art ist also für sich betrachtet eine bloße Vernunftidee, bey der es erst darauf ankommt, ob sie sich in einer Anschauung a priori vollständig darstellen läßt,

mit,

mithin objective Realität hat, oder ob sie bloß eine hevristische Fiction ist. Nun ist hier das Ganze entweder eine endliche, oder unendliche Größe. Der erste Fall findet Statt, wenn die unendliche Reihe convergirend ist, d. i. wenn die Glieder nach einer bestimmten Regel immer kleiner werden. Da es nun hier, wie von selbst klar ist, nothwendig eine Grenze geben muß, der sich die Summe beständig nähert, ja mehrere Glieder wirklich addirt werden, die sie aber niemals übersteigen kann; so muß die ideale Summe einer jeden convergirenden unendlichen Reihe, obgleich nie durch vollendete Addition, dennoch auf eine andere Weise — es sey arithmetisch, oder geometrisch — sich schlechterdings vollständig darstellen, mithin realisiren lassen, gesetzt auch, daß der Mathematiker nicht immer die Methode wüßte, sie wirklich darzustellen. So läßt sich die Summe der unendlichen Reihe $\frac{1}{2} + \frac{1}{4} + \frac{1}{8} + \frac{1}{16} + \ldots\ldots$ vollständig durch die Zahl 1 darstellen. Die Quadratwurzel von 3° aber, welche die Summe der unendlichen Reihe $1 + \frac{7}{10} + \frac{3}{100} + \frac{2}{1000} + \ldots\ldots\ldots$ ist, in der jedes folgende Glied durch die Regel von der Ausziehung der Quadratwurzeln bestimmt wird, läßt sich zwar, weil sie eine Irrationalzahl ist, nicht arithmetisch durch irgend eine endliche ganze oder gebrochene Zahl vollständig darstellen, aber sie läßt sich geometrisch durch eine gerade Linie vollständig darstellen, denn wenn man mit einer Grundlinie = 1 und

einer

einer Hypotenuse = 2 ein rechtwinkligtes Dreyeck beschreibt, so ist seine Höhe genau der Quadratwurzel von 3 gleich. Der zweyte Fall, da die Summe einer unendlichen Reihe unendlichgroß ist, findet Statt, wenn letztere divergirend ist, d. i. wenn in ihr die Glieder entweder alle gleich groß sind, oder die folgenden nach einer bestimmten Regel immer größer werden. Allein da in diesem Falle die ideale Summe sich nie durch eine Zahl vollständig darstellen läßt; so hängt ihre objective Realität bloß davon ab, ob ihre Darstellung geometrisch im Raum möglich ist. Nun ist zuvörderst jede endliche gerade Linie, wie gezeigt worden, nur ein Theil einer vollständigen unendlichen, aber nicht ein endlichvielster, denn eine endliche Menge endlicher Theile ist nie etwas Unendliches, folglich ein unendlichvielster, d. i. ein solcher, der in ihr unendlichvielemale enthalten ist, also läßt sich eine unendliche Menge gleicher endlicher geraden Linien durch eine vollständige unendliche gerade Linie genau darstellen. Eben so läßt sich auch eine unendliche Menge gleicher Parallelflächen d. i. solcher unendlichen Theile der Ebene, die zwischen zwey auf einer endlichen geraden Linie stehenden unendlichen Parallellinien, als ihren Grenzen enthalten sind, durch die vollständige unendliche Fläche des Winkels darstellen, den sie mit der dritten Linie nach derselben Seite machen. Also läßt sich die ideale Summe der unendlichen Reihe 1 + 1 + 1 +

1 + 1 + ... wirklich realisiren; denn man darf nur irgend eine endliche gerade Linie oder irgend eine unendliche Parallelfläche = 1 setzen, so ist jene Summe im erstern Falle einer unendlichen geraden Linie, und im letztern einer unendlichen Winkelfläche gleich, die beide im Raum vollständig dasind. Nun giebt es in jeder unendlichen Ebene unendlichviele gerade Linien, also läßt sich jene unendliche Menge von Einheiten, als eine vollständige Größe, wieder unendlichvielemale nehmen; und da es ferner unendlichviele Ebenen im Raum giebt, so läßt sich jenes unendliche Product wieder unendlichvielemale nehmen. Und so ist klar, daß nicht nur eine unendliche Menge von Einheiten für sich, sondern auch sogar ihre zweyte und dritte Potenz sich wirklich im Raume darstellen, mithin realisiren lasse. Nun wird zwar die Vernunft an sich durch nichts zurückgehalten, sich eine Idee von noch höhern Potenzen einer unendlichen Menge zu machen, vielmehr ist diese Idee dem Analysten unentbehrlich. Allein von dieser Idee zeigt die Geometrie des Unendlichgroßen, daß sie sich nicht mehr im Raum darstellen läßt, und daß sie also, da unter allen realen Größen, die wir kennen, der alleinige Raum die allergrößeste ist, nichts weiter als eine heuristische Fiction ist. Diese deutliche Auseinandersetzung wird hoffentlich hinreichen, die ausführliche Untersuchung dieser Materie, die bereits in meiner Theorie des Unendlichen S. 34. 74.

74. angestellt worden, ins völlige Licht, und wider jeden weiteren Einwurf von Erheblichkeit in Sicherheit zu setzen.

5. Hiedurch fällt nun auch die vermeinte Schwierigkeit hinweg, wie Vorstellung des unendlichen Raums Anschauung seyn könne. Wenn Hr. Eberhard einen unbestimmten, unendlichen, bildlichen Begriff vom Raum für ein Unding, und ein allgemeines Bild des Raums für ein Hirngespinnst erklärt; so hat er vollkommen recht. Wie aber jene Ausdrücke das bedeuten sollen, was Kant unter der reinen Anschauung des Raums versteht, ist unbegreiflich. Unsere ursprüngliche Vorstellung vom Raum ist reine Anschauung, heißt vielmehr soviel: sie ist kein allgemeiner Begriff, der mehrere Räume als Arten unter sich begriffe, sondern eine unmittelbare Vorstellung eines einigen ungetheilten, aber theilbaren Individuums, so daß mehrere Räume uns nur als Theile desselben denkbar sind, und diese Vorstellung ist völlig a priori. Nun ist zwar die Vorstellung des Unendlichgroßen, als eines Objects, das größer ist, als jede endliche Größe, allerdings nicht Anschauung, sondern ein allgemeiner Begriff, und es wäre daher ein unleugbarer Widerspruch, wenn man sagen wollte, daß wir die Unendlichkeit des Raums als Quantität anschauen könnten. Allein so was zu behaupten kann doch eben deshalb wol schwerlich jemandem einfallen. Vielmehr hat es hiemit

folgende Bewandtniß. Vermöge der Vorstellung, die wir vom Raum haben, ist derselbe ein einiges rings um uns vollständig existirendes Individuum, von der Beschaffenheit, daß wir uns zwar überall Flächen, als Grenzen in ihm vorstellen, und es dadurch theilen, aber uns schlechterdings keine um dasselbe, als Grenzen von ihm selbst, vorstellen können, sondern das über jede vorgestellte Grenze hinaus da ist, mithin ein Individuum, das für sich völlig unbegrenzt, oder grenzenlos ist. Dieses aber erkennen wir nicht mittelbar aus einem allgemeinen Begriff vom Raum überhaupt, denn der ist, da der Raum nur ein einiges Individuum ist, ohnehin unmöglich, und außerdem kann kein allgemeiner Begriff uns lehren, was Grenzen im Raum, was Flächen, Linien und Puncte seyn. Also ist unsere Vorstellung vom Raum, als einem völlig unbegrenzten Individuo, eine unmittelbare d. i. Anschauung, aber eben daher nicht eine empirische, denn diese bezieht sich bloß auf begrenzte Gegenstände, mithin Anschauung a priori. Nun ist, nach dem Begriffe des Größern, das Unbegrenzte größer, als jedes gleichartige Begrenzte, und was größer ist, als dieses, nennen wir unendlichgroß. Also ist der Raum, nach der reinen Anschauung, die wir von ihm haben, ein solches Individuum, daß, wenn wir auf dasselbe den Begriff der Quantität anwenden, es nicht anders als unter dem Begriffe

des

des Unendlichgroßen gedacht werden kann. Die Unendlichkeit des Raums, als Quantität betrachtet, ist also allerdings ein Begriff, aber ein Begriff, dem schon die reine Anschauung zum Grunde liegt, daß jede Grenze, die wir uns in Ansehung des Raums vorstellen mögen, nur Grenze in ihm, und schlechterdings nicht Grenze von ihm selbst ist. Eine reine Anschauung von der Art aber hat doch wol nichts Schwieriges, geschweige dann Unbegreifliches an sich. Auf gleiche Weise verhält es sich mit der Theilbarkeit des Raums ins Unendliche. Auch diese ist als solche ein allgemeiner Begriff, aber ein Begriff, der erst durch die reine Anschauung möglich wird, daß uns zwischen jeden zwey Grenzen im Raum, noch immer neue Grenzen von eben der Art vorstellbar sind. Hieraus erhellt nun eben von neuem, daß der Raum etwas bloß Subjectives ist, das außer unserm Vorstellungsvermögen gar nicht existirt. Denn wäre er wirklich etwas Reales außer uns; so wäre uns sein Daseyn bloß durch empirische Anschauung erkennbar. Diese aber liefert uns bloß begrenzte Objecte, und kann uns nie lehren, daß über die Grenze hinaus, bis zu welcher sie sich erstreckt, noch weiter etwas da ist, da doch in Ansehung des Raums uns schlechterdings keine Grenze anders, als auf die letzte Art, vorstellbar ist. In dieser Rücksicht hat Raphson *) vollkommen Recht,

 wenn

*) Phil. Mag. B. 2. S. 418.

wenn er sagt: actu infinitum non datur a parte *rei*, sed a parte *cogitantis*, denn der unendliche Raum wird uns bloß durch unser äußeres sinnliches Vorstellungsvermögen gegeben, und existirt lediglich als die wesentliche Form desselben. Und bloß hieraus ist es auch begreiflich, warum wir uns ihn nicht anders als vollständig existirend vorstellen können, und ein Entstehen oder Wirklichwerden eines Raums, der vorhin nicht da war, uns schlechterdings undenkbar ist.

§. 73.

Die Einwürfe, welche Hr. Eberhard in Ansehung der Unendlichkeit des Raums wider mich beybringt, betreffen bloß dieses, daß ich den unendlichen Raum als eine Kugel betrachte, und hiernach (Prüf. Th. 1. S. 60.) seine unendliche Größe bestimme. „Dieses, sagt er *), wisse er „nicht zu vereinigen. Denn erstlich, wenn der „Raum keine Grenze hat, wie kann er eine Figur „haben? Zweytens, eine Kugel ist ein Gan„zes; es ist aber bewiesen, daß ein unendliches „Aggregat kein Ganzes seyn könne.„ Um hier vom letzten anzufangen, habe ich §. 72. nr. 4. bereits bewiesen, theils daß der unendliche Raum kein Aggregat sey, theils daß ein unendliches Aggregat allerdings ein Ganzes seyn könne, theils daß der Geometer, selbst wenn er sich eine endliche Kugel denkt, sie nicht aus ihren möglichen Theilen als ein Aggregat oder

Ganzes

*) Phil. Mag. B. 4. S. 73.

Ganzes zusammensetzt, sondern sich bloß einen ungetheilten Theil des Raums durch eine solche Fläche begrenzt vorstellt, in welcher jeder Punct vom angenommenen Mittelpuncte gleichweit absteht. Was aber den ersten Punct betrifft; so wäre der Widerspruch doch in der That zu auffallend, unter einer unendlichen Kugel eine Figur d. i. einen völlig begrenzten Raum zu verstehen, und ich muß es also bedauren, daß Hr. Eberhard die Erweiterungen, die ich, eben der Unendlichkeit des Raums wegen, in meiner Theorie des Unendlichen mit den Definitionen des Kreises und der Kugel vorzunehmen nöthig fand, damals noch nicht bemerkt hat. Denn hier habe ich mich S. 299. 301. deutlich erklärt, daß ich jede ganze unendliche Ebene deshalb einen Kreis nenne, weil sie beschrieben wird, wenn eine unendliche gerade Linie sich in ihr um ihren Anfangspunct bewegt, und den ganzen unendlichen Raum deshalb für eine Kugel erkläre, weil er beschrieben wird, wenn ein unendlicher Halbkreis, d. i. die halbe unendliche Ebene, sich um seinen nach beiden Seiten unendlichen Durchmesser bewegt, und ich habe hiebey, obgleich es schon von selbst folgt, zur Vermeidung alles Mißverstandes, zugleich ausdrücklich bemerkt, daß also die unendliche Kugel so wenig eine Oberfläche, als ein unendlicher Kreis eine Peripherie hat, sondern sowol die erstere als die letztere in diesem Falle Undinge und bloß was imaginaires sind. Doch Hr. Eberhard scheint diese meine Erklärungen in der Folge auch wirklich wahrgenommen zu haben, aber nun erklärt er *) die Begriffe einer unendlichen Linie, Kreisfläche und Kugel deshalb für Widersprüche, weil das Unendliche des Raums nichts wirkliches und völlig bestimmtes, sondern bloß etwas Unbestimmbares sey. Allein daß dem nicht so sey, ist bereits §. 72. nr. 3. 4. bewiesen worden. Weil es indessen manchem vielleicht scheinen könnte, als ob die Gründe, die Hr. Eberhard hier beybringt, daselbst noch nicht in Betrachtung gezogen wären; so will ich, um diese Materie ins völlige Licht zu setzen, auch hierüber noch das Nöthige kurz bemerken.

§. 74.

Zuerst schließt Hr. Eberhard **) also: „die „Gränzen der Linien sind zwey Puncte.„ Das soll heißen: jede Linie hat zwey Endpuncte, denn Puncte überhaupt sind in jeder Linie unendlich viele möglich. Dieser Satz aber gilt bloß von jeder völlig begrenzten, d. i. endlichen Linie, denn bloß im Begriffe von dieser liegt es, daß es in ihr einen ersten und einen letzten Punct geben muß. Der Begriff einer Linie überhaupt hingegen enthält nichts weiter, als daß sie Grenze einer Fläche ist, in der wieder unendlich viele Puncte als Grenzen möglich sind, keinesweges aber, daß es in ihr einen allerersten und einen allerletzten Punct geben müsse. Vielmehr ist jede begrenzte gerade Linie nur als Theil einer nach beiden Seiten gren-

zen-

*) Phil. Mag. B. 4. S. 292 — 301.

**) S. 292. §. 27.

zenlosen d. i. weder einen Anfangs- noch Endpunct habenden denkbar (§. 72. nr. 3. c.). „Folglich „kann, so lange nur ein Punct gegeben worden, „die Linie noch immer verlängert werden, und so „lange der zweyte nicht wirklich gegeben ist, bey „dem sie aufhören soll, haben wir keinen Begriff „von ihrer Größe.„ Dieses ist unrichtig, denn von der Größe einer Linie, die keinen zweyten Endpunct hat, habe ich den positiven Begriff, daß jede endliche Linie nur einem Theil von ihr gleich ist, d. i. daß sie mehr Quantität hat, als jede endliche Linie. „Nun aber ist die Größe der Linie „ihre Länge, und nur als Länge haben wir einen „Begriff von der Linie. Folglich haben wir in „dem Falle gar keinen Begriff von ihr.„ Hier ist der Begriff der Länge müßig. Denn eine Linie, die so, wie der Punct, keine Größe hätte, wäre ohne weitere Umstände ein Unding. Aber eben dieser Begriff der Länge macht die Unrichtigkeit des Schlusses desto sichtbarer. Denn eine Linie, in welcher jeder zweyte Punct, den man annehmen mag, immer nur ein Zwischenpunct, nie der letzte ist, ist doch offenbar länger, als eine die zwey Endpuncte hat. Ist nun Länge das eigentliche Reale einer Linie; so ist ja eine Linie, die gar keinen Endpunct hat, die allerrealste, denn sie ist die allerlängste, die allergrößeste.

§. 75.

Zweytens meynt Hr. Eberhard *), der Beweis, daß die Größe einer unendlichen Linie völlig

*) a. a. O. S. 296.

völlig bestimmt sey, würde vielleicht auf folgendem Schlusse mit vier Begriffen beruhen: „alle völlig „bestimmte Linien sind als völlig gegebene unserer „Willkühr nicht überlassen. Die Größe der unend„lichen Linie ist als eine unbestimmbare, d. i. als „eine solche, die gar keine Größe hat, unserer „Willkühr nicht überlassen. Folglich ist sie völlig „bestimmt.„ Wie aber ein so unlogischer Schluß, der außer den vier Begriffen noch die groben Fehler hat, daß er theils aus zwey verneinenden Sätzen, theils in der zweyten Figur bejahend schließt, sich irgend einem gesunden Kopfe zumuthen läßt, sehe ich nicht ein. Der wahre Beweis jenes Satzes steht vielmehr schon in meiner Theorie des Unendlichen S. 214. §. 15, und beruht auf folgendem klaren und ungekünstelten Schlusse:

Wenn für gewisse Stücke in jedem Orte, wo man ihre Lage annimmt, nicht mehr als eine ausgedehnte Größe von gewisser Art möglich ist; so sagt der Geometer: die ausgedehnte Größe ist durch die angenommenen Stücke gegeben, d. i. in Ansehung ihrer Qualität und Quantität völlig bestimmt.

Nun ist von einem gegebenen Puncte A durch einen andern gegebenen B nicht mehr als eine unendliche gerade Linie möglich. Also ist durch die Puncte A und B die unendliche gerade Linie gegeben, d. i. in Ansehung ihrer Qualität und Quantität völlig bestimmt.

§. 76.

§. 76.

Eben so unrichtig ist es drittens *), daß keine Fläche diesen Namen verdiene, die nicht von dreyen Linien eingeschlossen ist — ein Satz, aus welchem ohnehin folgen würde, daß keine andere Figur als ein Dreyeck eine Fläche heißen könne. Da es unendliche Linien giebt; so folgt vielmehr von selbst, daß es auch unendliche Flächen, und mithin auch unendlichgroße körperliche Räume als Theile des einigen Raums geben muß. Zugleich aber ist hiebey aus dem Begriffe des Unendlichen von selbst klar, daß unendliche Flächen keinen Perimeter, und unendliche körperliche Räume keine Oberfläche haben können. Daher sind solche unendliche Flächen, die ihrem Begriff nach nothwendig einen Perimeter erfordern, z. B. unendliche Dreyecke, Vierecke, Vielecke, imgleichen solche unendliche körperliche Räume, die nicht anders als mit einer Oberfläche denkbar sind, z. B. unendliche Würfel, Pyramiden und Kegel, offenbare Widersprüche und Undinge. Die Begriffe des Kreises und der Kugel hingegen lassen sich allerdings so erweitern, daß jener auch ohne Peripherie, und diese auch ohne Oberfläche denkbar sind, ja es ist zugleich erwiesen, daß eine vollständige Ebene schlechterdings nicht anders als unter dem Begriffe eines unendlichen Kreises, und der ganze Raum nicht anders als unter dem Begriffe einer unendlichen Kugel gedacht werden kann. Es giebt also eine unendliche Kugel, und in dieser unzähligviel unend-

*) a. a. O. S. 294.

unendliche Kugelausschnitte, Kreise, und Kreisausschnitte, und wenn man daher diejenige unendliche Menge, welche anzeigt, wievielmal z. B. die Länge eines Fußes in dem unendlichen Halbmesser der Kugel enthalten ist = ∞ setzt — eine Annahme, die nicht eine bloße Idee, sondern real ist (§. 72. nr. 4.) —; so ist es nicht Erdichtung, sondern geometrische Wahrheit, daß jede nach beiden Seiten unendliche gerade Linie = 2 ∞ Fuß, jede ganze unendliche Ebene = 3,1415 .... ∞^2 Quadratfuß, und der ganze unendliche Raum = 4,18879 .... ∞^3 Cubikfuß ist. Allein bestimmen, wievielmal das Maaß in einer gewissen Größe enthalten ist, heißt sie messen, oder ihre Quantität angeben. Also sind jene drey unendliche Größen durch die angezeigten Formeln gemessen, oder der Quantität nach gegeben. Wenn daher Hr. Eberhard *) dieses leugnet, und diesen Formeln nur den Sinn giebt, daß die Größen nie zu wachsen aufhören, stets, wenn es nöthig seyn sollte, vergrößert werden können; so gründet sich dieses bloß auf die hinreichend widerlegte Meinung, das Unendliche des Raums bedeute nur etwas Unbestimmbares. Eben hierauf gründet sich auch die Behauptung **), daß der Geometer nicht vom Unendlichen allein, sondern nur von zwey solchen Größen als einem Verhältnißbegriff einen Gebrauch machen könne, die aber nicht nur durch die angezeigten Formeln, sondern durch die ganze bereits existirende Geometrie des Unendlichgroßen nunmehr eben

*) a. a. O. S. 298. **) S. 299.

eben factisch widerlegt ist. Denn wenn man die Quantität einer jeden unendlichen Größe im Raum genau bestimmen kann, wenn man z. B. weiß, daß die ganze unendliche Ebene $= 3,14 \ldots\ldots \infty^2$ Quadratfuß, die ganze Fläche der gleichseitigen Hyperbel halb so groß, die Fläche der Parabel $= \frac{2}{3} b^{\frac{1}{2}} \infty^{\frac{3}{2}}$ Quadratfuß sey, u. s. w., wenn überhaupt feste Principien dasind, zu beurtheilen, welche von den unzähligen Potenzen des Unendlichen, deren der Analyst sich nach Willkühr bedient, sich wirklich a priori im Raum darstellen lassen, und welche hingegen bloße Dichtungen seyn; so kann der Geometer doch offenbar von jedem Unendlichen fortmehro eben so, wie vom Endlichen auch unmittelbar für sich allein einen bestimmten Gebrauch machen, ohne diesen, wie bisher, bloß auf Verhältnißbegriffe einschränken zu dürfen.

§. 77.

Endlich nimmt Hr. Eberhard *) sogar die für den ganzen unendlichen Raum gegebene Formel $4,188 \ldots\ldots \infty^3$ oder $\frac{4}{3} \pi \infty^3$ Cubicfuß selbst in Anspruch. Wäre, meynt er, diese Formel als Beweis anzusehen, daß der unendliche Raum völlig bestimmt und vor dem endlichen gegeben sey; so müßte sie sich strenge erweisen lassen, nicht aber aus der Formel $\frac{4}{3} \pi r^3$ für eine endliche Kugel durch eine bloße Substitution des ∞ statt r abgeleitet werden, indem der Beweis von dieser Formel nur durch die Beschreibung eines Quadrats, Dreyecks und

*) a. a. O. S. 300. 301. §. 33.

und Quadranten möglich sey, ein unendliches Quadrat und Dreyeck aber Widersprüche sind. Allein es folgt

a) nicht, daß die Ausmessung derjenigen geometrischen Größen, deren Vorstellung der Vorstellung anderer ursprünglich vorhergeht, auch vor der Ausmessung dieser, und unabhängig von ihr, müsse geschehen können. Denn sonst könnte man auch fordern, zuerst die Größe des ganzen unendlichen Raums, und dann erst aus dieser die Größe der unendlichen Ebene zu bestimmen. Allein dann würde ich mit eben dem Rechte fordern, daß der Geometer zuerst die Stereometrie vortragen, und dann erst aus dieser die ebene Geometrie herleiten sollte. Denn offenbar setzt doch die Vorstellung der Flächen und Linien ursprünglich schon die Vorstellung des körperlichen Raums voraus.

b) Zweifeln wollen, ob die Formel, die für irgend eine einzelne Kugel richtig demonstrirt ist, für jede überhaupt, sie sey endlich, oder unendlich, gültig sey, hieße die Allgemeinheit der mathematischen Sätze geradezu aufheben, d. i. das ganze Fundament der Mathematik zernichten. Eine endliche und unendliche Kugel stehen beide unter eben demselben allgemeinen Begriff eines körperlichen Raums, in welchem alle Radien d. i. alle gerade Linien, die aus dem Mittelpuncte

rings-

ringsum in ihm möglich sind, einander gleich sind, und der Unterschied ihrer Größe beruht bloß auf der Größe ihrer Radien, die in jener endlich, und in dieser unendlich sind. Wäre es also zweifelhaft, ob die Formel $\frac{4}{3} \pi r^3$, wenn man $r = \infty$ setzt, die Größe einer unendlichen Kugel gebe; so müßte eine unendliche Kugel etwas Widersprechendes seyn, aber daß das nicht ist, sondern der einige Raum sich vielmehr schlechterdings nicht anders denken läßt, ist unwidersprechlich gewiß. Ueberhaupt sind alle mathematische Formeln von so uneingeschränkter Allgemeinheit, daß, man mag die in ihnen vorkommenden Größen, so groß oder so klein, als man will, $= 0$, oder $= \infty$ setzen, das Resultat jederzeit apodictisch gewiß ist, gesetzt selbst, daß es etwas Unmögliches würde, und man kann daher selbst die unmöglichen Resultate zum Behuf der Demonstrationen eben so sicher gebrauchen, als ob sie wirklich real wären. So ist z. B. die Formel $y = \infty \sqrt{\frac{b}{a}}$ für die unendliche Hyperbel strenge richtig, obgleich hier y etwas unmögliches ist. Denn eben, weil hier y für $x = \infty$ unmöglich wird; so zeigt diese Formel ganz richtig an, daß das Verhältniß $y : x$ sich dem Verhältnisse $\sqrt{b} : \sqrt{a}$ zwar ohne Ende nähern, aber ihm nie gleichwerden kann. Wollte man hier die kleinste Einschränkung gelten lassen; so wäre es, wie der große Euler sehr

oft

oft erinnert, um die ganze Analysis und die erhabensten Sätze der Mathematik geschehen. So ist z. B. die Formel $(1+\frac{1}{n})^n = 2+\frac{1}{2} + \frac{1}{6} + \frac{1}{24} + \ldots\ldots$, deren Werth bloß auf dem binomischen Lehrsatze beruht, nur denn wahr, wenn die Zahl n wirklich unendlichgroß ist. Dieser Lehrsatz aber ist bloß für diejenigen Potenzen erwiesen, wo der Exponent n eine endliche Zahl ist, und der Werth jener Formel leidet in der That sehr merkliche Abänderungen, wenn man $n = \infty$ setzt, denn nun wird $n = n - 1 = n - 2 = n - 3$ u. s. w. welches in dem Fall, da n eine endliche Zahl bedeutet, widersprechend ist. Aber welcher Mathematiker würde deshalb wol je daran zweifeln, ob er zu dieser Substitution befugt sey, und durch sie ein apodictisch gewisses Resultat erhalte? Ob bey einem solchen Resultate, einige von den Stücken, die zum Beweise der Formel gebraucht wurden, gar nicht stattfinden, kann jene Substitution nie hindern, da der Mathematiker zur Erleichterung seiner Demonstrationen selbst unmögliche Größen gebrauchen kann. Gesetzt also auch, der Beweis der Formel $\frac{4}{3}\pi r^3$ ließe sich nicht anders, als durch die Construction eines Quadrats und Dreyecks geben; so hätte gleichwol der Umstand, daß unendliche Quadrate und Dreyecke widersprechend sind, in ihre Anwendung auf die unendliche Kugel nicht den mindesten

Ein-

Einfluß. So läßt sich z. B. die Formel $y^2 = 2rx - x^2$ für den Kreis nicht anders als mittelst der Construction ähnlicher Dreyecke beweisen, und gleichwol gilt sie auch für den unendlichen Kreis. Denn, setzt man $r = \infty$, und $x = r$, so ist $y = r$; und setzt man $x = 0$, oder $x = 2r$, so ist in beiden Fällen $y = 0$, gerade so, wie es die Natur des Kreises erfordert.

c) Indessen läßt sich die Formel $\frac{4}{3}\pi r^3$ für die Kugel wirklich strenge beweisen, auch ohne ein Quadrat und Dreyeck zu Hülfe zu nehmen. Denn sie fließt bekanntlich geradezu aus der Integralformel $\int \pi y^2 du$, wo u die Abscisse bedeutet, deren Beweis nichts weiter, als die Construction eines Kreises erfordert. Aus dieser habe ich bereits in meiner Theorie des Unendlichen S. 358. unmittelbar bewiesen, daß jeder unendliche Kugelabschnitt, dessen Weite vom Mittelpuncte der Kugel $= x$ gesetzt wird, $= \frac{1}{3}\pi(2\infty^3 - 3x\infty^2 + x^3)$ ist. Setzt man also $x = 0$; so ist die halbe unendliche Kugel $= \frac{2}{3}\pi\infty^3$, folglich die ganze $= \frac{4}{3}\pi\infty^3$.

§. 78.

Den vierten Beweis, daß die Vorstellung vom Raum Anschauung a priori sey, gründete ich (Prüf. Th. 1. S. 108 — 113.) auf die Stetigkeit und unendliche Theilbarkeit desselben. Allein was hiewider eingewandt worden, habe ich bereits im

ersten

ersten Abschnitte §. 9 — 12. gehoben. Endlich leitete ich nach Kant den fünften Beweis daher: weil die Wahrnehmung äußerer Dinge selbst erst durch die Vorstellung des Raums möglich wird. Da dieser Beweis, der uns die eigentliche Natur des Raums am deutlichsten enthüllt, aufs stärkste angefochten war; so ließ ich mich über denselben (Prüf. Th. 1. S. 113 — 211.) am ausführlichsten aus, und suchte ihn gegen ein Heer von Einwürfen dergestalt ins Licht zu setzen, daß ich nicht wohl absehen konnte, was sich noch weiter dawider sagen ließe. Indessen sind doch noch Versuche gemacht worden, seine apodictische Gewißheit zu entkräften. So erkennt Hr. Maaß *) es zwar für richtig, daß die Vorstellung des Raums zum Grunde liege, sobald wir uns irgend etwas als außer uns, oder als außer einander gedenken. Hieraus aber, meynt er, folge noch nicht, daß sie vor den Empfindungen des außer uns und außer einander Befindlichen voraufgehe, sondern sie könne auch zugleich mit denselben gegeben, und nachher durch Abstraction zu einer besondern Vorstellung gemacht werden, also gar wohl ein empirischer Begriff seyn. Denn man dürfe nur annehmen, der Raum sey nicht bloß etwas Subjectives, sondern etwas in den Dingen außer der Vorstellung, ein Verhältniß, das ihnen, sofern sie als außer uns, oder als außer einander erscheinen, nothwendig zukommt; so werde eben dadurch, daß Vorstellungen von solchen Dingen

gesetzt

*) Phil. Mag. B. 1. S. 124. 125.

gesetzt werden, die Vorstellung des Raums auch mit gesetzt. Allein so erheblich auch dieser Einwurf beym ersten Anblick scheinen könnte; so giebt er gleichwol eine sehr vortheilhafte Veranlassung, auch dasjenige Mißverständniß, das gerade das versteckteste ist, völlig aufzudecken, und hiedurch diesen Kantischen Beweis außer allen Zweifel zu setzen. Denn

1) die Vorstellung eines Verhältnisses zwischen Dingen setzt die Vorstellung der Dinge voraus, denen es zukommt, aber die Vorstellung der Dinge setzt nie die Vorstellung ihres Verhältnisses voraus. Wäre demnach der Raum ein nothwendiges Verhältniß mehrerer von uns und von einander unterschiedener Dinge, das uns durch ihre Wahrnehmung zugleich mitgegeben würde; so müßte die Vorstellung des Raums zwar in der Wahrnehmung von uns verschiedener Dinge jederzeit mit vorkommen, aber alsdann läge nicht sie der Wahrnehmung der Dinge, sondern diese umgekehrt ihr zum Grunde.

2) Wahrnehmung kann nie absolute Nothwendigkeit lehren. Wäre also der Raum uns eben so wie die äußern Dinge selbst und erst mit diesen, als ihr Verhältniß, durch Wahrnehmung gegeben; so wäre es schlechterdings unerweislich, daß mit der Wahrnehmung äußerer Dinge, als solcher, die Vorstellung, daß sie im Raum sind, noth-

wendig verbunden werden müsse, imgleichen daß der Raum nur gerade diese Eigenschaften haben müsse, und wir könnten also nie mit apodictischer Gewißheit wissen, ob uns nicht vielleicht noch einmal Bäume, Häuser, Planeten, Fixsterne 2c. zu Gesicht kommen können, die entweder gar nicht im Raum sind, oder wol gar in einem solchen, der nur zwey oder auch vier Dimensionen hätte, und zugleich unstetig wäre.

3) Kein Ding kann mehr geben als es hat. Nun nimmt jedes wahrgenommene äußere Ding nur einen gewissen bestimmten Ort, oder Inbegriff von Oertern ein, durch den es völlig begrenzt ist. Gesetzt also, der Inbegriff der Oerter, den das äußere Ding einnimmt, wäre uns durch seine Wahrnehmung mitgegeben; so könnte uns diese doch nichts mehr geben, als was sie wirklich enthält, d. i. nichts weiter, als gerade den bestimmten Begriff von Oertern, den das wahrgenommene Ding einnimmt, keinesweges aber den ihn umgebenden Raum, welchen das wahrgenommene äußere Ding nicht einnimmt. Gleichwol ist keine Vorstellung eines Orts oder Inbegriffs von Oertern ohne die vorausgesetzte Vorstellung des ihn umgebenden Raums möglich. Also kann die Wahrnehmung uns so wenig den Raum mitgeben, daß es uns vielmehr schlechterdings unmög-

unmöglich seyn würde, durch irgend eine Wahrnehmung der Dinge zu der Vorstellung zu gelangen, daß sie einen Ort einnehmen, wofern uns nicht der Raum schon vor aller Wahrnehmung, mithin bloß durch unser sinnliches Vorstellungsvermögen, also völlig a priori gegeben wäre.

§. 79.

Diese drey Gründe decken also das Widersprechende der Annahme, daß der Raum durch die Wahrnehmung der Dinge zugleich mit gegeben werde, völlig auf, und hieraus wird sich nun auch dasjenige, was ein neuerer gelehrter Gegner unseres Weltweisen seiner Lehre vom Raum entgegensetzt, desto leichter beurtheilen lassen. Herr Diaconus Brastberger *) meynt nemlich: „durch die „Kantischen Beweise der Priorität des Raums „werden nur diejenigen Dinge, die sich im „Raum befinden, also nur die von uns vorge„stellten Dinge von dem Anspruch auf die Be„wirkung jenes Begriffs ausgeschlossen, nur diese „können ihn nicht erst geben, nur in Rücksicht auf „sie sey er a priori, allgemein und nothwendig, in„sofern sie außereinander vorgestellt werden sollen, „weil Vorstellung des Außereinanderseyns und des „Raums völlig identisch sey; hingegen könne die„ser Begriff seinem Ursprung nach dennoch zusam-

*) Untersuchungen über Kants Critik der reinen Vernunft von M. G. U. Brastberger, Diaconus zu Heidenheim im Wirtembergischen. Halle 1790. S. 48. 49.

„menhängen mit einem außer dem Gemüth sich be„findenden Realgrund, dieser bestimme das Er„kenntnißvermögen so, daß hernach in demselben „Gegenstände im Raum vorgestellt werden, mithin „sey die Vorstellung des Raums und der Dinge in „demselben zugleich da, und durch einen und eben „denselben Grund außer uns, obgleich unserm Er„kenntnißvermögen gemäß bewirkt. Wollten wir „hernach fragen, was denn aber dieser Realgrund „an sich und vor aller unserer Erkenntniß sey, was „das sey, das die Vorstellung solcher Gegenstände „und des Raums in unserer Erkenntniß erzeuge, „so wäre dies lächerlich, denn da wollten wir et„was wissen, was doch als außer aller unserer Er„kenntniß liegend angenommen wird; es sey schon „genug, wenn nur ein solcher Realgrund voraus„gesetzt werden kann, hiezu aber leite uns unsere „Erkenntnißart selber, indem sie ja wirklich uns „erscheine, als bewirkt durch Objecte außer uns „und außereinander.„ Es ist von selbst klar, daß dieser Einwurf mit dem Einwurf des Herrn Maaß der Hauptsache nach völlig einerley ist, und auf eben der widersprechenden Annahme beruht, daß der Raum vielleicht eben so, wie die in ihm vorgestellten Dinge, durch Wahrnehmung dieser uns mit ihnen von den Dingen an sich als ihrem Realgrunde zugleich mit gegeben seyn könne. Aus diesem Grunde habe ich ihn wörtlich hergesetzt. Der Unterschied zwischen beiden besteht bloß darin: Herr Maaß schließt ganz consequent, daß, zufolge der gedachten Annahme, die Vorstellung vom Raum nicht

nicht a priori, sondern ein empirischer Begriff seyn würde, und beschuldigt unsern Weltweisen bloß, er habe auf das erstere zu voreilig geschlossen. Hr. Braſtberger hingegen erklärt sie auch bey jener Annahme noch für eine Vorstellung a priori, aber in einem solchen Sinne, daß die ganze Kantische Critik dadurch in die armseligste und lächerlichste Tavtologie verwandelt wird. Der Raum ist a priori, soll nemlich soviel heißen: er ist in Rücksicht auf die vorgestellten Dinge nothwendig; dieses aber soll nichts weiter sagen, als: insofern Dinge außereinander d. i. im Raum vorgestellt werden sollen, müssen sie, nach dem Princip der Identität, nothwendig außereinander d. i. im Raum vorgestellt werden. Allein dergleichen Wendungen sind sehr fruchtlos. Die wahre Lage der Sache ist vielmehr diese. Man nehme mit Hrn. Braſtberger an, der Raum wäre uns ursprünglich von dem unbekandten Realgrunde eben sowol als die Dinge in ihm durch die Wahrnehmung gegeben; so läge nun seine Vorstellung eben so wie die Vorstellung der Dinge selbst vor aller weitern künftigen Wahrnehmung und unabhängig von ihr, schon einmal in unserm Gemüthe da, aber sie in dieser Rücksicht a priori nennen wollen, wäre die offenbarste Mißdeutung der Kantischen Begriffe, und das unnützeste Wortspiel, das je in die Metaphysik gebracht werden konnte. Dagegen würde nun die wahre Anforderung an Hrn. Braſtberger bey jener Annahme diese seyn, den gewiß nicht tavtologischen Satz zu beweisen, daß die Dinge, z. B. Bäume, Häuser rc., die uns von ihrem unbekandten Realgrunde bisher durch jede Wahrnehmung als nebeneinander d. i. als im Raum befindlich gegeben worden, uns von ihm schlechterdings nothwendig auch durch jede künftige Wahrnehmung als nebeneinander d. i. im Raum, und zwar in einem solchen, der gerade dieselben und keine andere Eigenschaften und Bestimmungen hat, gegeben werden müssen. Allein eine solche absolut nothwendige Verknüpfung zwischen zwey Vorstellungen, und eine solche Unveränderlichkeit der einen auf den Fall beweisen wollen, wenn beide zusammen ursprünglich von einem unbekandten Realgrunde durch Wahrnehmung gegeben sind, ist widersprechend (§. 78. nr. 2.). Also ist es bey der Annahme des Hrn. Brastbergers unerweislich, daß diejenigen Dinge, die uns als von uns und voneinander verschieden und zugleich existirend erscheinen sollen, uns schlechterdings als nebeneinander d. i. im Raum erscheinen müssen, und nach ihr könnten wir also, wie gesagt, vielleicht noch einmal Dinge sehen oder fühlen, die gar nicht im Raum sind, oder wir könnten gar noch einstens gewisse Theile des Raums wahrnehmen, in denen zwischen zwey gegebenen Puncten durchaus keine Linie, oder auch wol hundert gerade stattfänden. Warum übrigens Hr. Brastberger über den Kantischen Beweis, der von der Einigkeit und Unendlichkeit des Raums hergenommen ist, so leicht hinwegsieht, ist befremdend. Denn da alle äußere Dinge, die uns in der Wahrnehmung von den Dingen an sich

als

als ihrem Realgrunde gegeben werden, uns nur in eingeschränkten Oertern erscheinen; so hätte er eben hier zeigen müssen, wie, ohne den offenbarsten Widerspruch, durch Gebung eingeschränkter Oerter der Dinge zugleich der sie umgebende Raum, den sie nicht einnehmen, und zwar als ein einiger und unendlicher, von dem sie nur Theile sind, mitgegeben werden kann?

Eben so leicht geht er auch *) über die Priorität und apodictische Gewißheit der geometrischen Sätze hinweg, ohne zu bemerken, daß er sich hier wirklich in die Tavtologie stürzt, die er unserm Weltweisen fast unaufhörlich unterschiebt. Denn da nach seiner Annahme die Priorität des Raums nichts weiter heißt, als daß die durch Wahrnehmung gegebene Vorstellung des Raums und seiner Eigenschaften nun einmal vor aller künftigen Wahrnehmung bereits im Gemüthe da ist, und wir uns also derselben auch vor dieser bewußt werden können; so behauptet er, daß auf dieser Priorität nur das Daseyn und die Möglichkeit der geometrischen Sätze vom Raum, ihre apodictische Gewißheit aber darauf beruhe, daß sie nach dem Princip der Identität verknüpft werden. Aber was sagt nun diese Priorität und apodictische Gewißheit anders als dieses: weil wir von dem durch bisherige Wahrnehmungen gegebenen Raum bereits vor aller künftigen Wahrnehmung wissen, daß z. B. zwischen zwey Puncten in ihm eine gerade Linie

*) a. a. O. S. 50—54.

stattfindet; so ist der Satz, daß zwischen zwey Puncten eine gerade Linie stattfindet, auch vor aller künftigen Wahrnehmung möglich und wahr. Nur tritt, wie vorhin gezeigt worden, bey dieser Priorität und apodictischen Gewißheit noch der sonderbare Fall ein, daß es ganz unerweislich bleibt, ob nicht in künftigen Wahrnehmungen auch Puncte vorkommen können, zwischen welchen keine gerade Linie stattfindet.

§. 80.

Hieraus ergiebt sich nun die wahre Natur des Raums mit apodictischer Gewißheit. Denn da unsere Vorstellung vom Raum auf keine Weise in den Dingen an sich gegründet seyn kann, in den äußern Erscheinungen aber eben so wenig, indem diese schon den Raum als Bedingung ihrer Möglichkeit voraussetzen; so folgt von selbst, daß der Grund und die Quelle derselben in nichts außer uns, sondern lediglich in unserm Vorstellungsvermögen zu suchen ist, und zwar, da sie kein Verstandesbegriff, sondern Anschauung ist, nicht im Verstande, sondern lediglich in unserm Anschauungsvermögen. Mithin ist der Raum keine Bestimmung oder Form der Dinge an sich, sondern bloß die wesentliche Form unsers äußern Anschauungsvermögens, das heißt: die Vorstellung des Raums und des durch ihn gegebenen Nebeneinanderseyns ist die nothwendige Form, unter welcher wir uns jedes uns als Stoff zu Vorstellungen gegebenes gleichzeitiges Mannigfaltiges vorstellen müssen, wofern es ein Object unserer Anschauung werden soll. Nun versteht man in der engsten Bedeutung unter dem Objectiven diejenigen Bestimmungen der Dinge, die ihnen an sich zukommen, unter dem Subjectiven hingegen diejenigen, die von unserm Vorstellungsvermögen abhangen. Also ist der Raum gar nichts Objectives, sondern etwas bloß Subjectives, und überhaupt ist eine Bestimmung, die in diesem Sinne objectiv und subjectiv zugleich wäre, ein offenbarer Widerspruch; denn was einem Dinge an sich zukommt, kann eben daher nicht von unserm Vorstellungsvermögen abhängig seyn, und was von diesem abhängig ist, kann eben darum den Dingen nicht an sich zukommen. Ein Begriff von etwas, was in dem angezeigten Sinne subjectiv und objectiv zugleich ist, ist daher das, was der Begriff eines hölzernen Eisens ist, und würde es also nicht offenbar ein mit Fleiß gemäßigter und viel zu wenig sagender Ausdruck seyn, wenn man ihn, nach der Analogie der Brüche, bloß einen unächten oder Bastardbegriff nennen möchte? Nicht wenig befremdend ist es mir daher, wie Hr. Eberhard *) diesen Ausdruck nicht nur tadelhaft finden, sondern mir deshalb sogar den harten Vorwurf machen könne, daß ich mir bey meinen Gegnern, und selbst bey einem Leibnitz einen cavalierischen Ton erlaube, da ich doch (Prüf. Th. 1. S. 205. 206.) nicht einmal auf die entfernteste Weise irgend jemandem, geschweige dann dem großen Leibnitz zumuthe, daß er diesen widersprechen-

*) Phil. Mag. B. 4. St. 1. S. 81.

den Begriff wirklich in Schutz nehme, sondern einzig und allein zu zeigen suche, daß bey Leibnitz die Vorstellung vom Raum nicht, wie bey Kant, Anschauung, sondern ein Begriff sey, er möge unter der Ordnung der zugleichexistirenden Dinge etwas objectives, den Dingen an sich zukommendes, oder bloß etwas subjectives, oder auch etwas objectives und subjectives zugleich verstanden haben, hiebey aber (S. 203. 204.) ausdrücklich dem Hrn. Prof. Jacob beypflichte, daß der Raum nach Leibnitz ein objectives Verhältniß sey, das, ohne Rücksicht auf unsere Sinnlichkeit, den Dingen an sich zukömmt, und ihnen daher von jedem denkenden Wesen nothwendig beygelegt werden muß, und nun (S. 205.) zugleich hinzufüge, daß die subjective sinnliche Vorstellung vom ausgedehnten Raum nach ihm bloße Täuschung der Sinne sey, und daher aus der Erklärung des Raums von ihm gänzlich weggeschafft worden. Vorwürfe von verletzter Achtung gegen Andersdenkende sind mir noch von keinem meiner Leser gemacht worden, und gerne überlasse ich es einem jeden, den Ton meiner Prüfung mit dem Tone des Magazins, ja auch nur mit dem, der gerade in dem Aufsatze, welcher jene Anklage enthält *), von Anfang bis zu Ende herrscht, unparteyisch zu vergleichen. Eben so unerwartet ist mir der Vorwurf **), daß ich den Raum mit der Vorstellung des Raums verwechsele, weil ich gesagt habe, daß nach

*) a. a. O. S. 68 — 83.

**) B. 4. S. 79. 80.

nach Leibnitz der Raum ein Begriff sey, noch mehr aber der Ausruf: „Heißt das nun die Leib„nitzische Theorie von dem Raume verstehen, wenn „man sie so unrichtig vorstellt? Wen trifft hier „der Vorwurf des Nichtverstehens?„ Denn was das erstere betrifft, so konnte es doch einem jeden ohne Mühe einleuchten, daß dieses bloß Kürze des Ausdrucks war, indem ich gleich von Anfang an S. 57. 58. 59. 60. 61. 62. ff. und nachher noch unzähligemal den Raum selbst von der Vorstellung desselben sorgfältig unterschieden hatte, und daher nicht mehr befürchtete, durch die Abkürzung des Ausdrucks den alten Streit der Nominalisten und Realisten zu erneuern. In Ansehung der zweyten Rüge aber bin ich mir nicht bewußt, über das Nichtverstehen irgend jemandem einen Vorwurf gemacht, wol aber dasselbe in vorkommenden Fällen aufs beste entschuldigt zu haben. Wenn aber Hr. Eberhard in meiner Behauptung (Prüf. Th. 1. S. 43.) „daß wir gar keinen Begriff von einer Linie haben würden, wofern wir nicht erst eine Vorstellung von irgend einer Art derselben, z. B. der geraden oder krummen, einzeln hätten,„ nicht nur die letzten Worte*) so ausdrückt: „wenn wir nicht eine gerade oder krumme Linie gesehen hätten,„ sondern auch dieselben wiederholentlich als einen Beweis ansieht, daß ich den Raum für einen durch Wahrnehmung erhaltenen abgezogenen Begriff halte; so weiß ich dieses gar nicht zu erklären, da mein ganzer Zweck dahin gerichtet war (Prüf.

*) B. 4. S. 80. §. 17.

(Prüf. Th. 1. S. 94 — 210.), gerade das Gegentheil darzuthun, und apodictisch zu beweisen, daß der Raum ein Individuum, ein einzelnes Ding sey, aber ein solches, dessen Vorstellung schlechterdings aus keiner Wahrnehmung, und am allerwenigsten aus einer Gesichtswahrnehmung geschöpft seyn kann, sondern völlig Anschauung a priori ist.

§. 81.

Die Gründe, aus welchen Kant die Natur der Zeit erörtert, sind ganz denjenigen ähnlich, aus welchen er die Natur des Raums bestimmt. Je ausführlicher daher die letztern untersucht worden, desto kürzer werde ich bey den erstern verweilen dürfen. Daß unsere Vorstellung von der Zeit, eben so wie die vom Raum, kein allgemeiner Begriff, sondern Anschauung sey, habe ich im ersten Abschnitt schon hinlänglich bestätigt. Es ist also noch bloß übrig, es außer allen Zweifel zu setzen, daß diese Anschauung keine empirische, sondern gänzlich a priori sey. Auch dieses habe ich bereits im ersten Theil meiner Prüfung vorläufig zu zeigen angefangen. Indessen wird es nöthig seyn, die Sache in ihrem ganzen Zusammenhange darzustellen, und die Einwürfe zu untersuchen, die auch hier wider die Gründe unseres Weltweisen gemacht worden.

§. 82.

Den ersten Beweis, daß die Vorstellung von der Zeit Anschauung a priori sey, gründete ich

ich (Prüf. Th. 1. S. 211—234.) darauf, weil die apodictische Gewißheit der Arithmetik und allgemeinen Mathesis überhaupt auf Anschauung a priori beruht, diese aber hier vorzüglich die Vorstellung der Zeit ist. Hier nimmt nun Hr. Eberhard insbesondere die beiden Axiome der Arithmetik in Anspruch. Er glaubt nemlich *), daß mein erstes Axiom: die Größe der Summe ist einerley, man mag zu dem ersten gegebenen Quanto das zweyte, oder zum zweyten das erste addiren, d. i. es ist allemal $a+b=b+a$, auf dem identischen Satze beruhe: das Ganze ist seinen wirklichen Theilen zusammengenommen gleich; und schon an sich gerade das Gegentheil von meiner Behauptung sage, nemlich daß die Wahrheit desselben gar nicht von der Zeit, gar nicht von der Ordnung der Zeitfolge, in welcher die Summanden gedacht werden, abhänge. Von meinem zweyten Axiom aber: die Größe der Summe ist einerley, man mag zu einem gegebenen Quanto ein anderes entweder auf einmal ganz oder jeden seiner Theile nach und nach einzeln addiren; urtheilt er, daß es mit dem ersten einerley, und also überflüssig sey. Allein dieser Einwurf beruht auf bloßen Mißverständnissen. Denn

a) wenn ich in Gedanken das Ganze c dadurch erzeuge, daß ich b zu a setze, das Ganze d hingegen dadurch, daß ich a zu b setze; so denke ich offenbar unter c und d nicht einerley,

*) Phil. Mag. B. 4. S. 69. 70.

ley, sondern zwey verschiedene Ganze, von denen das erste bloß mit a+b, das andere aber bloß mit b+a dem Begriffe nach einerley ist. Also folgt aus dem Satze: das Ganze ist mit seinen wirklichen Theilen zusammengenommen einerley, zwar, daß c = a+b und d = b+a, aber nicht, daß c = d sey. Bey der Addition der Zahlen zeigt sich dieses noch deutlicher. Denn wenn ich 2 zu 4 addire; so wird die Summe auf eine ganz andere Art erzeugt, als wenn ich 4 zu 2 addire. Eben die Zeitfolge, welche die Verknüpfung der Theile des Ganzen c von der Verknüpfung der Theile des Ganzen d verschieden macht, kann in beiden wirklich sehr oft auch eine Verschiedenheit der Qualität veranlassen; z. B. wenn man auf die Spitze einer Pyramide von 4 Cubikfuß eine von 2 Cubikfuß setzt, so entsteht ein Ganzes von ganz anderer Qualität, als wenn man auf die Spitze einer Pyramide von 2 Cubikfuß eine von 4 Cubikfuß setzt. Worin liegt also der Grund, daß ich nicht besorgen darf, es werde durch sie auch eine Verschiedenheit der Quantität in ihnen entstehen, sondern apodictisch sagen kann, daß sie in Ansehung dieser jederzeit einerley sind?

b) Mein erstes Axiom sagt allerdings, daß in der Addition die Größe der Summe gar nicht von der Zeitfolge der Summanden ab-

abhängt, sondern daß 6 so gut = 4 + 2, als 2 + 4 ist, denn gerade das ist sein ganzer Inhalt. Aber heißt das wol: die Gewißheit, daß dieses Axiom wahr ist, hängt gar nicht von der Anschauung der Zeit ab? Vielmehr dächte ich, daß der Inhalt des Axioms schon für sich nicht anders denkbar ist, als daß man die Verknüpfung der Summanden in der Anschauung der Zeit darstellt, und daß uns bloß diese Anschauung gewiß machen kann, daß durch die Verschiedenheit in der Verknüpfung der Summanden, die aus ihrer Zeitfolge entsteht, zwar wol eine Verschiedenheit in der Qualität, aber nicht in der Quantität der Summe entstehen könne.

c) Eben so unrichtig ist es, daß das zweyte Axiom mit dem ersten einerley sey. Denn wenn ich sage: die Summe ist gleichgroß, ob ich 7 zu 5, oder 5 zu 7 addire; ist das wol einerley mit dem: die Summe ist gleichgroß, ob ich zu 7 die ganze 5 auf einmal, oder nach und nach ihre wirklichen Theile 2 und 3 addire? Freylich wenn beide Axiome nichts weiter sagten, als: das Ganze ist mit seinen Theilen zusammen einerley; so wären sie allerdings einerley identische Sätze. Aber so wenig dieses vom ersten Axiom gilt; so wenig gilt es auch vom zweyten. Denn unter 7 + 2 + 3 oder 9 + 3 denke ich doch offenbar

fenbar ein Ganzes aus ganz anderen Theilen, als unter 7 + 5. Also folgt zwar aus der Definition des Ganzen, daß das erste Ganze = 7 + 2 + 3, folglich auch vermöge des ersten Axioms = 3 + 7 + 2, und das zweyte = 7 + 5, mithin auch = 5 + 7 ist, aber nicht daß auch 7 + 2 + 3 = 7 + 5 sey, d. i. daß zwey Ganze, deren jedes aus andern Theilen bestehend gedacht wird, dennoch der Quantität nach einerley sind. Ueberdem ist hier noch der besondere Umstand merkwürdig, daß es nicht bey allen arithmetischen Operationen erlaubt ist, anstatt sie mit dem Ganzen auf einmal vorzunehmen, dieses nach und nach mit seinen Theilen zu thun. Denn statt $\frac{7}{5}$ kann ich zwar beständig $\frac{4}{5} + \frac{3}{5}$ aber statt $\frac{7}{2+3}$ darf ich nie $\frac{7}{2} + \frac{7}{3}$ sagen. Also folgt aus dem Satze: das Ganze ist mit seinen Theilen zusammengenommen einerley, noch gar nicht, daß einerley Größe entsteht, wenn man das, was mit dem Ganzen auf einmal geschehen soll, successiv mit seinen Theilen thut; so wenig daraus folgt, daß 50 einpfündige Kugeln, nach und nach an eine Mauer geworfen, dasselbe bewirken, was eine einzige funfzigpfündige mit derselben Geschwindigkeit auf einmal bewirkt.

§. 83.

Die übrigen Beweise sucht Hr. Eberhard bloß durch den allgemeinen Einwurf zu entkräften, daß

das

das Successive in unserer Erkenntniß der Zahlen einen bloß subjectiven Grund habe, aber nicht die Zahlen selbst und die objective Gewißheit der arithmetischen Sätze angehe. „Die Begriffe der Arithmetik und Analysis, sagt er *), enthalten an sich selbst schlechterdings keine Anschauungen, nicht die reine Anschauung des Raums, nicht die reine Anschauung der Zeit, sondern sind **) völlig unsinnlich; denn ihre Gegenstände sind Zahlen, und diese enthalten nichts sinnliches, folglich sind die Sätze der Arithmetik objectiv auf einmal und ewig wahr. Nun ist zwar ***) unsere Erkenntniß der Zahlen, oder unser Zählen successiv, und geschieht in der Zeit, aber dieses Successive liegt nicht im Objecte, in der Zahl selbst, sondern in dem Subjectiven dieser Erkenntniß, in den Schranken der endlichen Vorstellungskraft, deren Erkenntniß successiv oder in der Zeit seyn muß, also geht dasselbe die Wahrheit der arithmetischen Sätze gar nicht an, sondern der Grund von dieser muß objectiv seyn. Denn sonst ****) müßte, da alles endliche Denken in der Zeit geschieht, auch ein jedes synthetisches Urtheil, auch wenn es ein metaphysisches ist, möglich seyn, weil seine Hauptbegriffe erst nach und nach müßten zergliedert werden, ehe ihr Verhältniß zu einander, ob sie sich einander zukommen

*) Phil. Mag. B. 2. S. 170.

**) B. 4. S. 69. §. 2.

***) B. 3. S. 474. 475.

****) B. 2. S. 179.

men oder widerstreiten, deutlich kann vorgestellt werden. Es ist zwar *) eine sehr gemeine Täuschung, der alle die, welche mit der Natur der nothwendigen Wahrheiten des Verstandes nicht bekandt sind, kaum entgehen können, daß sie glauben, die Zahlen und ihre Affectionen entstehen nach und nach durch die Operationen nach den verschiedenen Rechnungsarten. Diese Täuschung erhält sich auch noch in der gewöhnlichen arithmetischen Sprache, der sich der philosophische Mathematiker eben so unterwirft, wie der Astronom vieles aus der Terminologie der Astrologie beybehält. Man sagt, 8 sey das Product von 4 und 2. Man würde sich aber sehr irren, wenn man glaubte, 8 sey durch die Multiplication aus seinen Factoren erst nach und nach so producirt oder hervorgebracht worden, wie der endliche Verstand diese Factoren und ihr Product nach und nach gedacht hat. Es ist objectiv nicht erst entstanden, als man die Gleichheit des Verhältnisses von 8 zu dem Einen seiner Factoren, mit dem Verhältniß des Andern zur Einheit erkannt hat, sondern es ist ewig so gewesen.„

§. 84.

Die Sätze, die dieser Einwurf enthält, stehen ohne allen Beweis da, als ob sie lauter Axiome von unmittelbarer Gewißheit wären. Indessen wird eine nähere Untersuchung derselben hoffentlich das Gegentheil zeigen.

1) Wenn

*) B. 3. S. 93. 94. §. 7.

1) Wenn die Zahlen völlig unsinnlich, und so etwas seyn sollen, was von unserer Erkenntniß wirklich verschieden, und daher auch außerhalb unserer Erkenntniß ewig an sich da ist; so hätte vor allen Dingen erklärt werden sollen, was denn dieses unsinnliche Ding, die Zahl sey, um so mehr, da die bekandten Definitionen der Zahl nicht ganz einstimmig sind, fast alle aber sie geradezu für etwas Sinnliches erklären. Nach Wolf enthält der Begriff einer Zahl sowol die Anschauung des Raums als der Zeit. Denn in seinen Elementen erklärt er sie durch dasjenige, was sich zur Einheit verhält, wie eine gerade Linie zu einer andern; und im Auszuge heißt seine Definition so: wenn man viele einzelne Dinge von einer Art zusammennimmt, entsteht daraus eine Zahl, z. B. wenn man zu einer Kugel noch eine andere legt, so hat man zwey Kugeln; legt man noch eine dazu, so hat man drey, u. s. w. Die erste Definition hat einen fehlerhaften Cirkel, denn die Bestimmung, wie sich gerade Linien zu einander verhalten, setzt schon den Begriff der Zahl voraus; die zweyte aber gilt zwar eigentlich nur von ganzen Zahlen, da indessen diese die Grundlage aller übrigen Zahlen sind, so zeigt sie wenigstens richtig an, daß eine Zahl nichts an sich, sondern bloß ein Product unsers Verstandes sey, das ohne successive Erzeugung gar nicht möglich

 ist.

ist. Segner erklärt in seinem Curs. Math. P. 1. §. 2. 3. die Zahl ausdrücklich für einen Gegenstand, der außerhalb unserer Erkenntniß an sich gar nicht da, sondern bloß ein von unserm Verstande gemachter Gegenstand ist, nemlich für einen bloßen Begriff; denn nach ihm ist eine Zahl nichts anders, als ein abstracter Begriff von der Art und Weise, wie eine Größe A aus einer andern B, die man die Einheit nennt, oder aus ihren aliquoten Theilen (durch Wiederholung) entsteht; das heißt mit andern Worten: eine Zahl ist ein solcher Begriff, welcher bestimmet, wievielmal eine Größe B selbst, oder ein aliquoter Theil von ihr wiederholt d. i. nach und nach zu sich selbst hinzugesetzt werden muß, wenn eine Größe A erzeugt werden soll. Diese Definition der Zahl, mit welcher auch die Kantische (Critik S. 182.), daß die Zahl eine Vorstellung sey, die die successive Addition von Einem zu Einem Gleichartigen zusammenbefaßt, gänzlich übereinstimmt, ist unleugbar die bestimmteste und richtigste, die von ihr möglich ist, und wer dieses bezweifeln wollte, dem würde es obliegen, eine zu geben, die ihr an Vollständigkeit, Präcision und Deutlichkeit gleichkäme. Ist dieses aber ungezweifelt gewiß; so folgt hieraus zuvörderst, daß eine Zahl nichts Objectives, was den Dingen an sich zukäme, sondern eine bloß sub-

subjective Vorstellungsart ist, vermittelst welcher unser Verstand allein im Stande ist, die Quantität der Dinge bestimmt zu denken, und hiedurch diesen letztern Begriff zu realisiren, d. i. ihn auf wirkliche Gegenstände anzuwenden. Da ferner eine Größe wiederholen, und dabey die Vielheit dieser Wiederholungen bestimmen, nichts anders ist, als zählen; so folgt hieraus, daß eine Zahl nur durchs Zählen möglich wird, und kein Verstand, der nicht zählen kann, des Begriffs einer Zahl fähig ist. Da endlich wiederholen und zählen den Begriff eines successiven Verfahrens, das nur in der Zeit möglich ist, in sich schließt; so folgt hieraus zugleich, daß jede Zahl die Anschauung der Zeit wesentlich in sich enthält, und ohne diese schlechterdings ein Unding ist. Eben dieses lehren auch die übrigen gewöhnlichen Definitionen der Zahl, sobald man nur die in ihnen enthaltenen Begriffe deutlich entwickelt. Euklid definirt die Zahl durch eine aus Einheiten bestehende Vielheit. Allein hiedurch wird die Zahl von der bloßen Vielheit gar nicht unterschieden, denn jede Vielheit besteht gleichfalls aus Einheiten. Zahl und Vielheit unterscheiden sich aber offenbar nur dadurch, daß jene etwas Bestimmtes, diese hingegen nur etwas Unbestimmtes bedeutet. Der Analyst redet zwar auch von unbestimmten Zahlen. Allein das hat nicht den Sinn, als ob dergleichen Zahlen als Zahlen etwas unbestimmtes, oder eine bloße Vielheit wären, sondern der Analyst setzt voraus, daß das Gesuchte, das den Bedingungen der Aufgabe ein Genüge leistet, wirkliche Zahlen, bestimmte Vielheiten sind, und nennt sie bloß insofern unbestimmt, insofern das Gesuchte mehr als eine einzige Zahl seyn kann. Soll daher die Euklidische Definition die gehörige Vollständigkeit und zugleich die erforderliche Präcision haben; so muß sie so heißen: eine Zahl ist eine bestimmte Vielheit. Vielheit aber ist nichts anders, als eine bloße subjective Vorstellungsart unsers Verstandes, nichts anders, als der Begriff einer Synthesis des Gleichartigen, die der Verstand durch unbestimmte Wiederholungen eben desselben Dinges in Gedanken erzeugt. Also ist auch eine Zahl nichts anders, als eine bloße subjective Vorstellungsart unsers Verstandes, nichts anders, als der Begriff einer Synthesis des Gleichartigen durch bestimmte Wiederholungen eben desselben Dinges. Wenn daher Baumgarten *) sagt: A unum, et B unum etc. partim eadem, partim diversa, sunt *Multa*; so hat die Definition einen doppelten Fehler. Denn erstlich müßten die Dinge, welche viele heißen sollen, alle von einerley Art seyn, mithin muß der Verstand von ihrer Verschie-

*) Metaph. §. 74.

schiedenheit hier gänzlich abstrahiren, und jedes völlig unter eben demselben Begriffe denken, z. B. viele Kugeln. A, B und C zusammengenommen sind nicht viele, nicht drey; sondern, sollen sie dieses werden, so muß B nicht mehr als B, und C nicht mehr als C, sondern jedes lediglich als A gedacht werden, alsdann erst werden A und noch A und wiederum A zusammengenommen viele A. Wird aber Vielheit erst dadurch möglich, daß wir von aller Verschiedenheit der Dinge gänzlich abstrahiren; so ist schon hieraus offenbar, daß Vielheit keine Bestimmung ist, die den Dingen an sich zukommt, sondern lediglich durch die besondere subjective Denkart unsers Verstandes in sie hineingebracht wird. Außerdem aber beruht die ganze Definition auf einer offenbaren Täuschung. Denn wenn A eins, und B eins, und C eins ist; so sagt dieses nichts mehr, als: A ist etwas, und B ist ein anderes Etwas, und C ist wieder ein anderes Etwas, aber bey weitem noch nicht: A, B und C sind viele. Ja selbst wenn ich sage: A und A, und A; so entsteht hiedurch noch keine Vielheit, sondern dieses sagt nichts weiter, als: das zuerst gedachte Ding ist A, das unmittelbar nach ihm gedachte ist auch A, und das nach diesem gedachte ist gleichfalls A. Nur dann erst entsteht Vielheit, wenn ich in Gedanken durch Wiederholung des Dinges A eine wirkliche Synthesis zu Stande bringe, d. i. das nach einander Gedachte zusammennehme und in ein Ganzes verknüpfe. Nemlich wenn ich G der Grösse nach mit A als einerley denke, so sage ich: die Größe G enthält die Größe A einmal; denke ich aber G der Grösse nach erst mit A + A + A + ... als einerley, so sage ich: G enthält die Grösse A vielmal. Erst auf diese Art erzeugen wir also die arithmetischen Begriffe: Eins und Viele, und so ist klar, daß Vielheit nichts anders als der Begriff einer durch bloße Wiederholungen eben desselben Dinges, mithin successiv erzeugten Synthesis, und daher ohne die Anschauung der Zeit gar nicht erzeugbar, sondern ein leeres nichtsbedeutendes Wort ist. Eben dieses gilt also um so mehr von der Zahl. Denn die bloße Vielheit läßt es unbestimmt, wie weit die Reihe A + A + A* + A + A** + ... fortgesetzt werden soll, die Zahl aber muß es bestimmen, theils bey welchem A die Wiederholung anfangen, theils bey welchem dieselbe aufhören soll. So sagt die Zahl drey: ich soll im Wiederholen bey A* aufhören; die Zahl fünf aber: ich soll mit dem Wiederholen noch weiter fortfahren, und erst bey A** aufhören; d. i. ich soll die Wiederholungen von A zählen, und zwar ganz auszählen, nemlich im ersten Fall nur bis A* und im zweyten nur bis A**. Also ist jede

Zahl

Zahl in concreto, z. B. fünf, sieben und vierzig, ein Begriff, der schon ein wirklich vorhergegangenes Zählen voraussetzt, durch welches er erst möglich wurde, mithin eine Zahl überhaupt oder in abstracto nichts anders als eine Vielheit oder Menge, sofern diese sich durch successives Setzen von Etwas zu Etwas, d. i. durchs Zählen, vollständig bestimmen läßt.

2) Daß der Möglichkeit der Zahlen die Succession des Setzens von Etwas zu Etwas in der Zeit wesentlich zum Grunde liege, ist auch schon daher unwidersprechlich gewiß, weil jede ganze Zahl lediglich vermittelst aller vorhergehenden, und jeder Bruch lediglich vermittelst aller kleinern von eben demselben Nenner denkbar ist. Ich kann die Zahl Fünf denken, ohne zu wissen, was sechs oder sieben ist, aber die Zahl Fünf denken, ohne bereits vorher bestimmt zu haben, was vier, drey, zwey, eins sey, oder den Bruch $\frac{4}{5}$ denken, ohne bereits zu wissen, was $\frac{3}{5}$, $\frac{2}{5}$, $\frac{1}{5}$ sey, ist widersprechend. Jede Zahl ist also schon ihrem Begriffe nach nur als ein Glied einer Reihe denkbar, das in der Ordnung der vorhergehenden und nachfolgenden Glieder, seine eigenthümliche und unveränderliche Zeitstelle hat, und nur dadurch möglich wird, daß der Verstand von allen vorhergehenden Gliedern erst eins nach dem andern, und

dann

dann aus dem zunächst vorhergehenden und der Zahl 1 es selbst erzeugt. Daher ist die kürzeste Definition, die sich für jede einzelne ganze Zahl geben läßt, diese, daß sie die Summe der vorhergehenden und der Zahl 1 ist. Aber eben hieraus ist klar, daß kein Begriff von irgend einer ganzen Zahl anders möglich ist, als daß der Verstand erst eine jede vorhergehende einzeln erzeugt, mithin von der 1 an zu jeder folgenden nur nach und nach fortgeht.

3) Eben dieses ist auch aus dem nr. 1. erwähnten und im ersten Theil meiner Prüfung S. 225 — 228. bereits ausführlich auseinandergesetzten Umstande, auf den Hr. Eberhard keine Rücksicht genommen, einleuchtend, daß nemlich bey dem Begriffe der Vielheit und Zahl der Verstand von aller innern Verschiedenheit der Dinge gänzlich abstrahiren, und jede völlig unter eben demselben Begriffe A oder 1 denken muß. Denn hieraus ist unmittelbar klar, daß in der Vielheit A + A + A + ..., oder 1 + 1 + 1 + ... kein A und kein 1 von dem andern durch irgend ein Verstandesmerkmal unterscheidbar ist, mithin der reine Verstand für sich allein sie nur als einziges Ding, nicht aber als Vielheit und Zahl denken kann. Soll also der Verstand sie wirklich unterscheiden, und als Vielheit und Zahl denken; so

so ist dieses bloß durch sinnliche Merkmale, mithin nur durch Anschauung im Raum und in der Zeit möglich. Allein durch bloße Darstellung im Raum entstehen zwar geometrische Größen, z. B. wenn wir uns eine Reihe geometrischer Puncte im Perimeter eines Rechtecks vorstellen, aber nicht arithmetische, nicht Zahlen. Also ist der Begriff einer Zahl schlechterdings nicht anders als durch Anschauung in der Zeit möglich.

4) Hiedurch deckt sich also das Täuschende der Vorstellung, als ob bloß die Endlichkeit unserer Vorstellungskraft schuld daran sey, daß unser Zählen successiv ist, völlig auf. Unsere Zahlenkenntniß ist desto vollkommener, je schneller wir den Inhalt einer Zahl zu überdenken vermögend sind. Bloß dieses veranlaßte eben die sinnreichen Erfindungen sowol der Decadik, als der Art, die Größe einer jeden Einheit unmittelbar durch die Stelle ihrer Zahlziffer zu bezeichnen, um auch den Werth sehr großer Zahlen desto geschwinder überdenken zu können. Also scheint es, daß unsere Zahlenkenntniß gerade dann die vollkommenste seyn würde, wenn der Verstand, frey von allen Bedingungen der Sinnlichkeit, zum Durchdenken der Einheiten einer Zahl gar keine Zeit brauchte. — Allein dieser Schluß ist von eben dem Gewichte, als der seyn würde, daß, weil die Bewegung eines

Kör-

Körpers desto vollkommener ist, je geschwinder und in kürzerer Zeit er denselben Raum durchläuft, dieselbe alsdann eben am vollkommensten seyn müßte, wenn der Körper zum Durchlaufen des Raums gar keine Zeit nöthig hätte. In beiden Schlüssen wird nur der kleine Umstand übersehen, daß eine nicht successiv gedachte Zahl eben so widersprechend, als eine nicht successiv erfolgte Bewegung, und daher das Vollkommenste, das man sich hier denkt, in beiden Fällen ein Unding ist. Ein Körper, der sich ohne Zeit von A nach B bewegte, würde in A, und zugleich nicht in A, sondern in B seyn, und ein Verstand, der jede Zahl ohne Zeit durchdächte, müßte im Durchdenken der Einheiten bey allen ohne Ende zugleich stehen bleiben, d. i. bey jeder einzelnen stehen und zugleich nicht stehen bleiben; z. B. um die Zahl 2 zu denken, müßte er ganz bestimmt bloß 1 + 1, nicht mehr und nicht weniger denken, aber da er alle übrigen Zahlen zugleich mitdächte, so müßte er zugleich nicht bloß 1 + 1 denken, und hiebey müßte er noch, da keine Eins von der andern durch irgend ein Verstandes-merkmal unterscheidbar ist, alle Einheiten verknüpfen, ohne irgend eine von der andern unterscheiden zu können. Dinge ohne Zeit, oder auf einmal denken, heißt also eben so viel, als sie nicht durch eine Zahl denken. Wo wir uns Dinge ohne alle Zeitfolge auf ein-

einmal vorstellen, da zählen wir nicht, da denken wir sie uns durch keine Zahl. Dieses ist der Fall bey allen unsern Gesichtsanschauungen. Hier bekommen wir in der That von allen einzelnen Dingen, die zugleich unser Auge rühren, auch die Vorstellung zugleich und auf einmal. Allein so lange wir sie alle uns noch zugleich und auf einmal vorstellen, so denken wir sie noch bloß als etwas Mannigfaltiges oder Verschiedenes, aber nicht als Vielheit und noch weniger als Zahl, und die Vorstellung, die wir von ihnen als einem Quanto haben, ist alsdann noch keine mathematische Bestimmung der Quantität durch Zahlbegriffe, sondern eine bloß ästhetische, die lediglich auf Anschauungen beruht, und die, sofern wir sie unmittelbar in einer Anschauung fassen können, uns eben erst das Grundmaaß oder die Einheit für die mathematische Größenmessung durch Zahlen liefert. Und so ist unser Zählen nicht deshalb successiv, weil unsere Vorstellungskraft endlich ist, sondern weil ein Zählen, das nicht successiv wäre, widersprechend ist. Der vollkommenste Verstand, der alle Dinge auf einmal durchschauet, wie sie an sich sind, zählt daher nicht, denkt sie nicht, wie wir, durch Zahlbegriffe, sondern kennt jede Zahl nur als ein Product unsers Verstandes, das dieser successiv erzeugen kann.

5) Hier-

5) Hieraus erhellt nun auch der große Unterschied zwischen dem Successiven in unserm Zählen, und zwischen dem Successiven in unserm Denken überhaupt. Denn das Successive im Zählen liegt im Objecte, in der Zahl selbst, weil jede Zahl erst durchs wirkliche Zählen entsteht, und Zählen nicht anders als durch successives Setzen von Etwas zu Etwas möglich ist. Das Successive im Denken hingegen liegt nicht im denkbaren Objecte, denn der Begriff des Denkbaren überhaupt setzt zwar Möglichkeit des Denkens voraus, aber der Begriff des Denkens überhaupt schließt gar nicht in sich, daß es nur successiv möglich sey, mithin ist das Successive in unserm Denken überhaupt bloß subjectiv, und geht nur in dem besondern Falle die Objecte des Denkens an, wenn diese so wie die Zahlen gar nicht anders, als successiv denkbar sind. Daß wir also die verschiedenen Merkmale und Theilvorstellungen successiv in einen Begriff zusammenfassen, oder rückwärts sie aus demselben durch Zergliederung successiv wieder ausheben, geht an und für sich den Gegenstand des Begriffs eben so wenig an, als es die Wahrheit eines Urtheils angeht, daß wir erst das Subject und nachher das Prädicat denken, oder die richtige Form eines Schlusses, daß wir die drey Hauptsätze desselben successiv nach einander setzen.

6) Eben

6) Eben hieraus aber ist nun zugleich mit apodictischer Gewißheit einleuchtend, daß kein arithmetischer Satz durch bloße Zergliederung der Begriffe erweislich ist, sondern daß es bloß das Successive des Zählens d. i. die Zeitanschauung ist, auf welcher die Wahrheit und Gewißheit der ganzen Arithmetik beruht. Denn da jede einzelne Zahl schon für sich bloß durch successives Zählen ihrer Einheiten möglich wird; so ist von selbst klar, daß, wenn zu der einen Zahl noch eine andere hinzukommen soll, die dritte, die als Summe entsteht, lediglich durch successives Hinzuzählen der Einheiten der einen gegebenen Zahl zur andern möglich werden kann, mithin die bloße Vorstellung der Succession der Einheiten, d. i. ihre Anschauung in der Zeit dasjenige ist, was die Summe möglich macht, und dem Verstande in jedem arithmetischen Satze das Prädicat als dem Subjecte zugehörig darstellt. So ist z. B. durch die bloße Zergliederung des Begriffs von 5 + 4 schlechterdings keine Zahl möglich. Denn wenn ich die Zahl 4 in ihre Einheiten zergliedere; so habe ich nun 5 + 1 + 1 + 1 + 1, aber dieses ist noch keine Zahl, sondern ein bloßer Begriff von Vielheit. Soll es also eine Zahl werden; so ist dieses nur auf dem Wege möglich, auf welchem jede Zahl ursprünglich entsteht, nemlich durch successives Zählen der Einheiten, also im gegen-

wärtigen Fall, wofern man bereits weiß, was 5 bedeutet, bloß dadurch, daß man von den Einheiten, welche die Zahl 4 enthält, eine nach der andern zur Zahl 5 hinzuzählt, und so erst die Zahl 6, hierauf 7, dann 8 und endlich 9 erzeugt. Also ist offenbar, daß es bloß das successive Hinzuzählen der Einheiten der Zahl 4 zu der Zahl 5, mithin ihre Anschauung in der Zeit ist, was die Summe 9 möglich macht und die Wahrheit des Satzes $5+4=9$ begründet. Hier offenbart sich nun eben der Ungrund des Schlusses, daß der Satz $5+4=9$ auf bloßer Zergliederung der Begriffe beruhe, indem ja die Sätze: $5+1=6$, $6+1=7$, $7+1=8$, $8+1=9$, die den Beweis von ihm ausmachen, nichts weiter, als die bloßen Definitionen der Zahlen 6, 7, 8 und 9 seyn. Allerdings sind sie dieses, wenn man bereits weiß, was die Zahlen 6, 7, 8, 9 sagen wollen. Allein alle diese Definitionen beweisen nichts weiter, als was die letzte schon für sich sagt, nemlich, daß $8+1=9$ sey. Wie erkenne ich nun aber, daß $8+1=5+4$ sey? Bloß aus der Zeitanschauung, daß ich, zur Erzeugung von $8+1$, zur Zahl 5 gerade die Einheiten der Zahl 4 successiv hinzugezählt habe. Gesetzt also auch, jemand hätte noch nie weiter als bis 5 gezählt, und wüßte von den Definitionen der Zahl 6, 7, 8, 9 noch gar nichts; so würde

er

er auch ohne sie die Summe eben so richtig herausbekommen. Denn da er bereits weiß, daß $4 = 1 + 1 + 1 + 1$ ist; so darf er nur von diesen Einheiten eine nach der andern hinzuzählen, und jeder einzelnen Summe ihren besondern beliebigen Namen geben, z. B. $5 + 1 = \varsigma$, $\varsigma + 1 = \zeta$, $\zeta + 1 = \eta$, $\eta + 1 = \vartheta$; so wüßte er, daß $5 + 4 = \vartheta$ ist, und er dächte unter ς, ζ, η, ϑ eben so deutlich gerade das, was wir unter 6, 7, 8, 9 denken. Und so ist klar, daß die Summe schlechterdings nicht anders als durch successives Zählen möglich ist. Hätten daher die Arithmetiker nicht auf das Hülfsmittel gedacht, sich das Zählen durch successive Zusammensetzung neuer Einheiten von höherer Ordnung zu erleichtern; so müßten wir auch bey der Addition noch so großer Zahlen z. B. $8423 + 7649$ durchaus den mühsamen Weg gehen, die Summe erst durch successives Hinzuzählen aller Einheiten der zweyten Zahl zu erzeugen. Durch jenes Hülfsmittel erhalten wir nun zwar den Vortheil, daß wir bloß die Einer, Zehner, Hunderte und Tausende beider Summanden addiren dürfen, allein hier findet keine weitere Abkürzung statt, sondern wer die Summe gegebener Zahlen erkennen will, muß schlechterdings im Stande seyn, zu jeder gegebenen Zahl wenigstens 9 Einheiten hinzuzuzählen, und diesen Weg mußte sich ein Lagny in Berechnung der

Kreisperipherie bis auf 127 Decimalziffern eben so gut gefallen lassen, als jeder erste Anfänger im Rechnen, wenn gleich jener geübte Mathematiker nicht mehr, wie die letztern, zur Versicherung, daß er im Hinzuzählen gerade die erforderliche Menge von Einheiten getroffen, erst Finger oder Puncte zu Hülfe nehmen durfte. Da nun die Addition die Basis der ganzen Arithmetik und Analysis ist; so ist klar, daß diese ganze Wissenschaft von ihren leichtesten Begriffen und Elementarsätzen an bis zu den erhabensten Wahrheiten der Differential- und Integralrechnung lediglich auf dem Successiven des Zählens d. i. auf Anschauung einzelner Einheiten in einer Zeitreihe beruht.

7) Der stärkste Einwurf, den man hiewider machen könnte, und den ich nicht verheelen will, würde der seyn, daß gleichwol in der Arithmetik nicht so wie in der Geometrie zum Beweise eines allgemeinen Satzes jedesmal Darstellung des Subjects in concreto nöthig sey. Von den mehresten arithmetischen Sätzen lehrt dieses schon der bloße Anblick arithmetischer Systeme, indem ihre Beweise durchweg in Buchstaben, mithin ohne alle Darstellung in concreto ausgedruckt sind, denn die arithmetischen Zeichen sind nichts weiter als abgekürzte Sprache, daher nennt unser Weltweise ihren Gebrauch bloß eine sym-

symbolische oder characterische Construction. Nach sorgfältigem Nachdenken über die Natur der Arithmetik und Analysis aber getraue ich mir fast, darthun zu können, daß kein einziger allgemeiner Satz der Arithmetik hierin eine Ausnahme mache, obgleich die Arithmetiker zur Erleichterung der Wissenschaft statt der Zahlen überhaupt, sehr oft die Beweise in concreto an einzelnen Zahlen führen, ja zuweilen sie auch wirklich nicht anders zu führen wissen. Hiedurch unterscheidet sich also die Arithmetik sehr auffallend von der Geometrie, in welcher von keinem Satze der Beweis anders als durch Darstellung des Subjects in concreto möglich ist, es sey denn, daß man dasselbe durch Zahlen ausdruckt, und es also als ein arithmetisches Object behandelt. Also scheint es, daß der Arithmetiker nicht, wie der Geometer, seine Begriffe construirt, sondern bloß, wie der Philosoph, aus ihnen schließt, mithin in seinen Beweisen nicht wie jener intuitiv, sondern bloß discursiv verfährt, und daß also die Gewißheit der Arithmetik gar nicht auf Anschauung, sondern auf bloßer Zergliederung allgemeiner Zahlbegriffe und Zahlverbindungen beruht. Allein dieser Schluß würde sehr übereilt seyn. Denn da Zahlen Begriffe sind, die nicht anders als durch Anschauung einzelner Einheiten in einer Zeitreihe möglich sind; so sind Begriffe von Zah-

 len

len überhaupt eben so wenig ohne Zeitanschauung, als Begriffe von geometrischen Objecten, z. B. Dreyecken, überhaupt ohne Raumanschauung verständlich. Der Unterschied zwischen beiden besteht bloß darin, daß die geometrischen Objecte von sehr verschiedener Qualität z B. Linien, Flächen, Winkel, Dreyecke u. s. w. sind, mithin der allgemeine Begriff von keinem einzigen verständlich ist, wofern man sich nicht irgend ein einzelnes von der Gattung, die der Begriff anzeigt, vorstellt. Die ganzen Zahlen hingegen sind der Qualität nach gar nicht verschieden, denn jede wird bloß als bestimmte Vielheit gedacht, und unterscheidet sich von allen übrigen lediglich durch ihre Quantität, durch Mehr oder Weniger. Nun wird aber in allen allgemeinen Sätzen ganzer Zahlen auch von der Quantität der letztern gänzlich abstrahirt, mithin besteht der Unterschied zwischen einer Zahl n überhaupt und zwischen einer einzelnen Zahl z. B. 12 bloß darin, daß die Bestimmung der Vielheit, d. i. wie weit wir im Zählen successiv fortgehen sollen, im letztern Falle uns vorgeschrieben, im erstern aber unserer Willkühr überlassen ist; also ist es hier nicht, wie in der Geometrie, nothwendig, daß wir statt einer Zahl n überhaupt erst irgend eine einzelne annehmen, sondern wir denken unter jener jedesmal schon für sich nichts anders,

als

als eine einzelne Zahl von beliebiger Größe, mithin als ein Object, das bloß durch Zeitanschauung denkbar ist. Was von den ganzen Zahlen gilt, gilt auch von den Brüchen, denn unter dem allgemeinen Bruche $\frac{r}{n}$ denken wir nichts weiter als einen einzelnen von beliebigem Nenner und Zähler. Also ist die Vorstellung, daß der Arithmetiker, da er seine Beweise durch allgemeine Zahlbegriffe führen kann, discursiv verfahre und bloß aus Begriffen schließe, eine bloße Illusion, denn seine allgemeinen Zahlbegriffe schließen die Vorstellung einzelner Zahlen schon unmittelbar in sich, und er kann daher ohne Zeitanschauung keinen Schritt thun, sondern sein ganzes System, eben so wie der Geometer, bloß auf den Postulaten und Axiomen, als dem ursprünglichen Grunde der Gewißheit desselben, aufführen. Um dieses klar einzusehen, betrachte man nur den ersten allgemeinen Satz der Arithmetik: die ganze Zahl r wird zur ganzen Zahl n addirt, wenn man nach und nach alle Einheiten von r zu n hinzuzählt; so beruht schon die Möglichkeit des Begriffs: r zu n addirt, so groß oder klein auch n seyn mag, unmittelbar auf den beiden Postulaten, und die Gewißheit, daß die Summe einerley ist, ob man die Zahl r auf einmal ganz, oder successiv ihre Einheiten zu n hinzusetzt, unmittelbar auf dem zweyten Axiom der Arithmetik. Erweitert man den Satz zweytens dahin, daß r zu n auch so addirt werde, daß man die Einheiten von n zur Zahl r hinzuzählt; so beruht diese Erweiterung wieder unmittelbar auf dem ersten Axiom. Nun sind diese beiden ersten Additionssätze ganzer Zahlen die Grundlage, auf welcher alle die übrigen Sätze der ganzen Arithmetik und Analysis beruhen. Also ist klar, daß die Möglichkeit und Gewißheit aller ohne Ausnahme, sich bloß auf die Postulate und Axiome, mithin auf Anschauung stützt.

8) Nunmehr ergiebt sich auch die wahre Natur der nothwendigen und ewigen Wahrheiten der Arithmetik. Ein jeder arithmetischer Satz ist allerdings objectiv wahr; das heißt: seine Wahrheit hängt nicht von der besondern Beschaffenheit des vorstellenden Subjects ab, sondern jedes Subject, das ihn versteht, muß ihn schlechterdings für wahr halten. Allein da eine Zahl kein Ding ist, das an sich existirt, sondern ein Object, das erst durch successive Verknüpfung der Einheiten vom Verstande erzeugt werden muß (nr. 1 — 4.), und jeder arithmetische Satz erst auf die nämliche Weise entsteht (nr. 6.); so ist es ein offenbarer Widerspruch, wenn man z. B. meynt, das Product 8 von 4 und 2 sey, da der Satz:

2 mal

2 mal 4 ist 8, objectiv wahr ist, nicht erst durch die Multiplication producirt oder hervorgebracht, sondern schon ewig so gewesen; denn das hieße eben so viel, als: die Zahl 4 ist schon wirklich durch 2 multiplicirt worden, und hat das Product 8 gegeben, noch ehe sie durch 2 multiplicirt worden. Der objectiv nothwendige und ewig wahre Satz: 8 ist das Product von 4 und 2, hat vielmehr bloß diesen Sinn: die Zahl, die erzeugt wird, wenn jemand zur Zahl 4 ihre 4 Einheiten hinzuzählt, ist absolut nothwendig und jederzeit die Zahl 8, wie auch das zählende Subject beschaffen sey, und zu welcher Zeit es auch diese arithmetische Operation vornehmen mag.

9) Aus allem diesem aber ist nun endlich klar, daß die Vorstellung der Zeit keine empirische, sondern reine Anschauung ist. Denn da in allen arithmetischen Sätzen die Verknüpfung des Prädicats mit dem Subjecte bloß durch Anschauung der Einheiten in der Zeit gegeben wird und gleichwol absolut nothwendig ist; so folgt hieraus von selbst, daß die Anschauung der Zeit keine empirische, sondern schlechterdings Anschauung a priori ist.

§. 85.

Den zweyten Beweis, daß die Vorstellung der Zeit Anschauung a priori sey, gründete ich (Prüf.

Th. 1. S. 235. 236.) darauf, weil es von der Zeit selbst wirklich zwey Axiome und zwey Postulate giebt, die unmittelbar evident und gewiß sind, ohne daß von ihnen ein Beweis durch Schlüsse möglich ist, deren Gewißheit also unmittelbar auf Anschauung a priori beruht. Wider diesen unwidersprechlichen Beweis ist auch meines Wissens von niemandem das geringste eingewandt worden. Vielmehr sehe ich mit Vergnügen, daß das zweyte Postulat, auf welches mich die Analogie der geometrischen Postulate von selbst führte, nachdem ich auf das erste gekommen war, bereits von Lambert, den ich damals nicht bey Hand hatte, für ein wirkliches Postulat erklärt worden. Lambert erklärt auch noch zwey andere Sätze, die bereits in der Critik der reinen Vernunft genutzt worden, für Zeit-Axiome, nemlich: daß die Zeit stetig sey, und daß verschiedene Zeittheile nicht zugleich seyn können. Allein der letztere Satz ist, nach meiner Einsicht, ein bloß identischer Satz, denn er sagt nichts weiter, als daß verschiedene Zeittheile nicht einerley Zeittheile sind. Der erstere hingegen ist offenbar ein synthetischer Satz, mithin ein wirkliches Axiom, und ich führte ihn unter den Zeitaxiomen bloß darum nicht mit auf, weil die Geometer den Satz: der Raum ist stetig, nicht unter die Axiome aufgenommen hatten. Eben solche wirkliche Axiome sind auch die Sätze: es giebt nur eine und zwar unendliche Zeit, die Zeit ist eine ausgedehnte Größe, sie hat nur eine Dimension, die Ordnung, in welcher ihre Theile

nach

nach einander folgen, ist auf eine unabänderliche Art bestimmt. Auch diese 4 Sätze führte ich bloß aus dem angezeigten Grunde unter den Axiomen der Zeit nicht mit auf. Da ich aber bald nachher die ähnlichen Sätze vom Raum in meiner Geometrie als wirkliche Axiome aufzustellen für nöthig hielt; so halte ich es für eben so nöthig, fortmehro auch in der Chronometrie oder Zeitwissenschaft den bereits von mir aufgeführten zwey Axiomen der Zeit die nun eben angezeigte fünf Sätze gleichfalls beyzuzählen. Alle diese 7. Axiome und 2 Postulate der Zeit sind nun eben so viele evidente Beweise, daß die Vorstellung der Zeit Anschauung, und zwar Anschauung a priori ist.

§. 86.

Drittens erhellt dieses letztere daher, weil die Zeit, nach der Vorstellung, die wir von ihr haben, etwas Nothwendiges und Unveränderliches ist, so etwas, dessen Nichtseyn und Andersseyn für uns schlechterdings undenkbar ist, da uns doch gegentheils sowol das Nichtseyn als das Andersseyn der Dinge und unserer Vorstellungen selbst, die wir in der Zeit wahrnehmen, sehr wohl denkbar ist (Critik §. 4. nr. 2.). Hievon habe ich eben das reine Selbstbewußtseyn, das ich von der Undenkbarkeit des Nicht- oder Andersseyns des Raums, und von der Denkbarkeit des Nicht- oder Andersseyns der Dinge im Raum habe. Also liegt der Vorstellung nach einander folgender Dinge zwar die Vorstellung der Zeit, aber

dieser

dieser nicht jene zum Grunde, mithin muß die Vorstellung der Zeit unmittelbar in unserm Vorstellungsvermögen selbst gegründet, d. i. eine Anschauung a priori seyn, folglich ist die Zeit so wenig, als der Raum, etwas, was in den Dingen an sich da ist, sondern eben so, wie dieser, nichts weiter als eine besondere wesentliche Form unseres sinnlichen Vorstellungsvermögens, d. i. eine bloß durch letzteres bestimmte Art des unmittelbaren Vorstellens von allem Einzelnen, was wir uns als in uns, mithin nicht außer uns im Raum, und gleichwol als außereinander, oder numerisch verschieden denken sollen. Alles, was man hiewider einwenden wollte, würde daher auf eben den Mißverständnissen beruhen, die bereits §. 64—70. gehoben worden.

§. 87.

Der vierte Beweis, daß die Vorstellung, die wir von der Zeit haben, Anschauung a priori sey: weil es nur eine einige und zwar unendliche Zeit giebt (Crit. S. 47. nr. 4. 5.). Daß dieses gewiß, und die Vorstellung der Zeit daher kein allgemeiner Begriff, sondern Anschauung sey, ist §. 15—18. gezeigt worden. Daß sie aber eben daher Anschauung a priori seyn muß, folgt von selbst, weil empirische Anschauung nur von endlichen Objecten möglich ist. Nur ist hier eben so, wie beym Raum, sehr wohl zu merken, daß die unendliche Zeit nicht etwa ein durch bloßes Wegdenken der Schranken fingirtes Unendliches, oder ein unendliches Aggregat endlicher Zeiten sey; denn das ist eben so widersprechend, als wenn man sich unter der unendlichen Zeit bloß eine endliche von unbestimmter Länge denken wollte, indem jede endliche Zeit nur als Theil der einigen unendlichen und zwar nur in dieser denkbar ist, mithin ohne bereits die Vorstellung der letztern zu haben, gar nicht einmal gedacht werden kann. Die Zeit ist unendlich, heißt also vielmehr soviel: sie ist uns durch unser Vorstellungsvermögen unmittelbar als ein einiges ungetheiltes Individuum gegeben, in welchem wir erst durch willkührliche Begränzung Theile machen müssen, das aber selbst keine letzte absolute Grenze hat, folglich als ein Quantum gedacht größer als alles gleichartige Endliche, d. i. unendlich groß ist. Dieses unendliche Individuum ist auch in Ansehung seiner Quantität eben so völlig und unveränderlich bestimmt, als in Ansehung seiner Qualität. Denn da in demselben nicht mehr als eine einzige Art von Grenze, die wir Zeitpuncte oder Momente nennen, möglich ist; so wird es uns als ein Quantum von einer einzigen Dimension, mithin, nach der Analogie mit dem Raum, als eine nach beiden Seiten unendliche gerade linie vorgestellt, das eben so wie diese durch jeden angenommenen Punct in zwey einander gerade entgegengesetzte gleiche unendliche Theile getheilt wird, von denen wir, wenn der angenommene Zeitpunct als der jetzige oder gegenwärtige betrachtet wird, den einen unendlichen

chen Theil die vergangene, und den andern die künftige Zeit nennen. Nimmt man daher die Länge eines beliebigen endlichen bestimmten Zeittheils, z. B. eines Tages, zur Einheit an; so enthält, wenn man die einfache unendliche Menge von Einheiten = ∞ setzt, die ganze unendliche Zeit nicht mehr und nicht weniger, als 2 ∞ dergleichen Zeittheile, und eben so vielmal ist auch jede angenommene Länge einer bestimmten endlichen geraden Linie, z. B. eines Fußes, in der ganzen unendlichen geraden Linie enthalten. Eine offenbare Bestätigung, daß uns die Zeit als etwas Einzelnes, als ein Individuum gegeben ist! Da uns nun dieses Individuum, eben so wie der Raum, ursprünglich als eine ungetheilte Einheit gegeben ist, indem die Vorstellung von Zeitpuncten und Zeittheilen schon die Vorstellung der ganzen unendlichen Zeit als nothwendige Bedingung ihrer Möglichkeit voraussetzt: so ist, nach unserer ursprünglichen Vorstellung, die Zeit selbst nichts Successives, oder Nacheinanderfolgendes, so wenig, als nach derselben der Raum selbst etwas Coexistirendes oder Nebeneinanderseyendes ist, denn die Vorstellungen des Nach- und Nebeneinanderseyns setzen beide schon den Begriff des Außereinanderseyns, d. i. der numerischen Verschiedenheit oder Vielheit, mithin schon die Vorstellung verschiedener Grenzen oder Theile im Raum und in der Zeit voraus, sondern die Vorstellung des Nebeneinanderseyns wird uns erst durch wirkliche Begrenzung oder Theilung des einigen für sich ungetheilten Raums, und die

die Vorstellung des Nacheinanderfolgens erst durch wirkliche Begrenzung oder Theilung der einigen für sich ungetheilten Zeit unmittelbar gegeben. Diese Bemerkungen werden zur deutlichen Einsicht dieser Materie hinreichend seyn, und alle vermeynte Widersprüche oder Schwierigkeiten, die etwa manchem auch hiebey vorkommen möchten, werden hoffentlich in dem, was §. 72.73. über die Unendlichkeit des Raums ausführlich entwickelt worden, ihre völlige Auflösung finden.

§. 88.

Fünftens erhellt die Wahrheit des Satzes aus der Stetigkeit und unendlichen Theilbarkeit der Zeit, und sechstens daher, weil die Wahrnehmung zugleich und nacheinander seyender Dinge selbst erst durch die Vorstellung der Zeit möglich wird (Crit. §. 4. nr. 1.). Diese beiden Beweise sind bereits im ersten Abschnitte hinreichend auseinander gesetzt worden. In Ansehung des letztern muß ich indessen noch einem Einwurfe begegnen. Hr. Maaß wendet auch hier *) ein: „es sey freylich wahr, wir können uns kein „Zugleichseyn oder Aufeinanderfolgen gedenken, „ohne die Vorstellung der Zeit, aber es sey auch „umgekehrt eben so wahr, daß wir uns keine Zeit „vorstellen können, ohne uns ein Zugleichseyn oder „Aufeinanderfolgen zu denken. Man könnte also „mit eben dem Rechte schließen, daß diese Vor„stellungen a priori zum Grunde liegen müßten, „weil

*) Phil. Mag. B. 1. S. 140.

„weil sonst die Zeit gar nicht in die Wahrnehmung „kommen würde, obgleich weder dieser, noch der „Kantische Schluß gültig sey, indem die Vorstel„lung der Zeit mit den Wahrnehmungen der Din„ge zugleich mitgegeben seyn könne.„ Eben so urtheilt auch Hr. Braſtberger *). Allein da dieser Einwurf ganz von eben der Art ist, als derjenige, welchen beide in Ansehung des Raums gemacht hatten; so gelten alle die Gründe, durch welche der letztere §. 78. 79. widerlegt worden, auch gegen den erstern. Zu mehrerer Evidenz muß ich indessen noch bemerken, daß der ganze Einwurf schon für sich auf einem bloßen Mißverstande beruht. Denn daß sich kein Nebeneinanderseyn der Dinge ohne Raum, und kein Aufeinanderfolgen derselben ohne Zeit denken läßt, ist unleugbar. Wenn dagegen Hr. Braſtberger jede erste von diesen Vorstellungen mit der zweyten für völlig identisch hält, und Hr. Maaß meynt, daß auch umgekehrt die zweyte sich nicht ohne die erste denken lasse; so ist beides unrichtig. Denn Raum und Zeit sind nicht selbst ein Nebeneinanderseyn und Aufeinanderfolgen, sondern die Vorstellung des letztern wird uns erst durch Begrenzung und Theilung des Raums und der Zeit gegeben (§. 87.), mithin geht die Vorstellung des Raums und der Zeit der Vorstellung der Coexistenz und Succession schlechterdings als Bedingung ihrer Möglichkeit vorher, aber daß die letztere der erstern vorhergehen und sie erst möglich machen könnte, ist eben

daher

*) Untersuch. über Kants Critik rc. S. 62.

daher ein vollkommner Widerspruch. Das lehren auch schon die Begriffe vom Nebeneinanderseyn und Aufeinanderfolgen unmittelbar. Denn da jenes soviel heißt, als in verschiedenen Oertern des Raums, und dieses, in verschiedenen Stellen der Zeit seyn; so folgt schlechterdings, daß jene Begriffe ohne die Vorstellung von Raum und Zeit durchaus nicht möglich sind, aber daß die letztere ohne jene Begriffe nicht möglich wäre, folgt auf keine Weise. Gesetzt vielmehr, es wären gar keine coexistirende oder aufeinanderfolgende Dinge da; so wäre gleichwol das Nichtseyn des Raums und der Zeit schlechterdings unvorstellbar (§. 64. 86.). Also ist es geradezu widersprechend, daß uns durch die Wahrnehmung der im Raum und in der Zeit vorgestellten Dinge die Vorstellung des Raums und der Zeit mitgegeben seyn könne; denn sonst müßte uns das Nichtseyn dieser eben so vorstellbar seyn, als das Nichtseyn jener; mithin muß die Vorstellung des Raums und der Zeit allen Wahrnehmungen schon als Bedingung ihrer Möglichkeit schlechterdings zum Grunde liegen, also Anschauung a priori seyn. Dieses deckt nun auch den Ungrund der so gewöhnlichen Ueberredung auf, als ob wir die Vorstellung der Zeit bloß aus der Wahrnehmung der Veränderungen, die außer uns und in uns vorgehen, geschöpft hätten. Denn Veränderung ist Verbindung contradictorisch entgegengesetzter Prädicate in einem und eben demselben Objecte. Wenn ich z. B. von einem Objecte Veränderung des Orts prädicire; so prädicire ich von ihm das Seyn am Orte A und das Nichtseyn am Orte A zusammen. Allein dieses Seyn und Nichtseyn desselben Dinges an demselben Orte zusammengedacht, ist nach bloßen Begriffen ein offenbarer Widerspruch, und bloß dadurch möglich, daß ich mir dasselbe als nacheinander oder aufeinander folgend vorstelle. Also wird die Vorstellung der Veränderung erst durch die Vorstellung des Aufeinanderfolgens möglich, nicht aber umgekehrt die letztere durch die erstere. Aufeinanderfolgen aber könnte, wie gezeigt worden, gar nicht in die Wahrnehmung kommen, wenn nicht die Vorstellung der Zeit schon a priori zum Grunde läge. Also wäre in diesem Falle die Wahrnehmung einer Veränderung, und überhaupt alle Vorstellung von Veränderung, für uns sogar schlechterdings unmöglich, geschweige dann, daß aus ihr die Vorstellung der Zeit entspringen könnte. Nun ist Bewegung Veränderung des Orts. Also wäre auch selbst die Vorstellung von Bewegung, mithin die ganze Mechanik unmöglich, wofern ihr nicht die Vorstellung der Zeit als Anschauung a priori zum Grunde läge (Critik §. 5.).

§. 89.

Aus allem diesem ergiebt sich also mit apodictischer Gewißheit auch die wahre Natur der Zeit. Sie ist nemlich nicht etwas in den Dingen an sich, dessen Vorstellung uns von ihnen durch die Wahrnehmung mitgegeben wäre, sondern ganz unabhängig von ihnen bloß in unserm Vorstellungsvermögen

mögen gegründet. Nun aber ist die Vorstellung der Zeit kein Verstandesbegriff, sondern Anschauung, folglich ist ihr Ursprung nicht in unserm Verstande, sondern bloß in unserm Anschauungsvermögen zu suchen, aber nicht in dem äußern, sondern in demjenigen, welches wir das innere nennen, d. i. in dem Vermögen, uns selbst und unsern innern Zustand anzuschauen. Denn die Vorstellung der Zeit enthält gar nichts von etwas außer uns, keine Gestalten, nichts, was sich in ihr selbst bildlich darstellen ließe, sondern sie bezieht sich unmittelbar bloß auf unsern innern Zustand, und bestimmt bloß das Verhältniß unserer Vorstellungen. Nur an diesen schauen wir die Zeit unmittelbar an, nur an diesen kommt die Vorstellung von Succession unmittelbar in unsere Wahrnehmung, und bloß vermittelst der innerlich wahrgenommenen Succession unserer Vorstellungen sind wir erst im Stande, das Prädicat der Succession auf äußere oder im Raum befindliche Dinge zu übertragen. So kann mir z. B. keine äußere Wahrnehmung für sich die Vorstellung vom Zugleichseyn oder Aufeinanderfolgen mehrerer Töne verschaffen, sondern diese erlange ich bloß durch die innere Wahrnehmung der Vorstellungen, die mir die äußere von ihnen giebt, ob ich nemlich diese zugleich, oder nacheinander in mir wahrnehme. Also ist die Zeit nicht eine Bestimmung oder Form der Dinge an sich, sondern bloß die wesentliche Bestimmung oder Form unsers innern Anschauungsvermögens; das heißt: die Vorstellung der

Zeit und des durch sie gegebenen Zugleich- und Nacheinanderseyns ist die nothwendige Form, unter welcher wir allein uns selbst und unsern innern Zustand empirisch anzuschauen fähig sind. Nennt man nun im engsten Sinne objectiv, was den Dingen an sich zukommt, und subjectiv, was von unserm Vorstellungsvermögen abhängt; so ist die Zeit, eben so wie der Raum, in diesem Sinne gar nichts Objectives, sondern etwas bloß Subjectives.

§. 90.

So setzt denn sowol die metaphysische, als die transcendentale Erörterung der Vorstellungen von Raum und Zeit es außer allen Zweifel, daß die Kantische Theorie derselben die einzig richtige ist. Jene, indem die deutliche Zergliederung dessen, was zu ihnen gehört, durchgehends lehrt, daß unsere ganze Vorstellung von ihnen sich selbst zerstören würde, wenn sie nicht das wären, wofür Kant sie erklärt. Diese, indem aus der Natur der Geometrie, Arithmetik, Chronometrie und Mechanik unwidersprechlich erhellt, daß sonst die ganze apodictische Gewißheit der gesammten Mathematik wegfiele, und daß also die Kantische Theorie von Raum und Zeit eben die Gewißheit hat, die ein jeder der Mathematik zuzuerkennen gezwungen ist. Von dieser Theorie aber hängt unmittelbar seine ganze Theorie der Sinnlichkeit oder transcendentale Aesthetik ab. Also ist auch die Gewißheit dieser im Ganzen schon vor aller weitern Prüfung entschieden. So entbehrlich indessen

dessen die letztere in dieser Rücksicht ist; so wird es doch nicht undienlich seyn, wenn ich noch durch eine kurze Darstellung der Aesthetik die vornehmsten Mißverständnisse, die sich hier vorzüglich äußern, zu berichtigen, und einige schwierig scheinende Puncte ins Licht zu setzen versuche.

Dritter Abschnitt.

Hauptresultate der bisherigen Prüfung für die Theorie der Sinnlichkeit.

§. 91.

Die beiden Urquellen unserer Erkenntniß sind Sinnlichkeit und Verstand. Daß die Sinnlichkeit nicht in den Schranken unserer Vorstellungskraft bestehe, sondern ein vom Verstande gänzlich unterschiedenes Anschauungs-Vermögen sey, durchs Afficirtwerden zu Vorstellungen von Gegenständen zu gelangen, da hingegen der Verstand ein selbstthätiges Vermögen ist, sich seine Vorstellungen selbst zu machen, ist bereits (§. 53. 54.) erwiesen worden. Unser Weltweise erklärt (Crit. §. 1.) die Sinnlichkeit der Sache nach eben so, nur mit andern Worten, durch die Fähigkeit oder Receptivität, Vorstellungen durch die Art, wie wir von Gegenständen afficirt werden, zu bekommen. Das hat aber nicht, wie man ihm zur Last gelegt, den Sinn, als ob die Gegenstände durchs Afficiren uns die Vorstellungen selbst geben, und unsere

Vorstellungsfähigkeit sie bloß von ihnen empfange; denn das hieße eben soviel, als: unsere sinnlichen Vorstellungen seyn nichts weiter als bloße Eindrücke, ungefähr wie die Bilder auf der Netzhaut unseres Auges, und das ist geradezu wider sein ganzes System. Die Vorstellungsfähigkeit wird von Gegenständen afficirt, heißt nichts weiter, als: sie empfängt von ihnen gewisse Eindrücke; und der Ausdruck: wir bekommen durch die Art, wie wir afficirt werden, Vorstellungen, sagt bloß, daß weder diese selbst, noch die Art, wie wir zu ihnen gelangen, so wie bey den Verstandesvorstellungen, von unserer Willkühr abhangen, sondern daß hier beides völlig bestimmt sey, ohne übrigens schon in der Erklärung der Sinnlichkeit selbst entscheiden zu wollen, auf welche Art die Vorstellungen beym Afficirtwerden in uns entstehen, oder was hiebey unserm Vorstellungsvermögen allein zuzuschreiben sey, indem das letztere dasjenige war, was erst untersucht werden sollte. Die unmittelbare Folge, die er aus seiner Erklärung zieht, ist daher nicht, daß die afficirenden Gegenstände uns die sinnlichen Vorstellungen geben, sondern umgekehrt, daß uns vermittelst der Sinnlichkeit die Gegenstände gegeben werden, indem ihre Vorstellungen sich auf die Gegenstände als auf etwas, wovon sie afficirt wird, mithin unmittelbar beziehen, d. i. Anschauungen sind, da hingegen die Vorstellungen des Verstandes, weil er sie selbst willkührlich macht, sich auf keinen Gegenstand unmittelbar, sondern bloß mittelbar beziehen können,

nen, nicht Anschauungen, sondern Begriffe sind. Nun kann dasjenige, worauf sich eine Vorstellung unmittelbar bezieht, nicht etwas seyn, was mehreren gemein ist. Denn die Vorstellung von diesem kann nicht anders, als mittelbar durch die Vorstellung mehrerer einzelner Gegenstände entstehen. Also muß der Gegenstand einer Anschauung jederzeit etwas Einzelnes oder Individuelles seyn.

§. 92.

Die Wirkung eines Gegenstandes auf die Vorstellungsfähigkeit, sofern wir von demselben afficirt werden, d. i. die Vorstellung des Eindrucks, den sie durchs Afficirtwerden empfängt, heißt Empfindung. Eine Vorstellung, die Empfindung enthält, heißt empirisch; eine solche, die nichts von Empfindung enthält, heißt rein. Also ist jede empirische Vorstellung theils in dem sinnlichen Vorstellungsvermögen des Subjects, theils in den Gegenständen, die dieses afficiren, gegründet. Jede reine Vorstellung hingegen kann bloß im Vorstellungsvermögen, mithin entweder im bloßen Verstande, oder in der bloßen Sinnlichkeit, oder bloß in beiden zugleich gegründet seyn, und muß also durchs Vorstellungsvermögen selbst, und zwar einzig und allein durch dieses ursprünglich vor aller Empfindung d. i. a priori völlig bestimmt seyn. Bezieht sich die Empfindung auf den Gegenstand; so heißt sie daher empirische Anschauung, und empirische Anschauung mit Bewußtseyn heißt Wahrnehmung. Bezieht sie sich aber bloß auf das vorstellende Subject, ohne daß sie sich auf den afficirenden Gegenstand beziehen läßt; so heißt sie bloße Empfindung, oder ein Gefühl der Lust und Unlust. Ist endlich eine reine Vorstellung von der Art, daß sie sich unmittelbar auf Gegenstände bezieht; so heißt sie reine Anschauung. Da nun Vorstellungen unsers Verstandes sich nie auf einen Gegenstand unmittelbar beziehen können; so kann der Grund einer reinen Anschauung bloß in unserer Sinnlichkeit liegen, folglich muß sie bloß durch diese vor aller Empfindung d. i. a priori völlig bestimmt seyn. Also kann eine reine Anschauung, die sich auf Gegenstände von einer gewissen Art bezieht, nichts anders seyn, als eine in unserer Sinnlichkeit ursprünglich gegründete und durch sie allein völlig bestimmte Vorstellung, die in jeder empirischen Anschauung eines Gegenstandes von eben der Art nothwendig vorkommen muß, und daher der Möglichkeit derselben a priori zum Grunde liegt. Dasjenige bloß in unserer Sinnlichkeit ursprünglich gegründete, und durch sie völlig bestimmte, dessen Vorstellung ein nothwendiger Bestandtheil einer jeden empirischen Anschauung von gewisser Art ist, heißt eine ursprüngliche Form unserer Sinnlichkeit. Also sind die Gegenstände reiner Anschauungen nichts anders, als ursprüngliche Formen unserer Sinnlichkeit. Nun sind unsere Vorstellungen von Raum und Zeit, wie erwiesen worden, reine Anschauungen. Also sind Raum und Zeit nichts anders als ursprüngliche Formen unserer Sinnlichkeit.

§. 93.

§. 93.

Der Gegenstand einer empirischen Anschauung, so betrachtet, wie er durch diese vorgestellt wird, heißt der empirische Gegenstand, eine Erscheinung, ein Phänomenon. So fern er hingegen als dasjenige betrachtet wird, was außer unserer Sinnlichkeit und unabhängig von ihr den Grund des Afficirens enthält, mithin der Möglichkeit, durch empirische Anschauung vorgestellt und eine Erscheinung zu werden, zum Grunde liegt; heißt er der transcendentale Gegenstand, oder Ding an sich. Also ist jede Erscheinung etwas Einzelnes oder Individuelles (§. 91.). Raum und Zeit sind als Gegenstände der Anschauung zwar ebenfalls einzelne Gegenstände (§. 91.), aber da sie bloße Formen unserer Sinnlichkeit sind, weder Dinge an sich, noch Erscheinungen.

§. 94.

Alle Erscheinungen werden uns entweder als etwas außer uns, oder als etwas in uns vorgestellt. Jene nennen wir äußere, diese innere Erscheinungen, und eben daher nennen wir auch die Empfindungen oder empirischen Anschauungen, die sich auf jene beziehen, äußere, und die sich auf diese beziehen, innere Empfindungen und Anschauungen. Die Gefühle der Lust und Unlust, die sich bloß aufs vorstellende Subject beziehen (§. 92.), gehören also insgesammt zu den innern Empfindungen, aber, da sie sich nicht auf den Gegenstand beziehen lassen, nicht zu den Anschauungen, ob sie gleich dadurch, daß sie uns selbst wiederum afficiren, Gegenstände der empirischen Anschauung, mithin innere Erscheinungen werden können. Das Vermögen, durchs Afficirtwerden zu äußern empirischen Anschauungen zu gelangen, heißt die äußere Sinnlichkeit, oder der äußere Sinn. Das Vermögen, durchs Afficirtwerden zu innern empirischen Anschauungen, imgleichen zu Gefühlen der Lust und Unlust zu gelangen, heißt die innere Sinnlichkeit, oder der innere Sinn. Also besteht die Sinnlichkeit aus dem äußern und innern Sinne, mithin sind Raum und Zeit ursprüngliche Formen entweder des äußern oder des innern Sinnes (§. 92.). Nun aber wird uns vermöge der Vorstellung, die wir von ihnen haben, bloß der Raum als außer uns vorgestellt, nicht aber die Zeit. Also ist der Raum die bloße Form des äußern Sinnes, die Zeit hingegen die bloße Form des innern Sinnes, mithin ist keine äußere Erscheinung anders, als im Raum, und keine innere anders, als in der Zeit möglich (§. 92.).

§. 95.

In einer Erscheinung heißt dasjenige, was der Empfindung entspricht, d. i. der vorgestellte Eindruck, den unsere Sinnlichkeit von den sie afficirenden Gegenständen empfängt, der Stoff derselben; dasjenige hingegen, was den Stoff erst vorstellbar macht, mithin der Möglichkeit desselben, eine empirische Anschauung von bestimmter Art zu werden, zum Grunde liegt, heißt die nothwendi-

ge

ge Form der Erscheinung. Also ist die nothwendige Form aller äußern Erscheinungen das Seyn im Raum, und die nothwendige Form aller innern Erscheinungen das Seyn in der Zeit. Nun aber ist jede Vorstellung von äußern Erscheinungen, zu welcher wir durch den äußern Sinn gelangen, als etwas in uns entstandenes, ein Gegenstand unsers innern Sinnes, folglich sofern wir sie in uns wahrnehmen und uns derselben empirisch bewußt werden, eine innere Erscheinung, mithin ist auch keine äußere Erscheinung anders, als in der Zeit vorstellbar. Also ist zwar, da die Zeit die bloße Form des innern Sinnes ist, das Seyn in der Zeit unmittelbar bloß die Form aller innern Erscheinungen, mittelbar aber auch die Form aller äußern, mithin ist das Seyn im Raum bloß die nothwendige und allgemeine Form aller äußern Erscheinungen, das Seyn in der Zeit aber die nothwendige und allgemeine Form aller Erscheinungen überhaupt.

§. 96.

Hieraus fließen folgende Sätze:

1. In jeder Erscheinung muß der Stoff, als das, was unsere Sinnlichkeit empfängt, ihr von den Gegenständen durchs Afficiren gegeben werden, mithin theils in der Art, wie diese unsere Sinnlichkeit afficiren, theils in der bestimmten Fähigkeit der letztern, auf eine gewisse Art afficirt zu werden, gegründet seyn. Die nothwendige Form derselben aber, d. i. ihr Seyn im Raum oder

oder in der Zeit, ist gar nicht in den Gegenständen, sondern bloß in unserer Sinnlichkeit gegründet. Daher ist in jeder Erscheinung der Stoff das eigentliche objectiv Reale derselben, wodurch die äußere Erscheinung sich vom bloßen Raume unterscheidet, das aber nur unter ihrer nothwendigen Form möglich ist.

2. Also ist in jeder Erscheinung das eigentlich-Empirische bloß der Stoff derselben, ihre nothwendige Form hingegen ist völlig a priori.

3. Da alle Theile, die sowol im Raum als in der Zeit stattfinden, außereinander sind; so müssen sowol alle äußere, als alle innere Erscheinungen außereinander seyn.

4. Im Raum außereinander seyn, heißt: nebeneinander seyn; in der Zeit außereinander seyn, heißt: nacheinander seyn, oder aufeinander folgen. Also sind alle äußere Erscheinungen nicht anders als nebeneinander, und alle innern nicht anders als nacheinander möglich. Nun können aber Dinge, die in einerley Zeitstellen d. i. zugleich sind, nicht nacheinander d. i. nicht in verschiedenen Zeitstellen seyn. Also müssen alle Erscheinungen, die zugleich sind, äußere seyn.

5. Im Raum seyn, heißt irgendwo, und in der Zeit seyn, heißt irgendwann seyn. Also muß jede

jede äußere Erscheinung irgendwo, und jede Erscheinung überhaupt irgendwann seyn.

6. Das Seyn im Raum ist die nothwendige allgemeine Form aller äußern, und das Seyn in der Zeit die nothwendige allgemeine Form aller innern Erscheinungen. Allein die bestimmten Oerter im Raume, in welchen wir die äußern Erscheinungen anschauen, ihre Nähe oder Entfernung, ihre Figur und Größe machen die eigenthümliche Form einer jeden einzelnen äußern Erscheinung aus, und eben so machen auch die bestimmten Zeitstellen, in welchen wir die innern Erscheinungen anschauen, nebst ihrer Zeitgröße oder Dauer die eigenthümliche Form einer jeden einzelnen innern Erscheinung aus. Da also die eigenthümliche Form der einzelnen Erscheinungen durch das bloße Seyn im Raum und in der Zeit überhaupt, mithin durch unsere Sinnlichkeit allein gar nicht bestimmt wird; so gehört diese bloß zum Stoff, mithin zum Empirischen der Erscheinungen, und ist also außer der Fähigkeit unsers äußern oder innern Sinnes, auf eine gewisse Art afficirt zu werden, in der Art, wie die Gegenstände unsere Sinne afficiren, gegründet. Daß ich z. B. die Sinne überhaupt im Raum als etwas Mannigfaltiges, das nebeneinander ist, sehe, ist bloß in der ursprünglichen Form meines äußern Sinnes gegründet; daß ich sie aber nicht

eckigt,

eckigt, sondern rund, nicht so klein, als den Jupiter, nicht in der Nähe des Nordpols, sondern im Thierkreise sehe, hievon liegt der Grund bloß in der Art, wie ich von ihr afficirt werde. Eben so liegt davon, daß meine Vorstellungen überhaupt successiv sind, der Grund bloß in der Form meines innern Sinnes, vermöge dessen ich sie nicht anders als auf einanderfolgend anschauen kann; daß ich aber diejenigen, die ich jetzt in mir wahrnehme, nicht früher wahrgenommen, daß ihre Dauer gerade diese Zeitgröße, und nicht eine andere ausmacht, davon liegt der Grund nicht in meinem innern Sinne, sondern in dem ihn afficirenden Ich.

§. 97.

Raum und Zeit sind zwar als bloße ursprüngliche Formen unserer Sinnlichkeit nicht in den Gegenständen, sondern bloß in unserer Sinnlichkeit gegründet, mithin für sich selbst etwas bloß subjectiv Reales. Allein da alle äußere Erscheinungen schlechterdings im Raum, und alle Erscheinungen überhaupt schlechterdings in der Zeit seyn müssen (§. 95.); so hat der Raum eine absolut nothwendige und unmittelbare Beziehung auf alle äußere Erscheinungen, und die Zeit eben eine solche auf alle Erscheinungen überhaupt; das heißt: der Raum hat in Ansehung aller äußern Erscheinungen, und die Zeit in Ansehung aller Erscheinungen überhaupt, schlechterdings objective

Reali=

Realität, oder objective Gültigkeit. Also sind alle Sätze der Arithmetik und Chronometrie für alle Erscheinungen überhaupt, und alle Sätze der Geometrie und reinen Mechanik für alle äußere Erscheinungen nothwendig und auf das präciseste gültig, mithin rührt es bloß von unserer Schwäche her, wenn bey der Größenmessung empirischer Gegenstände die Resultate, die wir gefunden, nicht immer in der größesten Schärfe richtig sind. Und so ist mit apodictischer Gewißheit auch die Frage entschieden: wie ist angewandte Mathematik möglich?

§. 98.

Raum und Zeit sind als ursprüngliche Formen unserer Sinnlichkeit etwas subjectiv reales, und daher als die nothwendigen Formen der äußern und innern Erscheinungen auch etwas objectiv reales (§. 97.), aber sie sind es auch, da sie nichts weiter als Formen unserer Sinnlichkeit sind (§. 80. 88. 92.), bloß in der angezeigten Rücksicht. Betrachtet man sie hingegen als etwas, was außer unserer Sinnlichkeit und unabhängig von dieser, entweder absolut, oder als ein Accidens anderer Dinge, an sich da ist; so sind sie in dieser Bedeutung ganz und gar Nichts, sondern unmittelbare Widersprüche. Das heißt in der Sprache unsers Weltweisen: die objective Realität des Raums und der Zeit ist bloß empirisch, aber nicht transcendental.

§. 99.

§. 99.

Alle Gegenstände unserer empirischen Anschauung werden uns durch diese bloß als Erscheinungen, und nicht als Dinge an sich vorgestellt. Denn alle Gegenstände unserer empirischen Anschauung sind, so betrachtet, wie sie uns durch diese vorgestellt werden, Erscheinungen (§. 93.). Nun sind uns diese bloß unter den Formen der Sinnlichkeit d. i. im Raum und in der Zeit vorstellbar (§. 94. 95.). Diese aber haben gar keine Beziehung auf Dinge an sich, sondern bloß auf Erscheinungen (§. 98.). Also werden uns alle Gegenstände unserer empirischen Anschauung durch diese bloß als Erscheinungen und nicht als Dinge an sich vorgestellt.

§. 100.

Diese beiden letzten Sätze sind nun das Hauptresultat der ganzen Theorie der Sinnlichkeit. Wären die Formen unserer Sinnlichkeit zugleich die Formen der Dinge an sich, d. i. wären die Dinge an sich im Raum und in der Zeit; so wären die Erscheinungen zugleich die Dinge an sich. Allein kein Ding kann an sich im Raum oder in der Zeit seyn, also stellt uns unsere Sinnlichkeit, da alle ihre Gegenstände uns bloß im Raum oder in der Zeit vorstellbar sind, kein Ding vor, wie es an sich beschaffen ist, und wie jedes Wesen, das einer Vorstellung von ihm fähig ist, es sich vorstellen muß, sondern bloß so, wie es uns vermöge der

Natur

Natur unserer Sinnlichkeit allein erscheinen kann, wofern es anders ein Gegenstand unserer Anschauung werden soll. Es giebt also zwar allerdings etwas, was als Ding an sich einer jeden Erscheinung zum Grunde liegt, denn das liegt schon im Begriffe eines Gegenstandes der empirischen Anschauung (§. 93.). Allein auf dieses Etwas an sich ist kein einziges Prädicat, das uns die Anschauung von ihm als einer Erscheinung liefert, anwendbar. Denn die Prädicate, die uns die äußern Anschauungen von Dingen außer uns geben, enthalten insgesammt lauter Verhältnisse, die sie in den verschiedenen Oertern des Raums gegeneinander haben, z. B. Irgendwoseyn, Nebeneinanderseyn, Ausdehnung, Figur, Beweglichkeit, Undurchdringlichkeit, Schwere, Elasticität u. s. w. Also geben uns die äußern Anschauungen von dem Dinge an sich, das diesen Verhältnissen zum Grunde liegt, nicht die mindeste Vorstellung, sondern dieses können wir uns bey allen äußern Erscheinungen ohne Unterschied bloß als ein unbestimmtes, den Grund des Afficirens enthaltendes Etwas denken, dessen Beschaffenheit uns gänzlich unbekandt ist, weil uns keine einzige Vorstellung möglich ist, die wir unmittelbar auf dasselbe beziehen könnten. Nun scheint es zwar, als ob doch wenigstens unser Verstand mittelbar etwas von ihm wüßte, indem dieser es doch wenigstens als existirend, und als Grund des Afficirens denken muß. Allein zuvörderst ist der Begriff, den wir uns von seiner Existenz machen, von der Art, daß wir von der Möglichkeit dieser Existenz, mithin von dem, was dieser Begriff bey dem Etwas an sich bedeutet, nicht die geringste Vorstellung haben. Denn uns etwas als existirend vorzustellen, ohne daß es gleichwol irgendwo und irgendwann existirt, ist für uns eine zu schwere Aufgabe, und doch kann ein Ding an sich weder irgendwo, noch irgendwann seyn, denn sonst wäre es im Raum und in der Zeit, mithin nicht Ding an sich. Eben so verhält es sich mit dem Begriffe, daß es Grund des Afficirens ist. Das, was unsern äußern Sinn zunächst afficirt, ist schon selbst Erscheinung. Denn unmittelbar afficiren ihn, so viel wir wissen, unsere Nerven, diese werden von unsern äußern Organen, und diese wieder von andern äußern Erscheinungen, z. B. das Auge von den Sonnenstrahlen, das Ohr von den Schwingungen der Luft afficirt. Von dieser Causalität haben wir wenigstens, sofern sie als ein Vorhergehen und Aufeinanderfolgen wahrgenommen wird, eine empirische Vorstellung. Allein wie nun das Ding an sich der letzte Grund dieser gesammten Causalität seyn, und Veränderungen in der Zeit bewirken könne, ohne selbst in der Zeit zu seyn, von einer solchen Möglichkeit haben wir nicht die geringste Vorstellung, mithin auch keine von dem, was der Begriff eines solchen Grundes bedeute. Hiezu kommt noch, daß wir nicht einmal wissen können, ob das Etwas an sich, was den äußern Erscheinungen zum Grunde liegt, nur ein einziges, oder ein Aggregat mehrerer ist (§. 5. nr. 3.). Auf gleiche Art verhält es sich auch mit dem Etwas an sich, das den letzten Grund vom Afficiren unsers innern Sinnes enthält. Denn die Prädicate, die mir die innern Anschauungen von den Bestimmungen meines Ichs geben, enthalten insgesammt lauter Verhältnisse, die diese in den verschiedenen Stellen der Zeit gegeneinander haben, also bloße Veränderungen meines Ichs, mithin gehören sie bloß zu den Bestimmungen meines Daseyns in der Zeit; wie ich aber, unabhängig von meiner sinnlichen Vorstellungsart, die mich in die Zeit setzt, als reine Intelligenz, als ein Wesen, das an sich da ist, existire, und wie ich als ein solches der Grund vom Afficiren meines innern Sinnes bin, davon habe ich nicht die mindeste Vorstellung.

§. 101.

Ob alle endliche vernünftige Wesen eine Sinnlichkeit haben, deren ursprüngliche Formen mit den Formen der unsrigen einerley sind, so daß sie gleich uns alle Gegenstände im Raum und in der Zeit anschauen, imgleichen ob unsere Anschauung derselben auch im künftigen leben unter dieser Form geschehen werde — dieses sind Fragen, deren Beantwortung außer der Sphäre unserer Erkenntniß liegt, aber auch in die Theorie der Sinnlichkeit nicht den mindesten Einfluß hat. Denn, gäbe es denkende Wesen,

sen, die die Vorstellungen vom Raum und der Zeit nicht hätten, so wäre dieses eine Bestätigung, daß wir die Dinge nicht anschauen, wie sie an sich sind, sondern bloß wie sie uns erscheinen. Denn Wesen von dieser Art würden von demjenigen, was wir uns an den Dingen als eine Ausdehnung, Gestalt, Bewegung, Veränderung u. s. w. vorstellen, eine ganz andere uns völlig unbekandte Vorstellung haben. Gesetzt aber auch, daß alle endliche Wesen, die ein sinnliches Anschauungsvermögen besitzen, die Dinge eben so wie wir im Raum und in der Zeit anschaueten; so würde hieraus nichts weiter folgen, als daß diese eben so wenig, als wir, die Dinge an sich, sondern die Dinge bloß als Erscheinungen kennten, weil wir das, daß Dinge nicht an sich im Raum und in der Zeit seyn können, mit apodictischer Gewißheit wissen. Ob aber endlich überhaupt eine Sinnlichkeit, d. i. ein solches Anschauungsvermögen, das einen passiven Bestandtheil, nemlich die Fähigkeit, afficirt zu werden, hat, von der Art möglich ist, daß ihre ursprüngliche Formen zugleich die Formen der Dinge an sich sind, dieses ist eine Frage, deren Beantwortung, sie möchte bejahend oder verneinend ausfallen, zwar in Absicht auf die apodictische Gewißheit der Kantischen Theorie unserer Sinnlichkeit völlig gleichgültig seyn würde; allein, wofern sie sich a priori als verneinend erweisen ließe, so würde der wissenschaftliche Vortrag dieser Theorie hiedurch ungemein gewinnen. Es

scheint

scheint allerdings, daß diese Frage durchaus verneint werden müsse, indem es ganz unbegreiflich ist, wie die Form eines sinnlichen Anschauungsvermögens mit der Form der Dinge an sich, die von jenem nicht nur gänzlich verschieden, sondern als Dinge an sich zugleich ganz unabhängig von ihm seyn müssen, einerley seyn könnte. Unser Weltweise hat auch in der That einen sehr deutlichen Wink gegeben, wie einleuchtend ihm die Unmöglichkeit hievon sey (Crit. S. 34.), da er in der Erscheinung das, was der Empfindung correspondirt, die Materie, das aber, welches macht, daß das Mannigfaltige der Erscheinung in gewissen Verhältnissen geordnet werden kann, die Form der Erscheinung nennt, und nun folgenden Schluß macht: „Da das, worinnen sich die Empfindun„gen allein ordnen, und in gewisse Form gestellt „werden können, nicht selbst wiederum Empfin„dung seyn kann; so ist uns zwar die Materie al„ler Erscheinung nur a posteriori gegeben, die „Form derselben aber muß zu ihnen insgesammt „*a priori* bereit liegen.„ Er folgert also aus dem bloßen Begriffe der Sinnlichkeit, daß ihr nur die Materie oder der Stoff, nicht aber die Form der Anschauung von den Dingen an sich gegeben werden könne, und was heißt dieses anders? als: die Form der Sinnlichkeit, von welcher Art sie auch immer sey, kann nie die Form der Dinge an sich seyn. Wäre dieser Satz allgemein erwiesen, so folgte daraus sogleich unmittelbar, daß keine sinnliche Anschauung uns die Dinge so geben könne, wie sie an sich sind. Indessen wählte Kant nicht diesen kurzen Weg zur Gründung seiner Theorie von unserer Sinnlichkeit, sondern er zeigte individuell, daß die Vorstellungen von Raum und Zeit Anschauungen sind, die uns nicht mit dem Stoffe der Empfindungen von den Dingen mitgegeben sind, mithin nichts weiter als Vorstellungen der Form unsers sinnlichen Anschauungsvermögens seyn können. Also blieb die Frage: ob überhaupt die Formen irgend einer Sinnlichkeit mit den Formen der Dinge an sich einerley seyn können, noch immer unentschieden. Herr Rath Reinhold hat sich daher ein nicht geringes Verdienst um die Philosophie erworben, daß er in seiner Theorie des Vorstellungsvermögens die nothwendige Verneinung dieser Frage nicht nur in Ansehung der Formen der Sinnlichkeit, sondern in Ansehung der Formen des Vorstellungsvermögens überhaupt mit seltenem Tiefsinn und meisterhafter Zergliederungskunst aus dem bloßen Thema des Bewußtseyns: Ich stelle mir Etwas vor, zu erweisen gesucht. Denn, ist seine Theorie apodictisch gewiß, so gilt sie nicht bloß für unser Vorstellungsvermögen, sondern allgemein für ein jedes, das den Stoff der Vorstellung nicht selbst erschafft, sondern empfängt. Sehr gern hätte ich mich schon jetzt in die Untersuchung dieses wichtigen Werks eingelassen, wenn sie nicht theils ein Detail erfoderte, das mich in zu große Weitläuftigkeit verwickelt hätte, theils aber gänzlich

außer

außer meinem Plan läge, der bloß die Prüfung der reinen Vernunft-Critik in der Form, wie sie uns von Kant gegeben ist, zum Endzweck hat. Indessen behalte ich mir dieselbe noch am Schlusse meiner Prüfung vor, wo theils weniger Weitläuftigkeit nöthig seyn, theils auch das Originelle und der der Kantischen Critik gerade entgegengesetzte Gang und Gesichtspunct dieses Werks, der gleichwol zu denselben Resultaten führt, sich desto sichtbarer darstellen lassen wird.

§. 102.

Keine äußere Erscheinung ist anders als in Raum und Zeit, und keine innere anders als in der Zeit möglich (§. 95.). Nun aber sind Raum und Zeit nichts was an sich da ist, sondern bloß die ursprünglichen Formen unserer Sinnlichkeit (§. 98.). Würde uns also unser sinnliches Anschauungsvermögen genommen, und gäbe es hieben auch keine andere Wesen, deren sinnliches Anschauungsvermögen an die Formen des Raums und der Zeit gebunden wäre; so ginge dieses zwar das Daseyn der Dinge an sich nichts an, aber das Daseyn aller äußern und innern Erscheinungen fiele in diesem Falle gänzlich weg, und es bliebe bloß ihre Möglichkeit übrig. Alles Befremdende in dieser Vorstellung rührt bloß von der uns kaum vermeidlichen Einbildung her, als ob Raum und Zeit Dinge seyn, die unabhängig von unserer Sinnlichkeit an sich existiren. Denn bloß unter

Voraussetzung dieser Einbildung ist es möglich, sich das Seyn in Raum und Zeit, mithin Ausdehnung, Bewegung, Veränderung unsers innern Zustandes u. s. w. als etwas von unserer sinnlichen Anschauung völlig unabhängiges und an sich existirendes vorzustellen. Es bleibt also kein drittes übrig. Entweder sind Raum und Zeit zwey unendliche, nothwendige und unveränderliche Individua, die an sich da sind, ob sie gleich nichts weiter als bloße Behältnisse, in denen alles, was wir im eigentlichen Sinne ein Ding nennen, existiren muß, mithin für sich nicht eigentliche Dinge, sondern bloße Undinge sind. Oder Erscheinungen ohne ein sinnlich anschauendes Wesen, dem sie erscheinen, sind Nichts. Nun ist es apodictisch erwiesen, daß das erstere ungereimt ist. Also ist es apodictisch gewiß, daß das letztere wahr ist.

§. 103.

Nichts aber könnte verkehrter seyn, als wenn man hieraus schließen wollte: die Erscheinungen wären also ein bloßer Schein, d. i. leere Täuschungen und Illusionen. Denn Schein oder Illusion besteht in einem falschen Urtheile, in welchem man einem Gegenstande ein Prädicat, das ihm bloß in Beziehung aufs Subject zukommt, an sich beylegt. So ist die Röthe und der Geruch der Rose in Beziehung auf meine Empfindung etwas Wahres und Reales, aber als eine Realität, die ohne diese Beziehung der Rose für sich zukommt,

ist

ist sie bloßer Schein. Eben so ist die tägliche und jährliche Bewegung der Sonne in Beziehung auf meine äußere Wahrnehmung etwas Wahres und Reales, aber als eine Realität, die ihr ohne diese Beziehung für sich selbst zukäme, ist sie bloßer Schein.

Nun sind das Seyn im Raum und in der Zeit, mithin auch Coexistenz, und Succession, Ausdehnung, Gestalt, Schwere, Veränderung, Bewegung u. s. w. Prädicate, die keinem Dinge an sich, sondern bloß in Beziehung auf unsere Sinnlichkeit zukommen. Also sind sie als Prädicate der Dinge an sich betrachtet, nichts Wahres und Reales, sondern bloß Schein und Täuschung. Dagegen kommen alle jene Prädicate den Dingen in Beziehung auf unsere Sinnlichkeit, d. i. als Erscheinungen betrachtet, schlechterdings und nothwendig zu, indem sie ohne die Form des Raums und der Zeit gar nicht Gegenstände unserer Anschauung werden können, mithin uns gänzlich unbekandt bleiben müßten. Unsere Sinnlichkeit aber ist nicht etwas negatives, nicht bloße Einschränkung und Ohnmacht unserer Vorstellungskraft, sondern ein positives reales Anschauungsvermögen, mithin ist auch alles, was aus demselben als einem solchen entspringt, etwas Reales. Also sind alle jene Prädicate, als Prädicate, die den Dingen als Erscheinungen schlechterdings und nothwendig zukommen, nicht Schein und Täuschung, sondern etwas Wahres und Reales, und zwar das einzige Reale, wodurch sie sich uns offenbaren, und wahre reale Gegenstände für uns werden können. Sie anzuschauen, wie sie an sich sind, ist eine Sache, die uns nicht gegeben, aber auch für uns entbehrlich ist, und die wol ohne Zweifel ein ausschließendes Vorrecht desjenigen Wesens seyn dürfte, dessen Anschauung intellectuell d. i. ganz selbstthätig, und eben daher ein wirkliches Erschaffen der Gegenstände ist, die es anschaut.